U0645805

王书文 著

厦门大学出版社
XIAMEN UNIVERSITY PRESS
国家一级出版社
全国百佳图书出版单位

袁中道画像(易正林 绘)

袁中道手迹

袁中道《珂雪斋集》（曾纪鑫摄）

公安三袁塑像（谷少海摄）

袁宏道画像（易正林 绘）

袁宗道画像（易正林 绘）

晚明文坛上一个最不容易的人

——《袁中道传》序

❊ 李寿和

遥想当年三袁事，最不容易数小修……

这是鄙人多年读三袁，多次掩卷时的一个感叹。当今春拿到这部《袁中道传》初稿时，更是引发感叹不已。而当受请为本书写个小序且推辞不允并催促再三时，转念何不借此写下这个感受与读者分享呢？或许它还可作为阅读本书的一点提示。

于是，就有了这篇速成的提纲性小文。

一、作为三袁季弟，他前半生隐没在两兄身影里，这是第一大不容易

三袁的名或字都离不开一个音义相近的宗字或中字，所以提起他们兄弟时，大多数读者可说出袁宏道（中郎），部分读者可说出袁宗道（伯修），少有读者说得出袁中道（小修）。这似乎命中注定了作为三袁季弟小修的名字，常常要被两兄的名字隐没。

这是命运，也是客观，两兄都是声名早扬并且太显赫了，小修自然就被两兄巨大的身影掩盖。先是大哥伯修一举会试第一，成为天下皆知的会元，进而入翰林院，在京师首发公安派先声。接着二哥中郎亦举进士，成为吴中大邑吴县一位年轻的知县，进而政声鹊起，更在吴县举起公安派大旗。尽管两兄在南北呼应之时，小修来往于南北之间为两兄特别是二哥助力，但这时他还什么功名都没有，自己的声名难以彰显。不过二哥这时倒是做了一件

一举两得的事:在吴县推出了小修诗集,更借一篇《序小修诗》亮出了公安派的性灵说。

小修被两兄所掩,有客观的一面,更有主观的一面,这就是小修对两兄的追随。因与伯修相差10岁,长兄如父如师,他对大哥是尊崇为主。与中郎年龄相差只两岁,他对二哥则亲如手足,以推崇为主。我们从他以后相继写出的《石浦先生传》和《中郎先生行状》,通篇都可感受到他对两兄的尊崇和推崇之情。特别是他对二哥的推崇达到了极致,他是中郎最大的知音。他将中郎视为苏东坡转世,又将中郎与李贽并列为五百年来两大异才。小修此论虽带有感情色彩,但并不为过。中郎有师承东坡与李贽的一面,更有在某些方面超越师长的一面。尤值一提的是,小修将中郎推崇到一个更高境界:"先生天纵异才,与世人有仙凡之隔。而学问自参悟中来,出其绪余为文学,实真龙一滴之雨。"(《袁中郎先生全集序》)事实正印证了小修的这句话,当今天我们对三袁和袁宏道的研究拓展更广阔的视野时,真还认识了两个袁中郎:一个是凡尘的,一个是仙界的——当然这是指的中郎对佛学的极高造诣。

由于对两兄的感情,小修甚至到达了为两兄而生、随兄弟而去的境地。下面,不妨列举这样一组诗:

除夕伤亡仲兄,示度门

其一

梦中也不料兄亡,温语慈颜竟渺茫。
骨肉可怜零落甚,独来山里伴支郎。

其二

乞取前生旧衲衣,永同鱼鸟遂沉飞。
从今海内无知己,不向深山何处归。

这是万历三十八年除夕之夜小修在当阳玉泉寺写下的。下面我们还不妨看看可作此诗印证的他是时的一篇日记:

> 除夕,度门来玉泉同守岁,携所作《青溪》诗五首来。夜间予得二绝,伤逝者之捐弃,肠痛不可喻。予谓度门曰:"今年受生人之苦,受别离苦,一也。功名失意,求不得苦,二也。自耳根正不清净,怨憎会苦,三也。秋后一病,几至不救,病苦,四也。生人之趣尽矣。"(《游居柿录》卷之五)

是年最亲密的二哥病逝，小修几乎被击倒了。之前最敬爱的大哥病逝时，悲痛有二哥与他共同担当，而这次是独自面对。接着，他最后的精神支柱老父又病逝；不久他们兄弟共同的挚友黄辉、雷思霈又离世。这些本该他们兄弟共同承担的悲情，全部落到他一人头上。在以后没有两兄的岁月里，小修写下一系列催人泪下的怀念诗文；他还将两兄及黄辉、雷思霈的灵位供奉于玉泉寺中，他仍然活在两兄的身影里。

二、作为公安派殿军，他后半生独挽末流余波，这是第二大不容易

像当初中郎隐居公安柳浪湖以后又再次出山一样，小修避居玉泉也是难以长久的。这一方面是因老父临终遗嘱："不辍进取"；更重要的是已进入末流的公安派文学运动的呼唤。下面就有这样一首诗：

存殁口号

已讣公安袁六休，夷陵雷史复难留。
楚中才子几销尽，乞与人间一小修。（汤宾尹：《睡庵稿》卷之八）

下面还是以是时小修日记作个印证（诗句有些许出入）：

得汤太史消息，春夏候予于家不至，不知予之以病不出也。然春夏间，有传汤为已逝者，今得此信甚喜。寄诗有云：楚中才子萧条甚，乞与人间留小修。（《游居杮录》卷之八）

这是万历四十一年，三袁宣城好友汤宾尹所作。汤氏何许人也？赫赫万历二十三年会元、一甲二名进士，伯修翰林院同僚，又是公安派主要作家。"乞与人间一小修"，这可是公安派同仁的共同期盼。

于是，在大哥逝后15年、二哥逝后5年的万历四十三年，重新振作起来的小修终于告别玉泉、告别公安北上了。次年春他终于喜中进士，再一年赴徽文化之源徽州任府学教授。此地此任此时于他正好，自此他挑起了领导公安派末流的大任。

此间公安派运动出现了一个始料不及的局面：公安派反掉了一个旧的模拟之风，又出现了一个新的模拟之风——时人争相效仿袁中郎，出现了不少肤浅平庸之作。同时亦有人借机诋毁中郎，夸大中郎早期诗文中一些旨

在矫枉过正的率性之作，大行讥讽之能事，小修为此痛心疾首。此间不仅两兄相继逝去，一些公安派鼎盛时期的健将也接二连三地逝去，几乎真成“人间一小修”了。于是他几乎是独立天地般地挺拔在这末流中的逆风回波里，大声疾呼，终于使公安派末流得以善终。

作为这公安派的殿军，甚至比做三袁的季弟更不容易，因为现在他一人要做三人的事，甚至是整个公安派的事。他发表一系列评论，引导世人对公安派特别是中郎的再认识；整理刻印两兄特别是中郎文集并作序，向文坛展示了一个完整的袁中郎；为两兄立传，给两兄一个最全面中肯的人生总结；同时还为几位公安派健将如江进之、雷思霈立传，更是大胆地为钦犯、公安派师长李贽立传，增加世人对公安派的整体认识。

关于公安派末流，小修发表了一系列精辟的论述，这就像当初公安派鼎盛时大哥、二哥的一系列精辟的论述一样，又一次令世人警醒。如他在给钱受之（谦益）一封信中就一语中的：

> 诗文之道，昔之论气格者近于套，今之论性情者近于俚，想受之悟此久矣。

又，清人朱彝尊所撰《静志居诗话·袁宏道》条目中，末尾特意有附录一段：

> 弟小修云：锦帆、解脱，意在破人执缚，间有率意游戏之语。或快爽之极，浮而能沉，情景太真，近而不远。要出自性灵，足以荡涤尘坌。学者不察，效颦学语，其究为俚俗，为纤巧，为莽荡，乌焉三写，弊有必至，非中郎之本旨也。

小修原文出自《袁中郎先生全集序》，朱氏将此附录于《袁宏道》条目是很有见地的，正是对公安派末流的一个交代。

又：

> 先生诗文……盖其才高胆大，无心于世之毁誉，聊以舒其意之所欲言耳。（《游居杮录》卷之九）
>
> 先生立言，虽不逐世之颦笑，而逸趣仙才，自非世匠所及。（《蔡不瑕诗序》）

诸如以上小修在公安派末流中的妙论实在举不胜举。当然公安派末流中的小修，并没有孤军奋战，身边又重新聚集起了一些新朋旧友，形成了公安派末流中的一道风景。如雷思霈门人、竟陵钟伯敬和湘中周伯孔，就与小修结为一体，“三人暂相与宗中郎之所长，而去其短”。（小修《雪花赋引》）还有汤显祖门人王天根（启茂），见有词客讥诃中郎诗不肖唐诗，他就挑了中郎诗中最肖唐者书于扇面，问词客：此为何代人诗？词客判断上者盛唐次亦不失中晚。天根大笑道：这正是袁中郎诗。诸公只见到袁中郎一二险易语，而不知袁中郎肖唐人之神骨者最多。小修听到这段传闻后兴奋不已，将其记入《王天根文序》，这可算公安派末流中的一则趣事。

三、作为三袁季弟与公安派殿军，他对身后事的明智与低调，这是第三大不容易

综上所述，小修的前半生，与两兄同举才名，共创公安派；后半生，独领公安派末流风骚，引导公安派有始有终。没有他，不成其为三袁，也不成其为公安派。对于此，《静志居诗话・袁宗道》条目中有一段比较中肯的话：

> 自袁伯修出，服习香山眉山之结撰，首以白苏名斋，既导其源；中郎小修继之，益扬其波，由是公安派盛行。

不过，《静志居诗话・袁中道》条目中，又有这样一段话：

> 小修才逊中郎，而过于伯氏。

鄙人对朱氏此论不敢认同，人为地用个才字将三袁排名次多此一举，也难分个什么高下。伯修于两弟亦兄亦师，而小修则“有才多之患”（钱受之语）。就说小修传记作品《李温陵（贽）传》，后被视为经典的中国古代评论性传记名篇，能说逊于中郎的传记作品？更有日记《游居杮录》，可视为中国古代日记的巨作与高峰，能说逊于中郎的日记？以后的《明诗综・袁中道》条目中又照抄了朱氏此论，有点误导，特借本文在此作一辩证。

比起两兄的英年早慧，小修可说是大器晚成。但这位晚成的大器虽对两兄和公安派的声誉当仁不让，却对自己个人的身后事相当谨慎。譬如他对自己的文集有个打算：不想出全集，只打算出个精选，为此致函钱受之：

> 弟前岁一病几殆，故取近作寿之于梓，名为《珂雪斋集》。盖弟有斋名珂雪，取《观经》“观如来白毫相如珂雪”意也。近转觉其冗滥，不欲流通，正思取一生诗文之精警者，合为一集。时方令人抄写。完后当寄一

帙受之，为我序而传之可也。日记系另一书，目下亦未可出耳。

后来受之在《列朝诗集小传·袁仪制中道》中，记下了他与小修的一段对话，正好是对小修此信的印证：

余尝语小修："子之诗文，有才多之患。若游览诸记，放笔芟薙，去其强半，便可追配古人。"小修曰："善哉，子能之；我不能也。吾尝自患决河放溜，发挥有余，淘炼无功。子能为我芟薙，序而传之，无使有后世谁定吾文之感，不亦可乎？"小修之通怀乐善若此，而余逡巡未果，实自愧其言。

自感一生诗文"冗滥"，打算精选，并拟请好友为其"芟薙"，这恐怕在古今文坛都是少见的。要不是这位受之大忙人"逡巡未果"，我们今天见到的小修文集恐怕就不是这洋洋三大本了。虽然小修心愿未实现，却留下了这段谦逊的佳话。

四、首部长篇传记《袁中道传》，诞生在小镇孟家溪，这也算个"不容易"

遗憾的是，这位三袁季弟与公安派殿军，身后出现了一个令人难堪的尴尬：没有一位好手为他立传而留下一篇好的传记——就像他为两兄立传而留下两篇传世传记一样。虽然有位好手——那位钱受之在《列朝诗集小传》中，率先为其写出了《袁仪制中道》，与《袁庶子宗道》、《袁稽勋宏道》并列，但篇幅、分量都远不及他为两兄写的两传。

到了《明史·列传·文苑》中，小修与大哥伯修都没专门立传，而是被附于《袁宏道》传中。以后诸如《静志居诗话》、《明诗综》之类附录的小修和两兄传，以及府志、县志、族谱之类的传，一概无法与小修写的两兄传相比。这个局面，竟存在了漫长的几个世纪。

谁也没有料到，小修逝去四百多年后，首部而且是长篇的《袁中道传》，竟不声不响地诞生在小镇孟家溪，出自小镇上一位初中语文教师之手。地处湘鄂边界的孟家溪，正是三袁出生地，亦是鄙人老家，作者王书文君，则是鄙人一位交往有年的文友。记得 1998 年长江大洪那年，公安县发生荆江分洪区大转移和孟家溪溃口两大事件。湖北省作协和民政厅向我约写一篇关于孟家溪溃口的中篇报告文学，而我已先受长江文艺出版社之约正在采写大转移的长篇,结果是得以与书文合作才如期完成了任务。想不到我南游多年后,我们又为本书走到了一起。

先是从电话中得知他要为小修立传,还有点将信将疑,当他亲自将初稿送到深圳寓所时,真还有点刮目相看了。而且又是三袁故里人写三袁,更加别有意义。于是我当即放下手头的所有事情——鄙人向以三袁事为头等大事,专门用了一段时间逐字逐句读完了全稿,连续通过几次视频与他交换了意见。

初稿基本将小修的足迹、形象、性格表现出来了,但因作者条件所限,文献掌握少了,外出考察不够,所以全稿视野欠开阔,章节厚重感不足。另外还有些不严肃的小说笔法,甚至以传说入传。后来书稿又经历了二稿、三稿,我再无暇细读,但感觉很多意见他都接受了、改进了。唯有一条意见他坚持"屡教不改":这就是用了57副对联作标题。我意与其在标题上斟字酌句,不如在内容上多点考证、充实。也许他这种执拗对本书的得失不是个"正能量",不过倒是体现了此君另一种文化追求。

总之,不管怎样,一位三袁故里三袁爱好者,做了一件外面的学者们没有做的事,做了一件抛砖引玉的事,真是不容易。鄙人作为作者的老乡加文友,也正是为其精神所动,才遵嘱匆成本文,也旨在抛砖引玉,引发读者对传主的兴趣。

写到这里忽然有了个愿望:期待着《袁宗道传》的诞生。本来以个人兴致,鄙人认为三袁实在是天赐给后世的一个无与伦比的合传题材,因此二十年前初出手就试写的《三袁传》。后来既然南京学者周群君从思想家的高度写出了《袁宏道评传》;两年前厦门公安籍学者、作家曾纪鑫君又以文学性手笔写出了《晚明风骨·袁宏道传》;现在三袁故里又出了这部《袁中道传》,那么谁人再来部《袁宗道传》呢?这样三袁的合传与分传就齐全了,岂不快哉?壮哉?

2014年岁末,稿于公安斗湖堤;2015年元旦,订正于深圳前海湾。(作者系原湖北省炎黄文化研究会公安派文学研究会理事长,国家一级作家)

目　录

袁中道先生像

第一章

江水湖光调彩墨
桂花荷叶孕慧童

浩浩荡荡的长江流经古城荆州之南苍翠的沃野，这一段被称为荆江。这汹涌澎湃、千回百转的荆江，是长江南入洞庭的故道。所以，公安境内河湖纵横，堰塘密布，号称“百湖之县”，也因之历代的洪涝颇多，但也磨砺了这方水土上的子民们坚毅勇敢、乐观进取的性格，加之在湘鄂交界地区，楚文化与湖湘文化交融滋润，此地人民聪慧浪漫，富于创造。可以说，是长江滋润了两岸的沃野，孕育了历代风云人物！在大江的南岸，就是古邑公安县，自汉末左将军刘备在此驻扎，常被人来函问及“左公安否?”，他因为忙碌便常常简答为“公安”二字，后就改县名为“公安”。自那时以来，公安似乎就注定成了英雄、文人、高僧辈出的热土与舞台。杜甫曾在这里江边大堤上的亭子内小住，写出了《公安县怀古》等诗；陆游南游，也曾在其诗文中记载过公安；东晋名士车胤就出生于公安曾埠头，“囊萤台”的遗址仍在；隋时高僧智𫖮出生于公安县茅穗里，后创立了佛教天台宗，著述颇丰，被称为“东方释迦牟尼”智者大师；明代兵部尚书王轼、户部尚书邹文盛都是公安人的骄傲，其墓前的石人石马历经数百年风雨而犹存。

本书传主袁中道，与其兄袁宗道、袁宏道就出生于明朝湖广荆州府公安县长安里长安村(即今湖北省公安县孟家溪镇三袁村)。

三袁出生地长安村，位于公安县县城斗湖堤以南约三十公里处。公安县现有四条有名的河流，即松东河、虎渡河、藕池河、松西河流经县域。长安村所在的孟溪大垸东有虎渡河，西有松东河（在三袁的诗文里常常出现为双田河等河名）在长安村西边潺潺南去，流经几十里后与虎渡河在湘鄂结合处——黄山头边深情一望，注入洞庭湖。处于松东河左岸的长安村一带，丘陵起伏，湖堰纵横。长安村东南面有公安县号称“九十九汊”的乌泥湖（现为淤泥湖）。长安里有平坦的田畴，也有岗地梯田，水旱两兼，各有优势，是个有名的鱼米之乡。

三袁出生地就是湖边岗地，即多次在他们诗文中出现的美丽神奇的荷叶山。这荷叶山是一片独特的开阔地带，呈荷叶状，即中间略高，周边稍低。当湖水在它东南边不远处荡漾，人们说这片高地像一片巨大的荷叶浮在那里。三袁的读书处桂花台、荷叶山房等就在荷叶山，而且其大哥袁宗道、三弟袁中道的墓园也在荷叶山的怀抱里。

袁中道在散文《游荷叶山》中用深情的笔墨描述过：“山之苍苍，水之晶晶，树之森森。”看来，这里诞生三袁这样的奇才委实顺乎自然，似乎不出这样的奇才反而会让人觉得奇怪哩。

说来三袁的祖先其实不是土生土长的公安人，据清咸丰本《袁氏族谱》载：公安之有袁氏也，出于江西丰城元氏也。袁氏之祖本初公，在明初以廪贡任黄州蕲水县教谕，洪武末年才移籍于荆州府公安县。

袁氏移居公安县，即筚路蓝缕，耕读兴家。中道曾说：“吾家系出帝姚，自汉至六朝，以忠义名者，项背相接。惟宋元间，差为寂寞。”据袁氏十一世孙袁遵源写于乾隆五十九年的《袁氏重修宗谱序》记载：“家系出豫章丰城元坊村之元氏。明讳本初公由廪贡出身，振铎黄之蕲水，后移荆。”据此，我们可知这位公安三袁的远祖本初公出身廪贡，并做过蕲水的教谕。但是这种记载却与宏道的说法不同，宏道说：“余先世自黄移南郡，盖武胄也。”中道云：“先生名宗道……其上世世为武弁，自蕲黄徙荆，屯田于邑之长安里。”不管是武官，还是有科举功名，反正，这支人马在明初由江西入鄂之蕲黄再徙至荆州则是可以肯定的。到了三袁祖父袁大化这一辈时，袁家在公安县已是有名的家族了。

可能由于袁氏的远祖本初公是由“廪贡”而当官的，所以袁氏受儒佛道教育影响大，讲仁崇善，如三袁祖父袁大化就有扶贫济困的美名。清同治本《公安县志》上记载：明嘉靖年间，公安受灾，众生大饥荒，袁大化捐出两千石积谷和两千两银子赈灾，过后当众烧掉那摞借据，百姓围而欢呼。他的这次义举，拯救了远近几千灾民的性命。袁大化一家因此在经济上开始走下坡路，到三袁父亲袁士瑜时这段光景，袁家只是长安里一般农户，但袁家口碑日隆。到三袁出生和三昆仲成名，人们有关三袁的传说长盛不衰。

三袁的父亲袁士瑜，号思溪，别号“七泽渔人”。明嘉靖二十二年（1543年）生于长安里，他一边料理田产，一边攻读诗书，十五岁时，考中秀才，且是榜首，成了袁家继远祖本初公后又一位廪生。他似乎不甘心做一位富甲一方的土财主，而要像自己岳父龚大器那样，走科举之路，走上仕途。母亲余氏深明大义，尽量不让他管家里俗事，好让袁士瑜一心攻读圣贤书，但不知什么原因，他一直到古稀时，科举上再无进展。他自然早就把未遂的理想寄托在后辈身上，于是十分支持三袁兄弟读书进取，多次督促儿子们上进入仕。当然，他也有《四书解义》等二卷著作行世。

三袁的母亲姓龚，是公安县谷升里（距长安里不远）人。其父龚大器，字容卿，号春所，嘉靖三十三年进士，曾任刑部主事、河南布政使。老辈人说三袁的母亲龚氏的脚很大，不像当时大户人家的小姐的三寸金莲，脚上穿的靴壳子（走雨路的鞋子，一般用牛皮制成，用桐油涂得光可鉴人），她的一只靴壳子可以装一升八合米。

这位脚大的龚妈妈生了三个儿子，一个女儿。后来人们羡慕地说：“一母三进士，南北两天官。”有趣的是，她生三个儿子时，三袁的祖母余氏几乎都有奇特的梦：

嘉靖三十九年（1560）二月十二日夜，祖母余氏梦见一个美人从天上降下来，美人头上发饰垂络闪耀，就像画上的某个菩萨像。余氏惊讶不已，抖开衣襟，一下就接住了这个美人。下半夜她儿媳龚氏腹痛临产，十七岁的袁士瑜喜得长子袁宗道（字伯修）。油灯光下，余氏抱着孙儿一看，圆圆的脸，很像梦中那个美人脸的轮廓，心里欢喜不已。

伯修已经八岁，时值隆庆二年（1568）十二月初三日，这个有浪漫气质、善于做梦的余婆婆又做了一个别致的梦：天上的明月缓缓落下，直落到她怀里，照亮了她的身子。这晚，她的第二个孙子袁宏道呱呱坠地了，这男婴哭声响亮，在清冷的冬夜传得好远好远，连老远的住户都听到了，纷纷赶过来贺喜，祖母余氏一遍一遍讲自己做的这个梦，加上袁宏道的脸盘圆而白，也像明月，于是，余氏就说：“我的二孙孙的小名我想好了——叫月儿！”

到了隆庆四年（1570），袁宏道（字中郎）都两岁了，背古诗之余，指着母亲龚氏衣服间呈现出隆起的腹部问：“娘，弟弟为什么还不出来和我一起玩呢？”母亲笑着说：“不管是弟弟还是妹妹，该你引着玩该你教他读书，好不？”

“好咧!”袁宏道爽快地应道。

祖母余氏每天蛮早就睡,原来她老人家又想做个好梦。可不知为什么,她常常失眠,梦始终没做成,古历五月初七,凌晨寅时,龚氏可能是这两天看桂花台边河里划龙船累了,躺在床上,摇摇蒲扇,忽觉腹中一阵疼痛袭来,忙喊婆婆和女佣人进屋,很快就生下了第三个男孩——袁中道(字小修)。当时他有着其母龚氏身体的圆活壮实,声音嘹亮。闻讯而来贺喜的亲友邻居问余氏:“您又做的什么梦呢?”

余氏端出一碗热腾腾的煮鸡蛋,边往里放红糖边说:“哪晓得他姆妈生得这么快咧,我是说这几晚做梦的,来不及,她就生了!反正这伢儿指头细长,是用笔杆子的料;用不好的话,就用耕田赶牛的鞭杆子,看来蛮有力气,一哭像牛喊!”

“小宝宝叫什么名字呢?”有个老妇人问余婆婆。

这时,天上不知是飞过几只大雁还是野鸭,余婆婆望了望说:“还未取名。既然他一生下来屋里屋外、天上地上都来了客,我看小名就叫宾儿,长大会做客,会待客,嘻嘻。”余婆婆这个当家人蛮肯定地说。

大家都呵呵地笑了。

当袁中道三岁多时,有人笑他说:“你两个哥哥出生时,你婆婆都做好梦,梦到神仙和月亮,你出生时,婆婆没做梦,看你将来怎么办?”

中道朗声回答:“他们是从天上到地上,我就从地上到天上!”

大家听了觉得他有志气。两个哥哥也笑了。

袁中道和两个兄长受父亲袁士瑜的影响,都爱读书,小小年纪就爱听故事。有一天,他母亲龚氏在荷叶山西北面的一口小堰里用木板搭成的跳板上摆动大脚,清洗泥巴后,把镰刀按习惯放在堰塘边一个土台上搭的简易草亭内,正坐在那里吹南风。哪知三个儿子争着给妈妈提陶茶罐、拿茶碗来,要姆妈喝茶了讲故事听。(直到现在,故里的群众还向客人们指点哪里是摆脚堰,哪里是放镰台。)

于是,龚氏就讲孩子们的祖父袁大化逝世后下葬之类的故事。

三个儿子听那些民间传说听得如痴如醉。

当农人背着犁耙、牵着牛走在田埂上奔回家时,龚妈妈就示意幺儿子提茶壶。

“好咧!”中道提着苎麻线编成且被染成红色的茶壶带子,惬意地走在田埂上,夕阳把茶壶镀出一种古铜色。

第二章

杜园蒙学舅扮虎
中道赋才笔舞龙

三袁兄弟诗文中常出现的杜园，在长安里靠近河堤的地方。

袁中道在年长时，曾深情地回忆道："杜园方圆有两里多，有竹子万多竿，松树百来株。杜园大门外有大塘，塘的南边有田二百亩左右。大塘里养着大鱼，用来款待宾客。桃李杂果可摘食，平时砍割荆棘，割了西边，东边又长起来了，一年四季不愁柴草。这杜园距车台湖半里多。"

是的，这杜园边的车台湖有很多水草，可以放牧牛马。三袁兄弟和朋友们常在这儿听松涛、赏竹色。奇禽异鸟，早晚和鸣。中道格外喜欢杜园一带的景色。

万历癸巳年(1593 年)，袁家因避水，曾从荷叶山老家移住于杜园一段时间。中道五岁的时候在喻家庄入学启蒙后不久，因水灾等原因，和二哥及年纪相仿的八舅龚散木又到杜园几间茅草房里来读书。

一天，大家正恹恹欲睡之时，平时就爱开玩笑、搞点恶作剧的龚散木悄悄进到内房，披上绣花的黄色绸缎被面，从大方桌上突然学老虎大声吼叫，猛跳而下，中道和几个读书少年吓得脸色发白，浑身发抖，真的恐怖到了极点。大家想打这个吓人的龚散木几下，又都被吓得没了力气。而龚散木却裹在被面里笑得直喘气。

为什么龚散木学老虎令他们这样怕呢？因为，当时这附近的岗林里，树密草深，的确曾有老虎来藏匿，大家平时就听到远处树林里老虎的吼啸声，加上杜园的围墙又不太高，所以就以为真的是老虎进房来了。

后来，袁家派人将附近竹园林子剔稀了些；草，砍干净些。这样，不仅老虎不能藏了，而且更通风，更好看了。

一天，中道问大人袁士瑜："父亲，这里为什么叫杜园呢？"

袁士瑜说："这里原来的主人叫杜竹亭，本来很善于经营。这儿的一草一木，几乎都是他亲手所栽。他以为园林茂盛，几百年都属于他杜家的，哪知他的子孙不学好，不上进，家里渐渐衰落，只好将园子全部卖给我们袁家了。"

中道说："我们家里现在也不算富，但又生性好奢华，特别爱隆重招待客人，又不亲自种地、养牛马，只是读书谈道，这也不是我们这样的人家所应有的样子吧？"

袁士瑜说："对，如果你们兄弟不努力上进，这园子早晚又将转卖他人，哪里还指望你的子孙呢？"

中道说："是呀，我也快二十岁了，性情浮躁而志向又远大，还在隐居与当官之间挣扎，如果我中年还没有考出去，还好意思天天坐在这里苦读吗？是去数千里之外谋生呢，还是当个商人去四方游走呢？又哪里有闲钱买山而隐居呢？如果想隐居，这个杜园是太合适的了。即使只为了这可爱的杜园，我也要积极进取，并告诫我的子孙：不当杜翁子孙那样的人。"

袁士瑜听了老三的话，把一片竹叶夹进一本线装书里当书签，捋捋胡子笑了。

三袁兄弟有幸出生在崇文尚学的公安县的长安里，特别是受到父亲袁士瑜及母亲的娘家贤达直接的良好熏陶，其文化"初乳"般的巨大影响不可低估。如外公龚大器、二舅龚仲敏、三舅龚仲庆等才俊在桑梓已领风气之先，都是一方的饱学之士，识才俱佳，对三袁的种种影响是很大的。

再加上三袁兄弟天资聪颖、勤奋好学，才华自然就早露了。

伯修十岁即会吟诗，十二岁考秀才，被督学金公夸赞"当大魁天下"。

中郎更是了不得，四岁时，穿了双新布鞋，高兴异常，跑得飞快。他舅舅惟学见了随口说："你，足下生云。"他不假思索，朗声答道："我，头上顶天！"这位举人舅舅着实惊讶万分，觉得这孩子气势夺人。

小修呢？也是"少有奇气"，很小就会作诗。可惜慈母龚氏因劳累过度，丢下他们兄弟姐姐四人而逝世了。二舅见宏道、中道的姐姐太小，没娘照顾，就带她进县城去，由舅娘带养。当时中道还只四岁，和二哥在喻家庄上蒙学。她姐姐说要和兄弟告别，于是舅舅就绕道到喻家庄蒙学馆边，带住马，缓缓行进。中道昨晚听姐姐流着泪说过这事，也交代弟弟要听话，认真读书，要对得起死去的娘。第二天上课他始终心神不宁，不时朝外面望着。

中道从用竹子夹的壁子缝隙里望见舅舅抱着几岁的姐姐坐在马上，风吹得她的衣袖飘动着，从孙岗那边缓缓过来，姐姐带着哭腔喊道："弟弟！姐姐去了！"

先生听到了，就要六岁的中郎和四岁的小修出去送送姐姐，姐姐在马上哭出了声，哽咽着对中道哥俩说："我去了，乖弟弟，好好读书！"

中道鼻子酸酸的，咬住嘴唇，没哭，也没说话，他不想让同窗笑话，也怕老师责怪。中道回头看二哥宏道，正在揩眼泪。一会儿，课间休息，中道跟着二哥走到后山松林中，爬到树上，望见姐姐和舅舅他们骑坐的马匹扬起的尘土在萧岗那儿消失了，兄弟俩才回到教室，半天不言语。

其实，中道的姐姐是在他大哥袁宗道后面出生的，也很聪明，也很爱吸收新知识。中道和姐姐在蒙学馆分别后，不久又得以和姐姐在一起。大哥袁宗道娶了曹氏，到县城读书去了，中道和姐姐及二哥都去依靠大哥大嫂。在县城，由庶祖母詹姑料理孩子们的生活。每到寒冷的夜晚，詹姑用枯树蔸燃起一盆火，唤几个孩子入座烤火。在火塘边，大哥袁宗道喜欢谈古今故事，中道的姐姐蛮喜欢听，生怕哥哥讲得停下来，就煮茶，用盖碗茶杯将茶泡好，用油漆的盘子端上来。中道提议大哥讲鬼故事，大哥就一边讲一边做些恐怖的动作。姐姐和中道胆子小，又见油灯明明灭灭，听到风吹纸糊的窗户噗噗作响，真的好像有什么东西来了，姐姐和幼弟中道竟然被吓哭了，往庶祖母詹姑的身边躲。而大哥袁宗道却拍着手大笑。这样的事常常有。所以，姐姐对于经史百家稗官小说小时候就记得不少，有时能一字不落地讲出来。

一次，中道和姐姐在厅堂后面听一个双目失明的聋哑艺人唱《四时采茶歌》，聋人讲话与唱歌掌握不了音量，声音很大，姐弟听得津津有味。这《四时采茶歌》有几百句，他姐姐听一遍，就能绘声绘色地背出来，而中道和二哥中郎只能背一半。父亲袁士瑜曾当着中道兄弟说："可惜你姐姐不是男儿，若是男儿，我袁家因她而扬名也未可知呢！"后来由于雨多内渍，道路不通，中道兄弟又转学于杜园。姐姐总是叮嘱弟弟要好好读书、写文章。中道没有辜负姐姐的期望，很小就文笔出众。

中道十来岁时，已多次游览了湘鄂交界的黄山。这黄山，也叫黄山头，在一片丘陵平原地带，这么一座海拔三百多米的山突然拔地而起，也属稀奇。而且，山有大顶、二顶、三顶三座峰，犹如一座青翠的笔架耸立。虎渡河、松东河在黄山边注入洞庭湖。小时候，中道和小伙伴们站在高岗上，倚在大树杈上，或者立在河堤边吃草的牛背上，就能清晰地望见南边青幽幽的黄山。后来随大人去黄山大顶祭祀清官谢麟的忠济庙参拜，在观音殿礼佛，到二顶那建于宋代的云麓宫前看道人打太极拳或观赏风景，中道对黄山更喜爱了。

他十岁出头时，就写出了《黄山》、《雪》两篇赋，洋洋五千多字，在邑内受到大家称赞。因为十岁出头，写几首诗已属不易。而写赋，这种讲格律、辞采、铺排等要求很高、难度很大的文体，是很需要才气的。这两篇赋作，描写了黄山头孕育了长江南岸、云梦古泽、洞庭湖边的风情人物，融传说与现实于一体的黄山八景，如谢公墓、忠济庙（纪念北宋荆州刺史谢麟，其墓在黄山最高顶，传说白龙是他外甥，他死后，出葬之日，呼风唤雨，白龙把谢公的棺材放到黄山顶上，似斜栽着埋入泥土岩石内）、南禅寺（建于唐代，寺名由路过的柳宗元题写）、犀牛望月（大顶东坡两块奇石）、白龙井、连理枝（黄山冲风峪北湾梛树）、仙人掌（黄山二顶骑马峪石上有仙人留下的巨大脚印）、云麓宫（黄山二顶上，建于宋代的道观）等，总之，他的赋表达了自己登临黄山，望湘鄂、观江河而生的豪情壮志。可惜这两篇赋作没有流传下来。（也许后来中道觉得这种骈文有模拟之嫌或认为是少年未定之作，不能反映公安派的文学主张，再加上二哥宏道也曾说过这类作品多有“刻画饾饤”之迹，故“自厌薄之，弃去”，就没有收进《珂雪斋集》中）

第三章

袁家豪气开雄识
龚氏文风润甥心

三袁兄弟的远祖本初公在明初以廪贡任黄州蕲水县的教谕，可以说是袁家文才吏才有记载的最早显露，到三袁父亲袁士瑜时，童子试中名冠榜首，后又成为廪生，且有《四书解义海蠡篇》二卷行世。公安派作家江进之曾为袁士瑜的书写序，说："楚七泽老先生学悟高深，心性超朗，其于孔释二家异派同源处，卓然有见，故今所著海蠡二篇若干言。"可见，袁士瑜的著作，是一部沟通、融汇儒释二家之作。虽今已难得读到，但是袁士瑜那种钻研著述的精神及实践活动，无疑对三袁有不可低估的影响。

中道曾回忆说："予兄弟皆分鹿知文，而其始实先君子启之以学。学之时，不论华言梵册，种种搜求，盖久之欣然有遇，如电开蛰户。近思先君子之教予三人，不宽不严，如梁香行露，教之最有风趣者也。"这里说的"电开蛰户"，就是大震撼，大启迪；这里说的"最有风趣者"，可见袁士瑜不是传统的说教，不是封建家长式的古板面孔，而是用风趣幽默的语言，和孩子们作朋友似的交流，这就给三袁成长营造了一个宽松活泼的环境，对于他们张扬个性是有不小的作用的。

另外，三袁的诗文中常常提到的孟溪的袁姓叔叔，其中一位是袁士瑜的弟弟袁士玉，中道在《寿孟溪叔五十序》一文中写他："然豪爽好客，食啖兼数人，精力强健。""产业膏腴，先王父，叔王父，享田间之乐，春初即了公事，终岁县役不至门。惟相与饮酒宴笑而已。"

文中还写他："遂呼儿取马来，至则超腾而上，一鞭竞指湖上，若飞烟，顷之不见，又顷之复返，下马振衣，顾予及诸客曰：何如？遂相牵入中堂痛饮达旦。"

看来，袁家祖辈父辈，这种超然、悠闲的生活，对中道和两位兄长也有很大的影响：一方面奠定了他们豪放不羁、流连光景、珍爱生活的个性，一方面也的确养成了他们在风雨飘摇的晚明时代看淡官场进取的消极情怀。

除了袁家对中道及两位兄长的影响外，在文学上影响更大的就数他们的母亲的娘家——公安县谷升里的龚家了。

在当时有段时间，公安县很多塾师很重视传授儒学经典，以科举业为正业，而对作赋写诗之类则称为"外作"，加以鄙视，怕它妨碍正业，特别对于佛学、老子学说等，竟被称为"妖书"，县里偶尔出现听讲佛、老学说的，就被称为"盗贼"。中道和两位兄长在京城各地与海内士大夫交往，诗文受到称赞，那些朋友却开玩笑说："古南平郡一片黄茅草白芦苇之地，怎么出了你们三个人才呢？"

他们以为三袁是天生奇才，其实，"不知点化镕铸皆舅氏惟学先生力也"。（袁宗道《送夹山母舅之任太原序》）

原来，三袁的外公龚大器的次子龚仲敏，字惟学，号夹山，万历癸酉(1573)举人，曾任过嘉祥、太原、岚县的知县。他小时侯就跟着其父亲龚大器宦游四方，买回很多异书秘史，中道说这个舅舅："旁通天文地理百家之学"，"好仙学，喜为黄白术"。意思是龚仲敏还信奉道家炼丹术，搞点带有科学实验性质的活动。他买回很多书后常和其弟龚仲庆关起门来诵读。还有三袁的三舅龚仲庆，字惟长，万历己卯举人，庚辰(1580)进士，授行人（行人，官名，掌管朝觐聘问事），任过福建道御史，曾为张居正竭力辩驳，触怒万历皇帝，一度遭贬。中道谈到这个舅舅时说："为人沉静，独喜蓄书，至数万卷。躬自校雠。"意思是他还亲自对书籍进行校勘考证。这种家庭图书馆似的藏书，给中道兄弟带来的影响是很大的。更有甚者，龚仲庆先中进士后，龚仲敏就在县城南成立了一个文学社团，叫阳春社。一时间，入社学习交流的人很多，中道和两位兄长也在其中，通过这些活动，中道等才知道：科举学业之外，大有新的天地。大哥袁宗道说过："自有此社，人始知程墨之外，大有书帙；科名之外，大有学问。"加之龚仲敏又喜欢表扬中道等人，所以，"诸士穷日夜力，勾搜博览，以收名定价于先生"（袁宗道语），即将诗文作品交龚仲敏先生评点，所以说，中道和两位兄长对文学的兴趣火花的点燃，文学创作能力的提高，与舅家的点化是很有关系的。

袁家、龚家这些性情中人，这些诗文爱好者，常常在一起游玩赏景，而后推敲诗文。袁宗道有一篇优美的散文《锦石滩》，就记载了中道与两位兄长和龚家亲人的一次“里中旧游”。

锦石滩，也称彩石洲，在公安县城东北方长江中间，在二圣寺下游几里的地方。

这彩石洲，长五到七里，满洲都是五彩斑斓的石子，有的洁白如玉，有的红黄透明，像玛瑙，那种大点的可卖千钱一枚，多得数不清。那天，中道和大家驾舟涉江登上彩石洲，大家各自兴奋地拣玩一番后，列坐休息，望去就像在瑶岛仙境中一样。

有一天，中道和两位兄长及几个舅舅再次去彩石洲游玩，大约考虑到外祖父龚大器老先生年岁已高，江上风浪又大，又多喝了几盅酒，就没有邀他。

哪知当大家选拣彩石正入迷时，忽见一艇在长江浪中像飞一样的向彩石洲驶来，远远见似一老翁立在艇前，用手直指着三袁兄弟等。转眼间，艇已靠上了洲子，大家一看，原来是老人龚大器！外祖父龚大器健步登洲，朗声大笑，说：“你们怠慢我，偷偷在这里取乐！”中道等忙携着外公的手，并献上似有“大”字的晚霞般美丽的彩石说：“您老息怒，宝贝献上！”

龚大器接过把玩一番后又大笑，说：“罚你们每人作一首游彩石洲的诗！”

中道说：“这是自然。”

第二天清晨，太阳才到树梢头，龚大器就早早送来《游锦石洲》诗一首，且用蝇头小楷在诗的后面写道：“老怀衰飒，不知所言，若为我漫抹，虽一字不留亦可。”

中道看了，觉得外祖父诗写得很好，而且他老人家的谦虚精神及对三个外孙的看重都溢于字里行间。

宏道多次游彩石洲，也写了几首游彩石洲的诗，如他在万历三十一年(1603)写道：“爱取春江一抹澄，斜帆叠叠柳层层。闲来袖得佳石子，付与山中好事僧。”

中道在《东游记》中描写彩石洲：“彩石洲去公安十里，洲上石出异彩，往往隐现不常。近日始绵亘里许，灿烂水涯，大约如坡公所称怪石。或如玛瑙，或如玉，或如瑟瑟，或光亮如琉璃，或红黄透明如霞彩，或青绿隐现如山水云气，或如指螺纹，或如玳瑁，如刷丝。”

中道在《嘉祥怀惟学母舅》这首长诗中写道:“我昔寓京华,佯狂溷酒徒。世人不我知,惟君独怜予。阳春二三月,飞絮遍九衢。骑马穿花市,衔杯过酒垆。浪谑略卑尊,资财通有无。骨肉固已定,感恩各有殊。公安一片地,从此辟荒芜。后进知风雅,始读秦汉书。余波润亲串,雀起耀乡闾……”这里中道写当年一般人不理解自己时,惟学舅舅对自己的理解,特别写惟学舅舅文学上对后学的积极影响,他并不是说自己如何像神童一样,从小就无师自通,从小就有天纵之才,而是直率地说得亏于舅舅的启蒙引导,这也是一种直抒胸臆。

第四章

舅甥相交如手足
诗文记载耀丹青

三袁兄弟诗文中常提到一个八舅，这个八舅以夜晚扮老虎把外甥等人吓得心惊肉跳而出现在传世文章中。其实，中道还专门写了一篇《静亭龚公墓志铭》，表达对舅舅兼学友的怀念。

这个八舅，名叫龚仲安，字惟静，号散木，是三袁外祖父龚大器的小儿子。龚大器在嘉靖丙辰年(1556)中了进士，后来在燕地买了美姬高氏，多年后，己巳年，即龚大器在江西吉安任佥宪(佥都御使)时才给三袁兄弟生了这个八舅。由于在吉安做官，家乡又在公安，龚大器就给他取名叫安。中道说八舅生下来就漂亮，惹人喜爱，而且，聪明异常。外祖父龚大器从维扬大参，升任河南布政使，顺便回到家乡长安里边谷升里。八舅那时十二岁，比中道只大一岁。那时八舅头发黑得闪亮，像是真漆涂过一般，皮肤像玉石白雪一样，头戴金冠，身穿靓服，高视阔步，其气质不是一般乡里孩童能学得好的。中道等人也算不错的少年了，也只在远处怯怯地望着他，不敢和他说话。小伙伴们笑话中道："你八舅好像比你还小呢?"中道还有点不自在。

直到外祖父从中州罢官回到家乡，八舅已经十四岁了，中道才有机会和八舅切磋深谈，那这个英俊的八舅到底是不是绣花枕头，腹中一团糟呢？中道故意细细品读八舅的文章，发现文字奇拔。他十六岁时，入了黉序。

不久，八舅与毛氏结婚，作为年龄相仿的外甥，中道等按乡俗坐十友，即十个年龄相仿的男性亲友坐在一桌，唱《十友歌》，说吉利话，吃糖喝茶，畅快地度过婚前的夜晚。中道问:“八舅,八舅娘很美吧?”

“娶过来,你们就知道了。”八舅故作神秘地说。

果然这个毛氏舅娘的嫁妆很丰厚,在一方引起了轰动,很多妇女、老人来看热闹看嫁妆,差点挤坏了门框。在鞭炮声里,新人花轿终于来了,中道一眼就看见了顶着红盖头的八舅娘,其身材窈窕,果然是个美人坯子。待随着小孩涌进新房抢交亲糖果时,(当地风俗,新人由年长妇女主持喝交亲酒后,就开房门,让孩子们上床去抢藏在边边角角或新絮里的糖果、红枣或花生之类,兆示生早子,“花”着生,如生了儿子又生女儿,如此交替。而且,床上抢交亲糖果的孩子越多,越兴旺)中道也抢得满头大汗,两手都抓有花生和枣子,有人笑他:“中道,你怎么上了舅娘的床啊?”

“哈哈,大家不是说新婚三天无大小,尽情玩,尽情闹!”他说着,有小孩趁机从他手里抢了几颗枣子。他朝坐在床的右边的八舅娘一看,不觉愣住了:她太美了,用中道原文说:“艳冶甚”。周围几里都是羡慕赞叹。

八舅龚散木饭量很大,可说是几个人的饭量。他还精力充沛、敏捷坚毅。有一阶段,他把自己关在房内发奋读书,为科举考试温习,被大家戏称为“书蠹”,即书中蛀虫,他很讲究构思作文,有时做梦都在反复揣摩。他有时迎接宾客,喝酒吃肉,大快朵颐,像古时郑庄那样准备了驿马迎接宾客,像班嗣那样和朋友聚戏。他有时种树养鱼,栽花剔竹,像谢灵运写出《山居赋》那样的美文,像晋代的顾辟疆那样在优雅的园圃里大宴宾客。他有时骑着矫健的马,穿着轻便的皮衣,手执长弓宝剑,在平原上射猎。一时间,射出的箭声,像饿了的猫头鹰在尖叫。他有时又以伊蒲素食为食物,穿着水田格状的百衲衣,爱贴近大自然,和三五好友畅谈性命之学,亲自实行佛教或道教的规矩。他有时又筹划得当,以守业为主适当创业,购买良田好畴,建造雅致的房屋于白虎伏川之吉地。中道写八舅一生从没见他愁眉苦脸,总是一副平和乐观的样子。

在外祖父龚大器在世时,中道兄弟和舅家长辈晚辈常一起游玩、赋诗、论文,那时,外祖父是南平社社长,而且他常常穿着五彩斑斓的官服,即“簪袍斓然”,大概以此激励晚辈们吧。但中道很长时间无官无职,八舅也是如此,所以舅甥之间又生一种同病相怜的情愫。如中道有一首题为《元宵赠散木舅》的诗,这样写道:

> 同云苦雨暗亭台,未有瑶华照酒杯。佳节风光虽不似,欢场怀抱也宜开。时移入眼无陈物,老懒随君作散材。岁岁愿如灯上影,儿童指点

说重来。

此诗写出了自己对八舅怀才不遇的理解和自己与八舅相依相随的意愿。

他俩还常常在一起“杯酒宴笑无不耦偕”，特别是“月明之夜，与散木舅于堤居大堳上互作商羊之舞，如此竟夜。每谈及，辄举以为笑”。

这大约是当地儿童一种称作“跳丁丁跛”的游戏，即儿童屈起一腿，以单腿跛行跳跃相撞，以不倒为胜。

散木平时身体强壮无病，哪知一病便逝世了。对于八舅散木只四十六岁即逝世，中道非常悲痛惋惜。他写道：八舅这样才华横溢，却在湖北参加科考没考上，后又到河北参加科考，又落第，最后在河北才考中乙榜举人。

八舅逝世后，中道在八舅家里，和八舅的儿子一夜长谈后，写了一首题为《龚晦伯表弟斋中夜话，悼念八舅》的诗：

> 华堂金菡萏，梦里旧欢娱。尚作羊昙哭，难呼彦伯庐。残灯寒缟带，鸿雪照荼炉。惭愧山翁在，嵇生后不孤。

诗里用典自然，把自己比成东晋谢安的外甥羊昙，羊昙见了和舅父谢安进出的城门，就大哭欲绝。中道还把八舅比成唐代的彦伯，彦伯专门写过一篇文章提醒亲友不要在诗文中犯忌遭祸。可能平时八舅对于外甥中道兄弟有过这方面的提醒。结尾两句，还是用典，用嵇康在临刑前从容抚琴赴死时对独生子说的话表达深情。嵇康当时对儿子说：“巨源在，汝不孤矣。”嵇康虽然以前给山涛写过《与山巨源绝交书》，但在死前还是把儿子托付给山涛了。这里中道是说自己要像山涛抚养嵇康的儿子一样，要帮助八舅的儿子。这是一种庄重的承诺。

中道给八舅散木写的墓志铭是：“公志大而不售，才伸而遇屈。以富隐而非其心，故散财而不积。埋照于酒，藏身于弈。有文无名，有诗无集。乍聚忽散，永于此宅。”

有斯舅，有斯甥，得其所哉！

三袁的老师在三袁作品中“出镜”多的还有王以明老师。王以明老师，名叫王辂，字以明，是公安县人，是袁宏道的举业师。四十岁时，他由监生任过凤翔县通判，只半年就弃官归里，隐居在公安县平乐村小竹林，著述自娱。他还与袁宗道等是“性命之交”，看来，与三袁是亦师亦友的关系。袁宏道在吴县县令任上，给王以明的信中说：“吴中人无语我性命者，求以明先生一毛孔不可得，甚哉法友之难也。”在佛教方面，袁宏道也是个大家，但他还以王以明为“法友”，看来王以明该是满腹学问的。

这位被三袁亲切地称为“王夫子”的老师，他有胆有识，学养深厚，三袁和他亦师亦友，在学业和很多方面如琢如磨。如袁宏道有一首诗《嘲王以明》，这样写道：“王夫子，有书如郝隆，何缘阿堵堆青铜？”袁宏道的诗名为“嘲”，实为赞。试想，如果跟老师关系不亲密，敢哪壶不开提哪壶吗？敢笑老师胸藏万卷书，却当不了官，弄不到钱吗？他实是用幽默笔调赞扬老师高尚的人品如他藐视名利钱财的节操。

三袁不仅对老师惺惺相惜，还热情真诚地鼓励老师。

袁中道在《送王以明南都应试》诗中写道：“细雨春帆一笑开，浔阳九派起风雷。井生饱贮纷纶字，苏子摩成游说才。有月便寻调马路，无钱莫上散花台。黄金馆里虚前席，只待谭天辩士来。”这里学生送老师去参考，而且热情地鼓励老师，把王以明比成汉代的隐士井丹。这井丹，字大春，通五经，京城人说：“五经纷纶井大春。”他还把老师比成战国时的纵横家苏秦，并说朝廷正等你这样的人才来呢。可谓热情洋溢了。

他们师生重要的出游总是结伴而行。如万历二十一年癸巳（1593）季四月份，中道与两位兄长以及王以明、龚散木，从公安出发，同往湖北麻城访李贽。他们到达嘉鱼江面，靠船登岸，拜访嘉鱼名士李沂。其实，在1591年，袁宗道就到嘉鱼访问了李沂，写了《嘉鱼记游》一文，当中写道“山石枯硬，山树森劲”，袁宗道与李沂同年，对他人品了解，表面是写风景，实是赞李沂耿直。

这次大家一起又见李沂之前，就在船上谈论李沂在朝廷任职时，为了弹劾太监张鲸，竟指责皇帝受贿，万历皇帝大怒，斥责李沂“置贪吏不言，而独谓朕贪，谤诬君父，罪不可宥”，遂将李沂廷杖六十，罢官了。

“李沂说直话，屁股被打六十大板，了不起呀！”王以明说。

“是的，现在世风日下，当官的几个真心为朝廷社稷着想啊。李沂这种人要流芳百世。”中道大声说。

不久，中道在文章中写道："至嘉鱼，望城上有山，山上乔松十余株，亭亭如偃盖。……访李给谏太清。李给谏往以上疏事，廷杖数十几死，罢官家居。相与同登此山，饮于大松下。"他写后给老师王以明先生看，王以明评说："饮于大松下"句，尤其好，似暗赞李沂也。

袁宏道也写了题为《嘉鱼李太清书斋》的诗，有两句深刻："名臣何必贵，衰腐据要津。"这足以说明他和王以明的心是相通的：对李沂是赞美的，对高位上的"衰腐"是厌恶的。

袁宏道万历二十七年(1599)在《赠王以明纳赀归小竹林》诗中写道："读书三十年，何曾效一字。九万里冲风，不能起蝉翅。人间龙子藏，天上司文睡。质书典青山，勉就冬官例。凤老栖枯梧，强作廻翔计。低枝无伟巢，聊灭冲云气。掷巾簪笋皮，脱衫买荷芰。万竹中栖身，崖风吹远唳。销心白傅诗，遗遗老庞公偈。铁锥题冷篁，画破千竿翠。"作者对老师满腹才华却"试不利于乡"，只有一个捐监贡生身份，颇为不平，一番安慰鼓励后，又以特有的幽默风趣，给老师描绘了丰富的乡居生活，如"掷巾簪笋皮，脱衫买荷芰"，在中郎看来反而是有无限的乐趣。

那么，老大袁宗道又是怎样写的呢？他在《送王以明例贡归小竹林》诗中是这样说的："白襕着破换青衫，归去山斋自在眠。医俗止留千箇竹，买闲先卖一区田。携妻烧笋旋沽酒，避客浇花自引泉。怪得新诗奇僻甚，苦吟骨削类枯禅。"作者对老师的归隐生活极其向往，特别对老师的富有个性的新诗评价很高，这就是独抒性灵在师友间的切磋滋长。

袁中道又是如何写老师回到家乡的呢？袁中道在《王别驾以明居士致仕还山》诗里写道："菖蒲潭上叟，貌得海上归。恋壑鳞深逝，贪云鸟健飞。社添新酒盏，箧取旧荷衣。五岳游如决，予当逐孝威。"他也是如遇大喜事，一派轻松，添新酒，取旧衣，打算作五岳之游，打算效法古人给老师排忧解难。

第六章

柞林一叟谈锋健
荷地三袁机趣多

万历庚寅年(1590)的春天，袁中道听大哥宗道说柞林潭来了一位怪老头，就想去会会这怪老头。

柞林潭，也写作柘林潭，其实原是河里的一个深潭，在公安县孟溪长安里的北边七八里的河堤边，后来成了一个老地名。这里有个河湾，湾里水最深，冬春水浅或河道干涸时，可见河底有个深潭，总是不干。河的西北岸有很多柞树，于是叫柞林潭。传说这潭里有条蛇精，而这柞林潭的左岸，有一个高高的山包，叫鸡公嘴，它尖尖的喙伸向河底深潭处，老人说鸡公嘴是专门等待啄潭底蛇精露头的。这个鸡公嘴的高处的山包上就有一座庙，那外地口音的怪老头，就住在那个庙里。三袁兄弟听说那怪老头已游遍天下，他常常提着一个竹篮子，喝了酒，随意地走在街上，说的话疯疯癫癫，一般人听不懂，更答不上。

宗道就邀大家去拜访他，原来所谓的怪老头竟是著名的思想家李贽先生。

李贽个高清癯，两眼炯炯有神。他坐在庙里回答了这些年轻人的各种提问。

中道问李贽："请问您遍游天下，目中有什么人？"

李贽淡然一笑，说："我从来不见有一人，果然真正豪杰难得，纵有，也不是彻骨的好汉。"

中道想了想再问："古来像荆轲、田光之流，算不算人物呢？"

李贽突然睁大眼睛说："他们是什么人？我且问你们，那田光一死，为的是什么？"

宏道说："一定不是为太子，大概是图自己有一段好死吧？"

李贽说："这等说来，却是冤了田光了。"

中道说："大概是为了激怒荆轲吧？"

李贽说："荆轲岂是不勇之人？何需激怒呢？他们死是重于泰山呢。"

中道又问："荆轲、田光之流还需学佛道吗？"

李贽说："我还要他们学佛道，我却不要你们学佛道。"

对佛道颇有心得的宗道大惊道："您是说学佛道无用吗？"

李贽回答："真的无用。"

中道又问管仲等人该如何评价，李贽一一作了精彩点评。

中道问他对韩信如何评价，李贽说："他真可笑，蒯通说得极透彻，他尚且不醒悟。刘邦对他解衣推食，小恩小惠，为的什么？不过是诱他做奴才罢了，这岂可唤作恩？韩信在这点上可称作呆狗！"

这些嬉笑怒骂似的评论，对三袁无疑有振聋发聩的启蒙效果。

待讨论杜甫后，宗道问："一个人学习研究，必须要做豪杰吗？"

李贽说："这就是死路一条了，不是活路。人人各有一段精彩，学即成章，自然是豪杰了，哪有豪杰可学呢？"

这正中三袁昆仲独抒性灵的心迹，他们相视一笑。

间或有纤夫几人在鸡公嘴柞林潭河边拉纤，他们"嗨着嗨着"的号子声很粗犷、劲厉。

中道又问："学问与功业，是一体呢，还是各自独立呢？"

李贽说："哪里可分开呢？世上难道有没学问的人能成就大的功业的呀。"

特别是十五日那天夜晚，月色明亮，宗道、宏道、中道、王以明、龚散木等陪李贽在堂上饮酒，李贽要他们各自讲讲自己像历史上哪个人。

问袁宗道时，袁宗道踌躇不定，过了一会儿，说："我最爱苏东坡，似乎又不太像，大概像白居易吧。"袁宗道的书房就叫白苏斋。

问王以明，王以明说自己像庄子，李贽说："比得太高了。"

问袁宏道，宏道说："我最爱竹林七贤中的嵇康。"

李贽看了看宏道说："也不太像。"

当问到中道时，中道大笑说："我从来只爱齐人，孟子写的齐人家有一妻一妾，又终日有酒肉。"中道说的孟子写的那个齐人，天天到坟山，偷吃别人祭祀的食物，喝祭祀的酒，然后醉醺醺地回家对妻妾夸耀说总有朋友请自己的客。

李贽说："你却有廉耻，不能为此事，我看你最是谨慎周密，其疯癫放浪，都是装的，各位不要信他！"

各位都拍掌大笑，中道也大笑，大概觉得获得李贽的这个评价很难得。李贽又问龚散木，龚散木说："我最爱李太白。"李贽听到这些人都自视甚高，不仅没有反感，反而觉得个个率真，遇到了知音，眉间带笑。

过了一会儿，李贽又要大家评他像历史上哪个人。

月光映照着他，须髯飘飘，目光中似有孩童般的天真和游方术士般的诡谲。

袁宗道说："您像李耳。"稳重的袁宗道显然是从正面点评。

李贽说："我哪里受得了啊！"

李贽见中道说话有时无遮拦，就问："你说说看？"

中道未答先笑，说："您就是名声大却声名狼藉的盗跖！"大家见中道这样评李贽，都担心李贽会不高兴。哪知李贽却笑得胡须一抖一抖的，说："像盗跖已不容易呀！以前我在黄安，不少友人把我比成有名的大盗，我想大盗也有大盗的胆识呢。"

谈话间，天上一颗流星划过，亮得出奇，远处的朦胧的山水林木瞬间被映亮。

李贽又要大家互相点评。过后，中道特意问李贽："请老师您指示，我是什么样的人？"

"好人。"

"也有什么毛病吗？"

"你的毛病就是你的好处。一个人没有毛病即是死物了。"

中道又问："请问怎样才是侠士呢？"

李贽说："现在的人都不懂得侠士的内涵。侠字从人从夹，意思是可以夹持人的。如千万人在危机中，得到一个侠士就可以保平安。人人可以倚仗他的，这才可称之为侠士。现在好多人不懂什么是侠士，多以击剑报仇为侠士，不是可笑得很吗？"

中道听了，脸上一阵发热。宏道望了望三弟，三弟以前常以侠士自命的。

这样，一直谈到凉露映月，寒侵衣裳，大家方才有点倦意，原来已是三更了。

关于这篇《柞林纪谭》的文章，有研究者认为李贽是否到过公安县存疑，说文中地名有出入，对此，其实后来袁中道本人在《珂雪斋集卷十》里有记载：“是日，有人持伯修、中郎与予共龙湖论学书一册，名为《柞林纪谭》，乃予兄弟三人壬辰往晤龙湖，予潦草记之，已散佚不复存，不知是何人收得，率尔流布。夜来之梦，岂兆此耶？”此则说明此文的确是袁中道所写，至于地名有出入等，倒不见得是大碍，至少他在公安县柞林潭的附近整理过此文。

第七章

近县江边风景异
远帆楼上见闻奇

袁中道出生于长江边大河畔，出生于素有“百湖之县”称谓的公安县，他生性爱登高临水，如果两天不游江上，心里就烦躁起来。他曾经喝醉酒后，特意睡在江边的沙地上，到夜深了也不回家……

万历壬申(1592)，有个龙阳(今湖南汉寿)人，用大船装着一座楼房求买主，中道的父亲袁士瑜就买来将之安置在江边，要给中道住。面对这座用杉树和松树穿榫接铆制作而成的楼房，中道高兴极了。他登上顶层向高处望去，看见长江在天地间远去，浩浩荡荡，气势雄壮。他还望见江北的炊烟与树木、沙滩上的游人，清清楚楚。江上的风帆来来往往，随着江堤的弯曲，出没在青槐绿柳中，有时快如马在奔跑，有时慢得像云停在银河边，有时成百上千的帆像比赛似的疾驰，有时孤零零的一叶小篷船在风中鼓着帆……

中道坐在楼上，边饮酒，边豪爽大笑，对书童说：“这座楼就叫远帆楼好了。”于是，他书写“远帆楼”三字于匾上，要书童拿去固定在楼上居中位置。

这样，过了一个多月，有一天，有一歌伎来楼上卖唱，中道携着她的手一起上楼，哪知这歌伎仔细看了看这座楼，就抽抽搭搭哭起来。中道很惊诧，忙问她：“你为何哭呢？”

歌伎却问：“先生，这座楼是哪里来的？”

“我家大人从龙阳人手中买的。”中道答道。

歌伎把琵琶铿然一放，说：“这是我的夫君别驾(官名)刘先生的楼啊！

刘先生辞官在家，又爱声色，养的歌舞伎很多，我就是其中一个呀。平时，我们姐妹在这座楼上唱歌跳舞，丝弦声、歌唱声不断，常常欢宴嬉笑，不分日夜。刘公病逝后，我们这些人都没有了依托，也就都散落四方了。我就流落为游伎了。哪知这座楼也远移，卖到你们公安了啊！”她的眼睛红红的。

中道还是有点不相信，说：“不会这么巧吧？”

那个歌伎就指着一个角落，说木板上有我画的几种花卉，她说：“你不信，这是我与姐妹们偷偷用刘公的笔开玩笑画的，还有我们学着署的名。”她说罢，用衣袖拂去那画上的灰尘，念出字来，眼泪又流下来了。

中道于是安慰她：“难道你就不学学关盼盼吗？”

歌伎收住泪，勉强一笑说：“燕子楼被人买去，盼盼到哪里安居呢？”

中道见她对答得体，并且知道唐代曾与白居易等有交往的关盼盼，遂颇有好感，听她唱曲后，多给了些酬金，送她走了。

中道想，这远帆楼原来还有这段大流落的经历，唉，这楼虽不甚幸运，但是它又遇我小修，再加上楼外风景优美，若果家乡的江堤不再崩塌，江帆，真的远远地看，我住在这远帆楼里，那么，又是幸运的。

后来，他请人将这三层三进的木楼整修一新后，邀亲友在其上饮酒赋诗，并写了一篇《远帆楼记》，大家争相传阅，感叹不已。

第八章

尽兴酒杯魁远近
伤心酣宴叹死生

中道年轻时，酒量很大，饮兴很浓。

所选的酒伴，在家乡，除袁氏兄弟外，常与表兄弟王回一起饮酒。这个王回，眼目凹陷，炯炯有神，络腮胡浓密，大家都说他像戏台上所表演的回族人。三袁的朋友、公安派作家丘长孺见了王回，总是大呼："回人！"于是，他们就亲切地喊他王回，反把他原来的名字淡忘了。

王回喜欢喝酒，兼之嗜好赌博，穷得叮当响，长安里一带的人很多都不喜欢他。

但中道却非常喜欢跟他一起玩，除了因为是表兄弟外，主要是能和他一起豪饮。有人劝中道别和王回这种无赖似的人一起饮酒，中道说："跟你们饮酒无味，你们饮酒，心里还想着其他事，眼睛朝别处看，杯子虽在手，却想别的事，勉强一笑，喝酒时愁容满面，一副苦相。而我表兄弟王回呢，则不是这样，他一看见酒杯，像久病得乐，像猿猴得到了果子，像饿久的马看见了水边的芳草，扬蹄嘶鸣，奔腾向前，除了酒以外，没想别的。他嘻嘻笑笑，歪歪倒倒，笑口不收，四肢活泼，都有喜气。所以，我爱和王回一起饮酒！"

村人又劝中道说："王回是浪荡子，不顾家。"中道说："他是不顾家，但顾人生的快乐！你们是顾家，又不顾人生的快乐！"那些人就无话可说了。

中道还和王回商议，组织几个酒量大的豪饮青年结成酒社，干脆公开品酒、赛酒、推广酒文化。于是，他们在这方圆邀到二十多个善饮的城乡青年。

大会比赛时，每人面前各放一个装几斤酒的坛子，都灌满当地酿制的烈性白酒，由权威人士当裁判，敲小铜锣就开始饮，喝得最多而不醉倒者将被推为酒社的社长。一时，围观的有几百人。

只听“当当”几声锣响，大家如马饮长江，汩汩豪饮。有的只喝半坛就醉倒于地，有的满脸通红，呛出眼泪，甘拜下风。而中道一坛酒全干完，把酒坛像王冠一样往头上倒扣，大声喊道：“再来一坛！”大家把中道推拥到早已摆好的社长椅子上，中道还神色颇稳，语音洪亮。

一会儿，中道觉得有点恍惚，朦胧中，见二十多人歪歪倒倒，在他面前下拜行礼，口称：“袁社长海量，我们愿受统领！”中道站起来，说：“各位兄弟请起，下次再办酒会，再决雌雄，如何？”

大家都大笑。

不觉夜幕降临，这时，中道在前，二十多个酒友随后，踉踉跄跄，走到斗湖堤上。月色皎洁，望见长江在月光下晶莹耀明，又听到波涛激岸，轰然有声，大家愈加兴奋。

中道带头发出“啊啊”的大叫声，二十多个酒友都随社长发出大叫声，大叫复大笑，其声如雷。

这一夜，斗湖堤县城的居民都不得安睡，有人推窗观望，只见大堤上人影幢幢，二十多个大汉在跳跃，奔走，大笑，长啸。这些年轻人的声音，借着酒劲，与长江的波涛声相应和。

他后来为此还写了一首《感怀诗》以记其事：

> 昔时旧酒人，倾尊定酒帅。一吸百余盏，酒徒皆罗拜。是夜月如昼，大堤共于迈。狂歌若奔雷，长江吼澎湃。居民不得眠，亲党皆嗔怪。精悍在面颜，零落旧坛会。回首忆当年，咋指以自戒。

中道和家乡青年饮酒是这样的畅快，和外地的朋友喝酒又是如何呢？

他有个朋友名叫钟减亭，当过县令，后为比部（刑部）郎。

他和中道在瓜州太守萧成其家里见过面，斗过酒。当时，黄慎轩、袁伯修、袁中郎也在那里。减亭来时已经有点醉，见大家在饮酒，也不作揖施礼，就坐入席中，只大声问道：

“哪个是袁小修？听说他酒量大，我要与他比一比！”

大家听了，都哄然大笑。

钟减亭又指着炉子边一个盆子，说：“就用它装酒喝！”大家一看，这个盆子大约可装酒三斤。他让人拿来装上酒，然后说要用指头勾住并拉起盆子，和中道比力气，谁勾不赢，就先饮这盆酒。中道现出有点为难的表情。这时，减亭自恃个子大、力气猛，更加兴致勃勃，说："君子一言，驷马难追，不改！"

于是，中道与钟减亭交指拉力比赛，喊声开始后，中道一声大吼，猛力一拉，减亭皱眉使力，还是松开拇指而败。

减亭索性指着酒盆子说："我钟某要用两口喝干，不是大丈夫！"他只用一长口就汩汩喝干了。

大家都啧啧称奇，忙喊："请吃菜、喝汤水！"

当然，减亭喝得酩酊大醉，当天不能再作陪饮酒了。

后中道应减亭之邀到他家里去饮过酒。钟减亭梳洗整洁，摆好酒肴，两人饮到三鼓而别。

此后，减亭常常邀中道去饮酒，中道怕他留饮通宵，有时就托词不去。

又一次，中道与钟减亭相遇于京城长安街上，两马相聚约二十步，减亭在上风向，讲话酒气冲天。中道扬起马鞭，对他说："这是哪来的糟人？"

减亭大笑，中道也大笑而别。

减亭这人，修长魁梧，性格豪爽、乐观，面露喜气，就是太爱饮酒了，最后还是死在喝酒上。

一次，他喝酒后猝然逝世，当时还不满五十岁。中道闻此噩耗，非常伤感，将与之交往的事记入日记体散文《游居柿录》中。（这《游居柿录》中的"柿"，读 fèi，意思是削下的小木片。中道用这个别致的书名，是说这是在游居过程中随意记下的小片段，没有刻意安排。）

中道的酒友，有农民，有文人，有文官，也有武将等。

万历三十五年丁未(1607)，中道三十七岁，在京应会试，不第，应蓟辽总督蹇达的邀请，往游密云。这蹇达，人称蹇大司马，是嘉靖四十一年进士，有文才，有酒量，所以，与中道声气相投。

一天，因风雨大作，乘舟难以出游，中道滞留于渔阳府署中，每夜取两瓶酒，先交给书童，交代他："我每晚读书至二更天气时，你就将这两瓶酒拿来给我喝。"

中道为什么这样交代呢？这是他在饮酒上对自己限时限量的办法。他说自己平生不喜白天饮酒，因为白天饮酒后，一整天昏倦，太浪费时间；而夜饮又怕喝多了，喝多了，一则梦寐不安，二则第二天早上都神思不爽。所以，他就这样交代书童。

可中道在夜间饮到一小瓶后，就有些醉意了。醉后，在白色的墙壁上看见自己的影子，须髯浓而长，也有须髯的影子在墙上映现，纤毫毕现，历历可数，中道觉得很有趣。他举箸尝菜时咀嚼嘴动，那么须髯也跟着牵动，不停地牵动。中道在白粉墙上看见自己这种像皮影戏的影子，常常朗声大笑。

这大概也是寂寞中的一种自娱。再饮一会儿后，他在自己胸怀间拍拍打打，觉得酣适愉快，难以形容。他笑看面前的小酒瓶，一瓶蓟酒，一瓶易酒，都是朋友送的香醇可口的好酒。

中道喝酒一向以豪杰自命，酒量亦很大。可是，第二天在渔阳与蹇大司马饮酒，他却显得有点力不从心。

蹇大司马对酒似乎不选择，不看品牌，也不看酒杯大小，往往一吸而尽。他每饮总是"嗞"地一吸而尽，再把酒杯向下，大声说："干！"中道的确被他的速度所困。

那天对饮，中道已大醉，竟伏在桌上打起呼噜来了，可是这个蹇大司马竟大踏步"噔噔噔"地走到门外松影下，对正侍奉中道喝茶水的女子说："传话给你家主人，我正醒着呢，他为什么一人独自睡了呢？你邀我半夜来饮，我无半点醉意，明天再不要跟我比论酒量了！"

第二天，听说蹇大司马也说头昏不能起，请医生去看视。中道在屋内对仆人笑着说："什么病？还不是喝酒不行！"

中道对蹇大司马的儿子说："令尊大人的病，到了下午就可以好了。"不久，蹇大司马果然好了。

以后，中道悟出：人上了年纪不能饮过量的酒。他悄悄嘱咐蹇大司马的家人不让他饮过量的酒。

而中道则以夜间小饮为常事。他在渔阳官署中读书很多，作诗很多，悟道很多，而应酬少，饮酒很少。

后中道又入舟游历，到石首、澧州、常德一带。

他怕上岸后与朋友酒桌应酬，于是就住在舟中，他认为住舟中最好，主要是可以养生。他认为常居城市，整日醉醺醺，冰炭攻心，淫念随作，水竭火炎，岂能久活？而居舟中，百病不生，是享人间的清福。

至于他为何如此饮酒，他的两位兄长都在书信、序文中分析过，主要是中道多年科举不顺、壮志不酬所造成的。

第九章

持斧木工侠义也
端瓢道士诡癫哉

中道跟两个兄长比起来，由于长期科举失意，他与底层阶级接触更多，他喜欢写下他们的故事，留住他们的闪光点。他说过：“不知率尔无意之作，更是精神所寄，往往可传者托不必传者以传，以不必传者易于取姿，炙人口而快人目。”他所说的“易于取姿”，应该是作者熟悉他们，他们身上流露出真性情，没有多少假面具等。他还谈到要让作品脍炙人口，增强可读性、趣味性，看来是尽量避开装模作样的鸿篇大论，尽量避开模拟刻板的套话假话，尽量避开给达官贵人涂脂抹粉的奴性文字。如他写了一篇《关木匠传》，把一个普通的关木匠描写得栩栩如生。

这个关木匠，名字叫关廷福，他可没享受什么朝廷的福，而是凭做木匠过日子。年轻的时候，他和几个木匠一起给人做事，本来也没多少人知道他。

中道家有一个佣人患疾病死了，佣人也是当地一个大家族的人，有人怂恿这个佣人的儿子到县衙告状，说袁家如何虐待佣人致死，打算以此多要点钱财。

那天傍晚，关木匠拿着斧头、凿子等工具，给人做屋架梁回来，听见乡亲们谈论这件事，他想袁家一直信佛，而且诗礼传家，名声很好，怎么会虐待死佣人呢？他听说那佣人的儿子已进县城，住在旅店里，准备明天出庭作证。关木匠脸色铁青，“咣当”一声扔下斧头等工具，连夜赶到县城里。第二天一大早，他找到那个佣人的儿子，说接他吃早餐。于是，两人一起饮酒。饮了一会儿，木匠又说江边一个专门卖江黄咕鱼(江中野生黄颡鱼)的馆子名气大，就邀那佣人的儿子去。走了四五里路后，找到那馆子，两人又饮起来。结果那孩子喝醉了，关木匠就背着他到一个破庙里睡觉，一直睡到第二天早上。

他们喝酒的那天上午，县官审问，传佣人家儿子上堂作证，哪知那孩子正醉卧破庙，佣人家到处找，没见那孩子。县官不耐烦，说："你们的状子上说有儿子作证，现在他在哪里？"

佣人家无言以对。县官认为佣人家是欺骗自己，反打原告的屁股几十板。

第二天，佣人的儿子回到家里，说了和关师傅喝酒两餐的事，佣人家才知道是他帮助了袁家，也不好再多说了，因为中道要父亲差人给佣人家送去了不菲的抚恤金。从此袁家很感谢关木匠，关木匠也因此名气大多了。

从长安里沿河往上向北走七八里路，就是柞林潭，在柞林潭边，有麦田几百亩，起先是中道家所有，当然是租给别人种着。但当地有个姓周的，仗着与地方长官是亲戚，就说那一大片麦田是他家的田产，连年告状。袁家厌烦了，就把那片麦田以最低价卖给了一个姓霍的人家。于是，周霍两家又争起来了。到了麦子熟得金灿灿时，周家竟然找到地方上的痞子中蛮勇者几十人拿着镰刀去收割。周家人把刀和铁棍插在田边，割的麦子一捆捆杂乱地倒在田里，准备用马车、牛车运走。霍家的人只好站在田边哭喊着。

太阳快偏西了，关木匠在河边给人伐树回来，见了这么多人强割麦子的场景，心中大不平，浓眉一竖，大喝一声"强盗快滚"，持手中利斧杀向割麦的痞子们。周家的那些人说："关你什么事？"

"路见不平，旁人铲修！"关木匠边答边冲，斧头在阳光下闪闪发亮。周家人一窝蜂似的跑了。一个黑大个子，还想和关木匠拼杀，结果被关木匠像砍树疙瘩似的砍破脑壳而死，原来黑大个子是个头头，早晨喝了一斤酒下田，曾拍着胸脯说："包周老板发财！"哪知自己一下子和麦子捆一样，倒在田里了。

霍家人吓个半死，知道周家一定要到官府告状，估计关木匠要逃走，逃走后，霍家去领罪，就急忙去关木匠家喊他来喝酒告别。霍家帮他关好门。哪知关廷福笑着说："我替你们打抱不平，杀人致死，罪，由我承担！如果我撒腿跑了，不是真正的男子汉！"

周家果然告霍家的状，不找关木匠的麻烦。到了县官审讯时，关木匠从人群中走出，大声说："杀人者，是我关廷福！周家强势，霍家弱小，我一时路见不平，挥斧杀了那个持刀对杀的家伙。大丈夫敢杀敢当，哪能祸及平民百姓呢？

霍家无罪!”

县官有点敬重怜爱他的侠义,把他收监后,派人劝他灵活一点,即要他说霍家是主谋,这样可免他一死。关木匠坚决不改口。不得已,县官只好按法律办事。每年审讯,县官都怀疑,未必不是霍家请他杀的人?这样一共审了十几次,关木匠始终不改口。最后,关木匠病死在监狱里。

中道对关木匠的事迹很关注,当他在乡里走访了解关木匠的情况时,有人说:“一个囚犯,值得你去写他吗?”

中道说:“关廷福一字不识,也不知什么是义侠。可是,他爱打抱不平,至死都不屈服,大有男子汉气概。现在世上一些所谓读尽天下书的士大夫,遇到一点小小的利害,就推诿给别人,来摆脱自己的责任,何况生死问题呢?士大夫慷慨就义,就被说成忠臣、义士,一个囚徒身上的真义气,难道不值得大书特书吗?”

与中道辩论的农人点点头,说:“你既然爱写这些人的事,我再给你讲一个一瓢道人的故事,你只怕也会写的。”

“你且讲来。”中道高兴地说。于是农人一边讲,中道一边用毛笔记着一瓢道人的故事。

这一瓢道人,也不知他的名与姓。因为他常常手拿一个长柄松木水瓢,浪迹在湖北公安和湖南岳州一带,别人就称呼他叫一瓢道人。

据说他化斋于澧州,澧州有几人知道他的踪迹。中道就向几个澧州来行长水拉柏木船的老纤夫打听,几个老纤夫因孟溪南街轭头湾的矶头边的箭水猛,船在激流中渐渐偏横于河面,有翻船的危险,只好粗门大嗓地让老婆和孩子乘小划子迅速上岸,帮助拉纤。待将船拉过伸向河中的矶头后,老纤夫们就喘着气在轭头湾边休息。中道又向他们问了一瓢道人的故事。

一瓢道人小时候读过书,可是不得志,后来投笔从戎,到海上从军。那时倭寇骚扰沿海,一瓢道人拳勇非常,从小校官不断得功到了裨将。后来他不知怎么触犯了法律,怕被杀,就藏身于一群强盗队伍里,出没于吴楚之间。混了几年,一瓢道人就厌烦了这种不地道的生活,用所积蓄的金钱买了歌舞伎十几个人,在淮扬一带卖酒卖唱,所赚的钱,自己享受。那些歌伎就轮着伺候他,没有哪一天不是酒色财气的生活。他曾夸耀说:一个王者的生活也不过如此吧。又过了十几年,他又厌倦了这种醉生梦死的生活,就丢下她们跑了。

他手拿一水瓢,穿着道人的服装,在湖北湖南一带乞讨。后来,他多住澧州。澧州人开始不了解他,时间长了,见他说的话癫癫狂狂,很多时候却又说得格外灵验，发给别人的治疗疮或治其他病的药，也往往有奇效。他还当场给人画牛，纤毫毕现，栩栩如生。他信口作诗，颇有口才，往往吸引人围观喝彩。如有一次，他在街上大喊："人有两只眼哟！"大家都认为是废话，谁人不是两只眼呢？待到一条街失了火，人们才明白，他是要大家注意防火，"火"字是一个"人"字加两点：两只"眼"。有钱人家把好衣服和好饮食赠给他，他嘻嘻一笑接过来，过一会儿，就扔在街上了，被其他乞丐捡去，他"哈哈"大笑而去。慢慢地，有些人愿意接他到家里做客，好好款待他。

一瓢道人长期住在古庙里，一天，他当着几个乞丐的面，在香炉里刨了几下，竟从香灰里刨出一锭金子来，说："你们拿去，给我找和尚来礼忏。"

和尚来念经、作法事、礼忏后，他又要人从棺材铺买来一口棺材，自己坐在棺材内，不让盖棺材的盖子，要十几个人抬着他，到城市里去转悠。他见群众围观，看稀奇，就两手作打拱作揖的样子，说："这一年来，很是打扰诸公，今天贫道向你们告别了！"即使是小巷子，他也要人抬着去告别，整座澧州城的人被他搞得很惊慌。

后来回到古庙里，他忽然向后仰卧于棺材内，对众人说："可以盖棺材盖了！"众人不敢盖，有人俯身一看，他已死了！于是大家帮他盖好棺材盖子，抬着去埋葬，抬的人说："他没死时，重重的。现在死了竟像没装人一样，像装了一柄荷叶，很轻。"

中道听完这些话，大为惊讶。

有个鼻毛老露在外面寸许的私塾先生问中道："我细想过，一般道人，不应该又淫又盗；又淫又盗，就不应该脱然生死。我想不通。"

中道说："我和你，都是凡人，怎么能知道这高深的道理呢？济公他喝酒，玄奘大师的弟子三车他吃肉，锁骨菩萨她化为女身纵淫，和、合二仙寒山、拾得平时爱望空噪骂，他们都有很多不合戒规的毛病。这些，不是天眼就不能看出端倪的。古代的好多仙佛，本来就有隐于猪狗中的，何况一瓢道人还是人呢？我和你怎么能一下子了解他呢？"

"是的，一瓢道人曾来过我们长安里，我们谁知道他是得道高人呢？"那个私塾先生说。

中道在荷叶山房里将所见所闻写成了一篇《一瓢道人传》。我们从中也可想见当时由于他科考失利，乡人对他的一些特立独行不理解，他是很苦闷的。这些文章，也算是含有对那些人某种程度隐晦的回答。

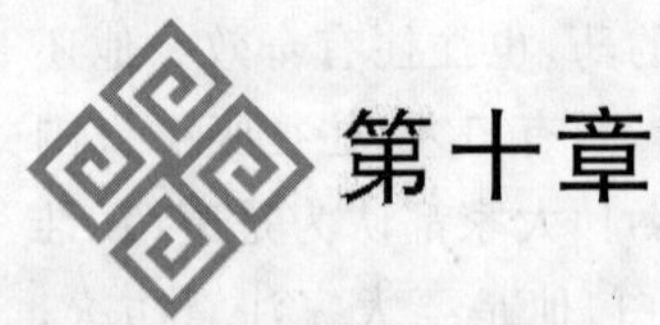

第十章

描画传神墙上趣
学书练腕墨中筋

中道曾不无自豪地提到自己少时蛮喜欢画简笔人物肖像画，而且无师自通，画得很传神，可见他的聪颖出众。其实，这种画有个名称叫“传神”，这是中国肖像画的传统名称。南朝宋刘义庆在《世说新语·巧艺》里写道：“顾长康（恺之）画人，或数年不点目睛。人问其故，顾曰：‘四体妍蚩（美丑），本无关于妙处，传神写照，正在阿堵（阿堵：这个，这里指眼睛）中。’”图绘人物，当求其能表达出神情意态，故称“传神”，亦名“写照”、“写真”。清蒋骥著《传神秘要》，论述肖像画颇详。“传神”这个名词，后常用于其他艺术门类中。

中道小时候，与表兄弟王回等同窗或玩伴常常相聚，除了读书写字外，经常嬉戏玩耍。有一次，中道悄悄在白色的墙壁上寥寥几笔画了一幅画，却故意大惊小怪地喊大家来看，说：“这是谁画的？画的又是谁呀？”大家一看，都说：“哈哈，这是王回呀！”王回自己对着画走来走去，看了又看，也大笑着说：“是我呀！”同诗社的好友们见了也笑得快要倒下似的。王回的堂兄王官谷用薄纸蒙着将之描下来，带回家，给家里几个婢女看，并问她们：“你们看，这是谁呀？”

几个婢女大笑说：“这是庚儿！”原来王回的乳名叫庚儿。

为什么大家这样笑呢？一是赞扬中道画得好，二是画出了王回的特点——有点怪的特点。原来王回的像有以下特点：眉毛似乎和眼睫毛连在一起了，鬓毛又似乎和胡须纠缠在一起了。两眼珠像浮在一双深井之内，鼻子又高又大,像竖着的一只拳头。额头距离下巴不到五寸。而左耳和右耳遥遥相对,似在相互观赏或打招呼,即他长了一对招风耳。中道画得很传神,所以效果很好。

社中有粉壁,以后,中道暗暗把身边可以画的人员列了个名单,在闲暇时,在大家认真读书或埋头写诗时,他就在粉壁上匆匆勾画几笔,不署名,大家抬头一看,就说:"这是某某,这又是某某!"大家笑得肚子疼。

只有画谢斋公和何謇子时用更少的笔墨迅速就画出来了,而且,越看越像,这就更惹人发笑了。

到了后来,中道画某个人的肖像,不再画他的耳目口鼻,只画他的帽子和脸面轮廓,脸上用密密麻麻的墨点点画,不说画的是谁,大家也能说出这是谁。每到这时候,中道就像小孩子一样,得意地笑了,满面通红。

到万历十七年乙丑(1589),已升任翰林院编修的袁宗道,利用出使湖广册封楚府之便回到公安长安里,中道正在看京师名家送别他大哥袁宗道的诗文,如冯琦的《送袁玉蟠册封楚藩并怀乃弟倩修三首》、焦竑的《送袁太史册封楚府便归省觐》等。可父亲袁士瑜却张罗着要画师画一张全家福。到了画中道时,画师要中道端端正正坐好,朝前面看着,以便运笔。

中道竟也拿着一支笔在画那个画师。画师还没把中道的像画成,中道却把画师的像画成挂在墙壁上了。袁士瑜和中道的两个兄长都大笑,把画师弄得十分尴尬,只好不停地干咳。

后来,中道对大家说:"我是没往画画这方面发展,如果学习了,在顾恺之等画家以下是我袁中道,就不用说了。可是现在,年岁见大了,百事懒散,有时笔砚也懒得去接近,哪里还去干这种画画的事呢?"

其实,中道的书法也是很有特点的,他的诗文里透露他喜欢写大字和草书,当然跟他的好友——著名书法家黄辉不能比。但是中道很愿意向黄辉学习,他在《平倩归去来辞跋》一文里写道,苏东坡书法好,其弟苏辙书法不如其兄,就借着方便,收藏了不少苏东坡的书法,朋友索要,苏辙就慷慨地送人。中道说自己也和苏辙一样,在居住北京期间,每月总要到黄辉家住上十天半月,得到黄辉的书法作品很多。有人讨要,他马上就给人家,以为反正自己能得到,就像苏辙对待苏轼的书法作品一样。二十余年,散失不少。独有一件《归去来辞》,黄辉写得"遒古柔媚,妙有灵和笔意",所以,中道一直珍藏在身边。

中道还很爱黄辉所写《隆中诗》一卷,特别是对其中"王略无偏正,天威有纵禽”句，反复欣赏。在黄辉到公安会葬袁宗道后，中道送他到西陵，也住松滋县官署中，中道又请黄辉用榜纸写《隆中诗》以便收藏。他向黄辉请教怎样写好书法，黄辉说：“写字应当学运腕。不运腕，你的字就无力。王羲之爱鹅，正是要看鹅脖项间曲折之妙，并不是有爱鹅的怪癖。仁兄你的字有笔才，只是欠学腕间之力。”

中道很快领会了他的意思，不久书法大有长进，特别是在书法欣赏方面有很多精辟见解。如有人说黄辉的字“急于取力，微伤险劲”，中道则认为：“黄书大有篆籀气，所以为佳，不必过摘其病。”

第十一章

送走方公赠有序
悟来县令感羁身

万历十四年甲午(1586)，中道参加科举考试落第，心情不爽，又听说公安县县官方公(名叫方一正，龙溪人，举人出身)决定辞职归田，正在嗟叹。门外有车马声，原来县令方公到长安里来看望慰问中道了，最重要的是希望中道给他写几句诗做留念，中道一时似无诗兴，就和他谈了谈。

方公说："先生，你是知道的，我以前也可以说是饱读诗书，爱写文章的，之所以咬咬牙，弃去这些所爱，还是想为国家为人民建功立业呀，哪知这几年，在贵邑公安，吃亏不讨好，哎，一言难尽呀。"

中道说："你就别这样说了。我知道，全县百姓也应该知道，你是尽了心出了力的。你看，你没来前，江水不漫大堤，你来第一年江水大涨，堤破了，洪水淹了城郭。前一年庄稼不歉收，这两三年水灾虫灾，搞得庄稼歉收，人民大饥荒，吃草头陌根，连树皮都剥去用石磨磨成细浆摊粑粑吃，有的人吃观音土，吃了屙不出来，胀得浑身发亮而死。你呢，带着人到村落中去赈灾，去安定民心，我们长安里谷升里这一带的人哪个不认识你呢?"

"还是没把赈灾的事搞好呀，弄得群众公然砸破富人的粮仓，分粮食。他们白天抢，夜晚盗。打官司的，到衙门哭诉喊冤的，络绎不绝。我恨不得跳到长江里去算了，想到高堂老母，想到圣人教诲，只好硬着头皮当县官啦。"

“方公啊，你把贪污灾民物资的奸猾官吏清理出来，大快人心，有我家中郎先生的手段啊。”

“哪里哪里。早知穷达有命，悔不十年读书。”方公呷了一口茶，苦笑着说。

中道把椅子挪了挪，伸手摸着方公的手腕，说：“你开始来时，手腕如粗藕，现在像细竹筒子了。也好，这才像读书人。”中道说。

“先生，你想啊，我不想继续参加科举，来当县官，本以为可以稍稍实现自己的抱负的，哪知道搞得自己志向不伸，其实这是命中注定吧。这几年，老百姓入不敷出。来往的官员怪我迂腐，不懂送礼的规矩，不满意。我有时还被他们呵斥嘲笑，不容易呀。”方公嚼着几根茶叶说。

“哈哈，他们以为你是那个有名的强项令呢？哪知道你是非常淳朴谨慎的官员呢！”中道给方公续茶后说。

中道想，方公也不简单。这几年在公安，迎送上级被认为礼数不周，水患频至，县城边江堤坍塌，公私仓库空虚，一些刁民反咬一口，说当官的贪污灾民钱粮银两，素有九十九汊之称的乌泥湖（淤泥湖）边虫灾泛滥，粮食大大减产，都造成上司不满意，方公他自己去意已决。

沉默了一会儿，中道说：“方公，你还记不记得，你刚刚到公安下车时的情景？”

“哦，你说说看。”

“那天，我被县里请去欢迎你。品茶时，你对我说你是乙卯年中的举，曾做过一个梦，梦见一个人对你说：‘首春官则仕。’后来方公常考常落第，直到丙戌三十年，不得已，才得以到公安县当县官，实是你首制科年。你说刚刚知道到公安当县官，曾大惊：‘我梦到的首制科当官的话，不是应验了吗？’我想了想，那时你还没生呢，该不是命中注定如此吧，逃也逃不掉的。”

两人不由得笑起来，差点呛着茶了。

到方公快要告辞时，中道忽然站起来说：“好，我有话写了！”

当童子摆好文房四宝后，中道写了一篇《送邑大夫方公归田序》。文章后面写道：

方公就要归田了！我参加科考也无效，唯有立志读十年书。魏武曹操说过：“老而能学，惟予与袁伯业耳。”方公你才学高，知识博，回去后，浇花种竹，与古人为伍，又怎么会不快乐呢？那些州县官员在这个特殊时期的徒劳，则从古以来就会遭到叹息的。

这次送方公，不仅体现了中道对方公这样勤勤恳恳官员的赞扬与同情，也加深了他对县官之类官职的厌惧。后来他中进士后，就和友人们说自己非常不愿意当县官，而之后他也着实宁愿当徽州府教授这样的清闲官。

第十二章

邀宾塞上梅公雅
见性笔端袁子豪

袁中道虽然在科场也多年偃蹇,但他的文名却已远扬,甚至不少人以与他交往为荣。这里所说的梅公就是一例。梅公即梅国桢,字斋生,是湖北麻城人,是袁中道的知心朋友之一。他官至大中丞,年轻时就俊朗大气,能诗文,善骑射,能文能武,文可与海内文人分题赋诗,武能率兵平叛安边。

梅国桢相貌独特,显眼的是大鼻子,中道说鼻大如拳头,他还蓄有长长的髯须,望去仿佛是剑客或道人模样。

那年,梅国桢任云中(今大同)太守,他早就听说公安三袁兄弟文名鹊起,又特别仰慕豪侠风流的袁中道,于是,寄信给二十六岁的中道,邀请他到塞上一游。

中道谦虚地说自己学道没有结果,暂无暇一会。梅国桢又来信说:"显灵宫的古柏树,婆娑垂向地面,像虬龙一样。东便门外,李子花像锦绣的幄帐,可供欣赏。晋阳庵里,有唐代铸的观音像可观仰,沙窝的道士善术,顺城守官善射,都是我几十年的朋友,你若来这里,定有收获和乐趣。"后来,他又邀请中道到云中一见,以了此平生夙愿。

于是,中道骑马走了很久终于到了那里。中道少年时就有一种不拘格套的豪爽之气,第一次与梅国桢相见就昂首挺胸直奔上座入席,梅国桢手下官员客人都相视做惊讶状,而梅国桢却视若平常,彬彬有礼地陪坐在中道旁边,笑容满面。

因一路走来，风尘仆仆，身上有虱子，中道一边谈笑，一边把手伸入腋下或裤裆内捉虱子，捉住后，竟当众用指甲一挤，“啪叽”一声细响，饱食人血的虱子被挤死，中道潇洒地用指头弹去，复谈笑自若。梅国桢见中道果然一副名士派头，更加恭敬。每次谈话后，梅国桢都在夜里用毛笔记下，以作回味。

常常中道当场口占一绝后，梅国桢就带头击掌赞赏，说：“真才子也！”

梅国桢在水磨河畔，摆酒席十几桌，觉得和中道相见恨晚。他又泛舟河上，对中道说：“我几十年没有今天这样快乐了。”

改日，梅国桢又率领手下将佐出猎，他与中道并马而行，一路谈笑，后面跟着千骑，前面有笳管乐队，吹奏引领。打猎时，中道箭法精准，梅国桢也不甘示弱，兵卒见了这种情景，呼声震地。遇到赶来的大猎物，大家万箭齐发，箭如饿疯了的一群猫头鹰在叫。

他们到了傍晚才归，兵士举火把照耀，如同白昼，城乡居民摩肩接踵，夹道看视，有人议论：“与梅大人并马者是湖广荆州的才子袁中道。”

有时，中道与其他朋友在野外饮酒，梅国桢办完公事也寻来，席地而坐，端杯就饮，撕野味就啃，吃完大笑着驰马而去，也不问在座诸位姓甚名谁。

有一回，中道见梅国桢在衙门内偃卧，由两名女子捶背，中道就坐在旁边问他子女情况。梅国桢说自己有一女，名叫梅淡然，因其丈夫去世后，愿为尼姑，她有时和同伴去李贽那儿听“讲座”，被人造谣中伤，梅国桢也不阻止，后父女常有书信往来。后来，中道在适当时候劝梅国桢在各方面戒杀，哪怕在文字上、闲谈中都要力戒杀机。梅国桢欣然接受了建议。后来，中道觉得梅国桢成进士，为县令，为大中丞，晋升少司马，又加上六十岁生子，都是修道的回报。

第十三章

先哭若霞钦字迹
又悲兖女题诗跋

中道这样的性情中人，对于底层的有才华的女子，不像有些人那样居高临下取一种戏谑玩弄的态度，而是平等地取同情赞赏的态度。如在云中期间，他听文朋诗友说有一奇女子叫若霞，如何如何才色双绝，可惜已经病故了，不然可与交往。中道不仅去若霞住处探望缅怀，而且还写了一首题为《哭若霞》的诗，诗前用小序记叙了若霞的生平，让我们知道了这个娇艳若桃花，又倏忽如流星的才女。

若霞，是云中的歌妓，姓崔，性情温和润婉，聪明颖悟超过一般人。凡是琴棋书画等技艺，她一见就会，且有独特领悟，特别擅长于书法和绘画，其中又特别精于画兰花和竹子，也很喜欢弹古琴，可惜只有二十二岁就病死了。

若霞在逝世前两年，曾发大愿要书写大乘经一百卷，哪知写到了九十几卷时突染重病，病得实在提不起笔才卧床。死之时，她还请女伴扶起来勉强拿笔写字，哪知多日未进食，手不停地颤抖，竟不能写字了！于是她叹了一口气，再要取琴弹奏一曲，弹着弹着，琴弦铿然断了，大家看时，她已逝去了。

中道游云中时，若霞已逝世两年了，她尚未下葬。中道执意要去拜谒，各位诗友就陪他去若霞故居，只见败瓦残灯，一盏油灯灯光如豆，中道偌大汉子竟哭出了声，连说："若霞，我来晚了！"邻居有人悄悄相问："来客是若霞什么亲戚？"

"不是她亲戚，这是湖广才子袁中道。"中道的朋友回答。中道要看若霞亲手书写的经书，大家说大多已失散。仅见供灵牌的桌上还有一册，是小楷书成，书画精严，没有一个字是随便下笔的，中道不觉肃然起敬，又对之几次鞠躬，并带着颤音口占一诗：

闻说风流事，凄然泪满巾。鸳鸯酬宿世，鹦鹉忆前身。月去无留影，花亡不住春。旧书经一卷，一半已成尘。

中道的诗赞扬了若霞的才华，对她的早逝无限惋惜。这是他对一个无命的女子的同情，还有他对一个无影的女子的感喟。

后来，中道游山东泰山等地后，来到兖州，在一个古驿站中，对一些酸腐题诗无意瞩目，却对数行娟秀小字仔细辨读，原来又是一女子所写：

我生长于会稽，小时候就攻读书史，到了十二岁时，嫁给一个燕地的男人。婚后常常叹息园林里的风景，却埋怨负情远走的将军丈夫。加上他大老婆常作河东狮吼。每天有事没事，都要对我吼几声。今天早上我轻言细语跟她交流，希望姐妹和睦，又逢她大发其火，用鞭子把我一顿乱打，就像对待一般奴婢一样。我气得胸口发疼，几乎不能站起了。哎，我是他们笼子中的人，死了也没有什么可惜的，但是恐怕自己委身于荒凉的异乡，湮没无人知晓，所以忍死一会儿，等待她们睡熟，我偷偷地到后面这个亭子里，用眼泪和墨，题三首诗于壁上，并用序交代出处，希望有知音读到它。我伤感的是活着没遇到好机会，只望死后有人知道而已。

中道流着眼泪一首一首读出声来：

银红衫子半蒙尘，一盏孤灯伴此生。恰似梨花经雨后，可怜零落旧时春。

终日如同虎豹游，含情默坐恨悠悠。老天生妾非无意，留与风流作话头。

万种忧愁诉与谁，对人强笑背人悲。此诗莫把寻常看，一句诗成千泪垂。

中道读罢，又哭了一会儿，心里祈祷这个女子不死，于是，他也作三首诗在后面，中道的诗写道：

枉读新诗泪满巾，近踪燕越好追询。将军应是饶钱癖，急把黄金赎慧人。

含情一字泪千行，兰玉心情锦绣肠。买入五湖舟里去，山花水月细饮酒，一边论文，直到半夜三更，兴致仍然很浓。

袁宏道写了一首题为《二月十一日崇国寺踏月》的诗："寒色侵精蓝，光明见题额。踏月遍九衢，无此一方白。寺僧尽掩扉，避月如避客。空阶写虬枝，格老健如石。霜吹透体寒，天街断行迹。惜哉清冷光，长夜照沙碛。"诗中"踏月遍九衢，无此一方白"句尤其好，用夸张的手法写出了蒲桃林夜景的澄澈雅静。作者有此纯洁胸怀，才见如此纯洁境界。

他还有一首《崇国寺同王章甫小修看月》："凉月白霜阶，光腻平于砥。古木坐寒禽，写影空窗里。茶鑪藏古云，一叶寒吹起。角灯抽紫焰，冻花老瓶水。滑波映琉璃，一片冷光死。灰心半夜禅，寒猧伴行履。"《再游崇国寺》："入寺稀人识，僧雏尽老成。花犹香废苑，石莫话前生。壁上苔栖墨，廊间雨坏楹。春衣能几日，又复过清明。只作幽探计，如来与证明。出门皆黛色，入寺有泉声。酒似溪光嫩，身如云影轻。闲官无别侣，头白旧方情。"

这些诗里，给人印象最深的是"酒似溪光嫩，身如云影轻"句，一写酒的色泽娇嫩诱人，一写作者心情愉悦，步履轻盈，犹如少年无忧无虑。

几个仆人在石凳上坐着打瞌睡，睡了醒，醒了睡，冷得喷嚏连天，袁中道才提议下次再来。

而到了夏天，到处热浪滚滚，不过崇国寺里却是一派清凉世界。蒲桃园里藤蔓摇动绿绿的叶掌，似在为大家摇扇。一串串的蒲桃似睁着亮晶晶的眼睛，看着这些学富五车的才俊。袁中道同黄辉、方子公等七人在这时成立了蒲桃社。当时，崇国寺里稍远的地方，似有几个衣着较好的人，戴着草帽，向大家谈笑的方向张望着。大家继续吟诗或发表自己的主张，也没有注意那几个人。可是几次聚会，总有那几个人在不远处张望，又似在画图画的样子。中道觉得奇怪，要去问他们。大哥袁宗道拉住他，说："三弟，不要管他们，说不定想跟我们学写诗，也未可知呢，不要冒失动问。"

到了夕阳西下，那几人走了，中道去问老和尚可认得那几人，老和尚缓缓地说："其中一人，老衲似乎认得，以前跟大金吾来此上过香。可能他们也是来此避暑吧。"

中道把老和尚的话讲给大家听，大家一笑。袁宏道说："我们好歹是朝廷官员，又只谈风月，何惧之有？"大家称是。于是，大家就又开始交流在崇国寺蒲桃园的新作。

袁宗道写了一首诗题为《五日饮崇国寺僧房》："老僧爱竹石，点缀似山家。密篠通风邃，流觞迳水遐。看鱼裁藕叶，禁鹿蓄萱花。一缕林烟歇，阁黎供露芽。”袁宏道又展示了一首诗，题目是“夏日黄平倩邀饮崇国寺蒲桃林”：“数亩蒲桃林，浓条青若若。以藤为幡幢，以叶为帷幕。以蔓为宝网，以实为璎珞。蜩蝉递代响，虽聒胜俗乐。对泉坐良久，客衣增尚薄。同来四五朋，一笑破缠缴。依岸排绳床，禅玄入诙谑。煎葵带露烹，摘茶拣水瀹。石砌滴琤琤，铜铛鸣霍霍。拇陈分两曹，奋爪相掷搏。觥小罚已深，取钵代杯杓。三伏此中消，万卷束高阁。”

桃源县的江盈科写了一首《崇国寺》：“吏散人稀晷刻长，乘闲时一过僧房。竹镂芝本为如意，草像兰芽号吉祥。番字写碑成蚓结，法幢飘影学龙翔。乐饥最是清斋供，宽得旬朝中酒肠。”

袁宏道的《崇国寺蒲桃园同黄平倩诸君剧饮》：“入门似出门，莎畦布平远。古根老巉石，凉阴厚深巘。茫茫三夏云，有舒而无卷。分栋理孙枝，凿泉过小畎。树上酒提偏，波面流杯满。榴花当觥筹，但嚣花来缓。一呼百螺空，江河决平衍。流水成醻醽，须鬓沾苔藓。侍立尽酲颠，不辨杯与盏。翘首望裈中，天地困沉沔。未觉七贤达，异乎三子撰。”

袁中道也写了一首五言诗，题目是“午日同钟樊桐、黄慎轩、方子公、秦京、伯修、中郎崇国寺蒲桃林分韵得扫字”，诗曰：“禅室也不宽，且喜常常扫。竹子不成林，一根两根好。药栏无艳花，嫣然种香草。虽无曲水池，灌余成小沼。山僧不解禅，只是貌苍老。朋友不甚多，人人好怀抱。盘餐不过丰，园蔌鲜可饱。酒未必如渑，苦洌香且皎。要言不在繁，一字使人倒。纵无大快活，何处有烦恼。”他的这首诗，看似随意，实则体现了公安派的文学主张，晓畅闲适，有热爱大自然、热爱生活的雅趣，言之有物，言之有趣，自在大气。

看来，在崇国寺蒲桃林里的聚会，不仅使中道有了很大的长进，更重要的是一支公安派的队伍正在形成，将对沉闷的晚明文坛产生不可小觑的影响。

很长时间似乎没有另外的房产，有时住两个哥哥的房子，当然，他最喜爱的还是住在船上。现在，大哥在县城赠了房子，中道就和大哥袁宗道成了邻居。而且，二哥宏道这位新科进士也住在石浦河的东边，外祖父龚大器和几个舅舅也分别住在河的东西边，这给这些性情中人这些至亲之人带来了极大的快乐，他们朝夕聚首，谈诗论文，掀起了又一个高潮。有时河边用树木搭成的水埠头的跳板上有穿着蓝色印染衣服的妇女在洗衣服，在用木棒头梆梆地捶打着湿衣服，声音穿出好远。

有时，妇女正捶得起劲，袁中道却喊道："洗衣服的幺姐，停一下，歇会儿！"

"啊呀，喊得这样急搞耸个（为什么）？我差点捶到指头啦！"洗衣女子笑着问。

"我有一首诗，要念给河对面我二哥听！"

于是，中道就大声朗诵起来，原来他朗诵的是题为《朝耕》的诗：

> 半夜来原田，月落天将晓。溪流涓涓鸣，今年雨水好。前种已生苗，万事毋如早。解轭唤大儿，牵牛食露草。

那个洗衣的少妇听了"呵呵"一笑，原来她也大致听得懂。因为中道和两个兄长一样，注意向民歌学习，写一种清新晓畅的诗歌，并让它散发着泥土的芳香。

石浦河两边的杨树下或屋檐边就站有袁宏道等人——反正他们是最先听到中道新诗的知音。宏道在《序小修诗》中就提到向"闾阎妇人孺子所唱《劈破玉》、《打草竿》之类"学习的事。中道在石浦河及故里孟家溪荷叶山写了很多这类诗。

中道对那段生活是这样作结的："朝夕聚首，谭禅赋诗为乐。"其二哥袁宏道也在题为《归来》的诗里写道：

> 归来兄弟对门居，石浦河边小结庐。可比维摩方丈地，不妨扬子一床书。蔬园有处皆添甲，花雨无多亦溜渠。野服科头常聚首，阮家礼法向来疏。

在这里，三袁这些人，以诗酒风流、疏于礼法的阮籍之类名士自况，别有一番潇洒与惬意。

可惜，到万历乙未年，袁宗道、袁宏道和中道都进京了，北面的江堤渐渐崩溃，威胁到石浦河，中道的父亲袁士瑜于是把家移到斗湖堤上。再以后，袁宗道逝世，袁宏道辞官隐居，都不住石浦河的房子了。只有中道还住石浦河西边大哥送的那房子。可到了癸卯年，中道进京参加乡试，手头却缺路费，于是就卖了石浦河边的房子，把家眷又迁回孟溪长安村老家。甲申年，中道落第回来，在县城没有地方住，只好又在二哥袁宏道的建议下卖去不少好田，买了姻友王官谷的小竹林园子，改造成了后来有名的筼筜谷。

第十六章

长兄跨鹤京师地
小弟运柩荷叶山

万历庚子年(1600),中道应秋试后,跟二哥宏道一起南归公安后,住在家乡,准备重振诗社,消消一年奔走之疲。忽然在十一月廿六日晚,得到大哥宗道在北京逝世的噩耗,一家人哭得昏天黑地,痛不欲生。

两三天后,中道接到四川籍公安派作家、书法家、太史黄辉于北京的来信,信中对中道说:“伯修在京家中无主,兄可急来。再说,我已经为你们弄到通行文书,可星夜通行。”

中道父亲袁士瑜流着眼泪,要求中道快快起身到京城去接伯修棺椁回乡。这时候,中道的祖母也在一两天内病情加重了,卧床不起,中道的小儿子袁海也病逝了,真是祸不单行。他心中悲苦万分,又想到大哥暂厝在京城的家中不能这样久拖下去,于是决定起身赴京城。

于是中道在十二月初离开公安长安里。一天的中午时坐船过江,在风帆下,中道回过头来望见长子祈年还在江边望着父亲一行人,不觉眼泪又流下来了。

从江陵到达建阳时,已是夜晚了。随来的仆人熟悉驿路,对中道说:“今夜不休息,可向荆门赶路,只是驿路关口的小吏很凶恶,您不发怒,他不放行的。”

中道说:“这次出门,情况特殊,一路不可生事,宁可慢点赶路。”那个仆人说:“话虽是这样说,但年关快到,寒气逼人,黄河一冻,无船可渡。我们说不定就要住在黄河边等明年黄河化冻后才可渡河。再说,京城大先生家中过一天犹如过一年,我们必须趁月色赶路,才可以在最短的日子赶到啊!”

中道点点头,还是吩咐他们一路上不要惹是生非。

到了一个驿站,仆人还是用绳子捆住邮卒,用棍子打他,说邮卒办事不力。

那个邮卒被中道的仆人打得鼻破流血,于是,大喊:“伙计们,快来救我!”

立即有不少人拿着长长的木棍,手攥砖瓦、石块,赶到旅舍来,要打中道及其仆人一行。

中道令仆人赶快关上门,那些瓦石在屋上像下冰雹一般哗哗作响,还骂声不绝。中道回望那个惹祸的仆人,见他已藏在床下了。

中道只好疾呼旅舍老板,给他钱,说:“确是我仆人喝酒后粗暴所致,我马上教训他。你是这里人,认识他们,请他们散去。”哪怕这样沟通,那些人也闹到下半夜才骂骂咧咧散去。这夜不敢出来赶路。

第二天早晨他们一行才出发,旅舍主人的儿子悄悄对中道说:“你们要小心一点,路上有人要报复你们。”

中道于是请旅舍主人紧挨着自己一同赶路。果然路边树林里有不少人拿着长长的木棍,都纷纷冲向中道的仆人,仆人把马猛抽一鞭往前疾驰,他的背部还是被不少瓦砾击中。那些人就拉住中道等人的车马不让走。中道和旅舍主人好言好语相劝,又说明这番赶路的原因。那些人说:“这个郎君知书识礼,是个好人,不像那个泼皮家伙。”众人这才松手。

从此他们走得更慢了,到了河南中州,就谨慎地递交通行文书,不敢大声喧哗。

为了便捷,中道也舍弃车子改骑马,可这马上颠簸风沙之苦难以描述。偶尔,中道口占几句诗来解闷,如他吟道:“纵是石人也惨情,难听一宅断肠声。老亲泪尽惟流血,小弟心孤欲丧生。白日奄奄寒古渡,长江浩浩响空城。今朝易水悲歌去,送客白衣尽湿缨。”一路上他还戒荤血,断饮酒。到了一处旅舍,仆人等勉强喝点酒,中道嗅到酒香,想过去喝点,又想到大哥在千里之外等着魂归故里,还是不忍破自己定下的规矩。

一行人走到黄河边,见河上冰面开始融化,放眼望去,河面不见一条船,船工都把船藏起来了。从早晨到中午,中道急得像热锅上的蚂蚁。不久,他看见有人背着一根大竹竿,于是与仆人悄悄尾随那人走,就发现了用树枝盖着的一条船。原来这人是云南的一个孝廉(举人),从官长那里索到了开船的手令。中道跟他一讲,他愿意帮助大家过河,他说船不大,有人有马,拥挤不堪,要小心点。一行人这才过了黄河。

哪知一上岸,那个云南人对着中道作揖,说:"久闻先生兄弟大名,我天涯无侣,愿随先生奔走。"中道大为感动,于是一起策马向北。

由于没日没夜的赶路,中道的须发都被冻结住了,望去白蒙蒙的,面部和双手都冻裂了皮。那个孝廉的马不快,他还多次骂仆人。

到了顺德,一行人走了一夜,赶到一个驿站才天亮,于是到旅舍吃早饭。不久,有个仆人大声呼喊,中道问:"什么事这样嚷?"

"杀人!"仆人回答。

中道大惊。这时,那孝廉赶来喊中道快去,中道赶去一看,见孝廉的仆人和一个邮卒在争夺一把刀,仆人握住刀柄,邮卒拉住刀锋,相持不下,那刀锋已刺入邮卒指内,血一滴滴流出,中道飞快上前,敏捷地将带血的刀夺下。

中道问为何争抢一刀,那仆人说因为孝廉怪马不快,仆人就取下云南刀削马蹄铁上及鞍鞯上的泥巴,正削的时候,两个邮卒正在饮酒,红着脸问仆人,说:"你,削泥巴,不是英雄。敢削我吗?"

随即邮卒就要夺刀自割,仆人不给这醉鬼,所以夺起刀来了。

其他邮卒不服气,于是要拿大棒打孝廉和中道。中道忙拉孝廉到后室躲起来。刚坐定,那些邮卒又拿着刀赶来,中道又躲进一间房中。孝廉大吼,要冲出去拼,中道说:"这是野店,无官可以干预的,那几个家伙又极醉了,万一酿成大问题,我们好比是用珍珠打雀子,要忍耐!"

中道疾呼旅舍主人,对他说:"我是楚人,他是滇人,不是故意惹麻烦。他们受了伤,我愿出钱治疗。"旅舍主人把话向两个醉鬼讲了,他们才停下来。

交涉妥帖后,中道先送孝廉上路,再和仆人从后面追赶。直到十二月底,中道才望见京城城阙,不觉又是泪眼酸涩。

到了大哥伯修的家,见了遗体,中道昏过去一次。醒过来后正在哭泣时,黄辉太史到了,两人相拥又痛哭失声。黄辉哽咽着对中道说:"本以为今年庚子年是你大哥的大好之年,因为在今年他升为右春坊右庶子,哪知这更加重了他的负担,特别是九月入值给太子讲学回来,受了风寒,于是泻下不止,虽服了中药,但是仍时好时坏。到了十一月初四日他入值回来,疲惫至极,竟阖然长逝了!"中道听了这番话,又见大哥原先圆圆的白脸现已变得灰暗消瘦，又捶胸顿足大哭起来，大家力劝才止住。他这样在那里住了三个月，大多在哭声中度过，很长时间昏昏沉沉，眼睛也哭肿了。

于是在辛丑年(1601)四月，中道扶大哥伯修灵柩，在亲友及门生等簇拥下，在鞭炮声中，从潞河(通州运河)上船，一时哀声遍河埠，客死他乡的一代文星终于踏上了返乡之路。

潞河船很多，经过驿站要检查船才放行，给好处才优先放行。这一年，水很小，又没有多少船，一行人千说万说才搞到两条船，只行了十多里又搁浅了。船工就下水推船前移，一天下来，仅走了一里多水路。中道叹道："这茫茫六千里路，何日才得到啊！"走了五六天，他们才到天津。晚上，中道见靠船的岸边有一长溜草房子，心想，如果失火，就麻烦了。三更之时，岸上大呼："起火了！"中道一看，火光已经映红天。有火球向船边飞来，落到水里发出"嘶嘶"之声。于是他疾呼船工等快起来将船移到别处。船工心急，拔铁锚硬是拔不动，中道拼命催喊，才将两船移到对岸，哪知其声音都喊嘶哑了。

开始，中道安排镇江的那条船安置家眷，走在前面，而放灵柩的船在后面跟进。镇江船走得快，船工又爱出风头，不巧与山东一运粮船迎头相撞，运粮船被撞破一个洞，粮袋"咚咚"掉入河中。中道所坐的放灵柩的船在后面不知发生了这种事，只听见岸上有兵卒对着中道的船大喊："坏舟沉粮，赶快救人！"中道头脑一炸，想道，这是官运粮船，上有旗帜和官兵，关系甚大，怎么办？他急忙派人拿自己写的几句话给督运官看，讲明情况。幸亏督运官厚道，他在船上一拱手，说："原来是袁公灵柩，只管行船，区区几袋粮食、几个破洞，我来处理！"

中道这才松了口气，可是河中来往有很多有来头的大船，中道一路上叮嘱船工尽量相让，不要逞强。有些船工粗鄙爱斗，中道说："争路抢先易出事，出了问题谁负责呀？"船工说："您不必怕，这是运河上常有的事！"说归说，每当一艘船风驰电掣地擦肩而过时，中道都吓出一身冷汗，为了兄长灵柩顺利返乡，以前曾以豪杰自命的他似乎已吓破胆了。这两只船行到交河时，船工要在这里找几个人帮忙拉纤，竟然找不到。一打听，这里又荒又旱，没有费用可赚，小官吏都跑得远远的。船工上岸去找帮工，被街上的人围住拉扯奚落，一个人受了伤。过了不久，两条船上的船工捆绑一个人来找中道评理，就是那个打伤船工的人。中道仅仅责备了几句，船工埋怨说："您老是这样慈善，走一年也不能到家。"中道说："你们说的也有道理，我们求平安，宁愿慢一点，恐激出新的变故，没法收拾啊。"几个船工都快快而去，口里喃喃:“只怕要在这里过夏天哩。”

中道又向居民打听这个县的县衙在哪里,得知离这里五十里路,又问县令是谁,他们回答说县令空缺,管印的是一个校官。中道拿出“儒林册”一看,是一个姓王的人,曾经在常熟当过县令,与中郎过去是同事。于是,中道写了一封信派人送去,这个姓王的,在第二天派一个差役送了点雇请差役的钱及一封信来,讲了很多难处。中道拿这封信请了帮夫,心想,可以解缆开船了。

正准备开船的当口,有船工和随从对中道说:“街上的人打了我们的人,如果放了他,下个驿站听说了,也不按规矩办,请让我们打他一顿。”中道说:“不行呀。”大家跪下来请求,并说:“我们不是对他有私仇,正是为了前面一路顺风啊!”中道无法,只好附在那个为头的耳边说,同意轻打那人一顿,打后,就放了他。

终于解缆行船,船工都拿着木棒指挥拉纤的帮工,只走了约半里路。哪知船的后面有人敲着锣大喊,大约有一百人,都拿着棍棒追来了!

那些人登船就打船工,船工中会游水的跳进水里躲避,只有一人不会水,被打得头破昏死。他们还用大砖头和瓦砾乱砸两船,砖瓦像雨点一样飞来,窗棂都被砸破了。伯修的家眷都吓得号哭起来。正在人声喧嚷、推推搡搡时,原来被捆过的那人大喊:“打我的是船工,船上的贵人,你们不要惊扰!”那些人才不再登船骚扰。突然,被打的船工倒在船边死去了。

中道见了,大喊:“你们打死了人!快把他抬上船!”那些人狡猾地说:“这人没死,你们诈我们!”说罢,他们一声喊就都跑了。中道忙看,这人还有一口气,但头上皮破血流,不能苏醒。于是他把他放在船内,擦洗后静候苏醒。天气渐渐热起来,满船弥漫着一股血腥气,中道难过极了。

第二天早上,那船工伤口上的血才止住,醒来后,说想吃点东西,中道亲自端盘给他喂食物,心里才好受一些。

又过了几天,有船工给那伤者理发,惊叫失声,原来伤者因天热包扎,头发里竟有蛆虫蠕动,最深的伤口有一寸多。中道又惊又心疼,就拿出解毒药来给他敷上,幸而不死。

船工瞒着中道商量,要报复,中道知道后,急忙喝住说:“你们闯了多少祸?还有这么远的路,不能再闯祸了,不如走为上计。”

这样,两船走了一天,因为逆风太大,只好停泊在一个野市。中道正坐着休息,突见船后有人呼喊:“前船移开!”中道出来看,见有十几个青壮年,手提缆绳逼向载灵柩的船后。中道的船工发怒说："你们不得无礼，这是贵人的灵船！"

中道向那船上年纪大些的人问，那人小声对中道说："我们是浙中征东兵，共有三千人，无帅又无粮，沿途抢劫过日子，你们的船让开为好，移到对岸去。"中道听了，忙说："这是菩萨教的话呀。"他急忙命人移船，让水路。

刚一移开，中道就见后面的船有几百条，船中还杂有很多妓女及抢来的良家女子。船中军汉舞拳顿脚，骂声不断。中道忙对两船上的人说："这是浙中乱兵，如被他们打了，没地方告状的。你们不能乱说一句话的。"他的叮嘱刚说完，就听见岸上哭声震天，有女子被抢上船去的，有所卖东西被抢去的。百姓还以为中道所乘的船是帅船，在岸上对着他的船喊冤求诉，哀声不断。

中道感叹说："干戈乱离之景，今日见了！"

中道的船只得与这支乱军船队保持距离，在其后缓缓行进。

这样，船到了临清，岸上有百姓一路奔走，对着乱军船队哭喊着妻女名字，泪如雨下。宪使钟公于是召集壮汉四五千人围住他们说："若不放妇女上岸，就消灭你们！"那些乱兵怕了，放妇人上岸，亲人相见，相拥而泣。钟公又抓住为首的乱兵，用乱棍一顿打，将中道一行送出临清。

可是中道的船到了临清，又被收船税的敲去不少银子。

好不容易解缆放行，岸上有一老人说："你们的船到哪儿去？前面河水快枯了。"中道将信将疑。果不其然，未走三十里，两只船搁浅不能走了。一行人又拉又推，好歹到了辰河，已见河底了。天气特别热，河底有灰尘扬起。几十个纤夫，想走，无水路；停下来，又没有粮食。中道于是每天煮稀饭度日。眷属的那条船隔四五里，仆人来说："由于船隔得远，家眷夜里非常惊慌。"中道只好自己到前面那条船上保卫，他像关公保护嫂嫂那样夜里坐在船的甲板上防坏人，也好让女眷们安心。这样下去，几时才得行船呢？

第二天，中道招呼大家都上岸，到东昌住旅舍，大家说好。中道安排人轮流守船护灵柩。

过了几天，河里来水了，原来是中贵的闸放的水。这样，从东昌到济宁的路上，运粮船队不少，又几次差点闹出纠纷。到达徐州，因为是逆风，行进很难，他们又被税使索要金钱不少。从三月份出发，现已两月多了。中道在船中焦躁不安，只好看《宗镜》及《传灯》这些佛教书。到了扬州，得知二哥宏道已到此接应，中道心里才好受一些。

那天，中道引二哥宏道登船抚大哥宗道已有些异味的灵柩，又痛哭一场，哪知一母三兄弟竟在这种情形下聚首！久困船中，历千辛万苦，在天涯又见骨肉，中道遂紧握宏道之手不放。

停留几日后，加上宏道的船，三船齐发，胆子就大些了。但江上常有恶风，常常突然黑云密布，船工大喊："大风快到！"众人紧急收缆、降帆。帆刚一降下，大风"呼"地刮来，江水正在急涨之势，一眼望去，浩白无边，很恐怖。

船过安庆时，一次顺风疾行，突然听到桅杆上"哗"的一声响，中道急忙抬头一看，原来帆布被吹裂了一个大洞，船乱晃，令人心惊肉跳。过马当的时候是夜晚，江水里有不少像尖刀般的乱石，船如果撞上去，立马就会被穿洞灌水，只好暂时靠岸。船工说："风太大，靠岸也很难！"中道只好合掌祷告神灵保佑，幸而无事。

后来前面的船停泊在彭泽，可是载家眷的船又隔十来里，风很急，众人呼喊后船听不到。到夜半，那条船才靠拢来。

终于到了武昌，中道又寻到一条船，先从汉口到襄阳，江水大涨，纤路都被淹没了。拉纤途中，一个仆人踏滑了石子，差点被淹死。

中道终于先回到公安老家长安里荷叶山边桂花台畔，见老父亲袁士瑜于佚老堂。蓬头垢面的三儿子抱住须发皆白的老父悲哭哽咽，好半天都说不出话来。

又过了十来天，中道和宏道才护送大哥灵柩船进孟溪河边，到达码头。袁姓家族及乡亲们苦盼这么久，一时都扶老携幼，迎至大堤边，遂放鞭化纸，有道士敲法器迎接，从河堤到荷叶山，一路上泪雨倾盆、哀声遍野。

第十七章

弟兄一场成长忆
生死两文记挚情

在袁中道的《珂雪斋集》中，有两篇写给大哥伯修的长文，一篇是在伯修生前，中道写给他的信，题为《报伯修兄》；一篇是写于伯修逝世后接灵柩回乡前。这都是情深文美的传世之作，从中更能见中道之性情，也更能体现三袁作为一个整体在失去公安派发轫者后小修所表达的切肤之痛。

在万历二十四年丙申(1596)，中道在《报伯修兄》中告诉时为东宫讲官的大哥，自己从京城出发，游游走走，三月后才到达吴县一带的所见所闻及与友人相聚的情形。他还讲到自己回家见到幼小儿子的趣事：父子亦不相识，还在门外互相作揖讲礼一事，将之与大哥分享。看来他是从吴地回到公安后给大哥写这封信的。

信中简约描述了家乡景致："荷叶山老树枝干皆秃，嘤鸣馆已将颓，苔钱满地。不知吾兄弟何日复遂夜床听雨之乐也。"

信中谈到二哥宏道的身体和去留问题，看来是请大哥最后定夺：中郎的官声很美，吴县人都说几百年没有这么好的县令了。可是他患疟疾，很重的，时而高烧，时而奇冷发抖，没出门已经几个月了。我曾经说过中郎聪明和胆识都具备，实在是用世之才，可是他天性慵懒，放在山水间就快活，放在朝廷和城市里就忧郁不乐。他的病，我在吴地时，已见了，不知现在怎样。韩愈说过："逆而行之，必发癫狂。"不如让他弃去官职为妙，身体与官职哪个重要？我已和父亲大人商量了，大人已同意。

信中接着谈自己：我今年二十七岁了，科考总是不顺，很有些再考一次不中就算了的意愿。现在是姑且借酒醉来消耗自己的壮心，来排遣盛年。为弟我曾经认为天下只有三等人：第一等人是圣贤，第二等人是豪杰，第三等人是庸人。……不得已就想狂狷。狂狷，是豪杰的别名。……可是，豪杰中才能杰出的，人不能理解他的高才奇气，而反过来指摘他的微小的毛病，把他挤进庸人之下。这是古今所应浩叹的。现在所谓匡扶天下的人，无毁无誉，小心谨慎，保持官位，庇荫子孙，这都是庸人的做法。如果是豪杰，挺身而出担当天下事，对于自身的利害有所不问，即丰棱威严的豪气不能与俗人混容，而使之不失就是豪杰。如张居正有这样的豪杰本领，不可轻视他。像我这样的人，往上不敢自比于圣贤，往下必不混同于庸人，在马市上让人惊诧为龙，在鸡群中让人怀疑为凤，世俗眼光就是这样的，哪里还希望有独具只眼的人呢？这次科考如不遂意，我就到南山之南，北山之北，尽可逍遥度日，不是这样的话，一只水瓢，一个斗笠，流浪江湖，不会很失落的。

他这段话和大哥讲了自己的志向，也暗示了一些人对中道的不理解以及自己对这些人的态度。当然作为私人信件，他写了对张居正的钦佩之情，其实，当时是不合时宜的。这或可看出中道科考常落第的原因之一，即未必没有不合时宜的议论？总之，文中豪气逼人，真情感人。

信的结尾处又回到谈家乡亲人、谈兄弟归隐相聚等：写到外祖父祭文完稿了，回忆同游彩石洲的情景。信中谈到五月里公安的大水，差点决了江堤，写江堤崩塌："近日又复崩数丈，不三五十年无公安矣。"忧民之情溢于言表。

信中还谈到过去大哥的计划：大哥你以前说将家迁往澧州，其实澧州城太狭窄，找一块像样的宅地很难，鼎州又太远，还是不如公安长安里长安村祖屋风光好。我们兄弟紧挨着居住多好呀。这里"树如邓林，田同好畤，塘中既富菱芡，湖上复饶鱼虾。族中尚有两三忘机之老，可以晤言。他年功成归来，即同摩诘辋川、渊明栗里了，何必他求！"

这里再次表达了对于孟溪长安里的喜爱之情。当然后来中道和大哥同葬荷叶山、同卧宝地作另一种形式的千古畅谈了。

哪知仅过四年，大哥伯修在京逝世，他千里迢迢赶去，护袁宗道灵柩回家乡，在北京动身前，即万历庚子十一月初一日，中道写了字字泣血的《告伯修文》。

他开头就用近似口语呼兄大哭：大哥，大哥！你如何就长逝了啊！自从我们失去母亲后，兄弟姐妹四人，伶仃孤苦。我当时年纪最小，把你看成是父亲一般。在老屋书房里，我们三人相聚谈论学业，夜窗风雨，没有一天不是共同度过的。我们袁家门户凋落，幸而大哥你青云直上，几十年以内，我家昌盛荣耀，没有一发一毛不是大哥给带来的。蕞尔小县，我们先前不知有所谓圣学禅学，自从大哥在京为官，有志于生死之道的研究，我兄弟才仰青天而见白日了。

这里写了袁宗道对两个弟弟的引领作用。中道还在《石浦先生传》中写过此事：万历十七年己丑(1589)，大哥袁宗道"以使事返里"(奉命册封楚府，便道返里)，二哥宏道也会试未中而"下第归"，于是三兄弟又在家乡聚在一起了，因此，"仲兄与予皆知向学，先生语心性之说，亦各有省，互相商证。"中道是不忘大哥的引路点拨之功的。

《告伯修文》从第二段起，紧扣李贽常说的"独苦"二字，回顾大哥袁宗道的科考及家庭变故等：

> 唉，从大哥少年取得科第，别人都以兄为荣，不知兄之独苦啊！十二岁入乡校，人都为兄荣，可是不几年后慈母逝世了！十九岁而荐乡书——中举，人都以为兄荣，可是没几年你身染大病，万死一生，连年卧床褥，一鬼不化；稍微好些，曹嫂病逝；两儿一女，茕茕然像黄口的雏鸟，在危巢中啾啾鸣叫着。你二十七岁，中进士第一名，入读中秘书，人都以兄荣，可是没几年侄儿袁曾、袁登相继在京城患病夭折；你以至情笃厚之父，抚如兰如玉之子，一旦化为异物了！你三十六岁，任官春坊庶子，从容不迫行走在宫殿银榜之间，人都以为兄荣，可是谁知你后嗣几绝，仅有后又病故。从此你身边没有自己血脉了！身外所见富贵，是浮名；你之所承受的，是实忧啊！……而尤为幸运的是弟兄聚首，同气同心。前些年二哥和我在京城，朝夕与大哥晤言，商榷学问，参悟修行。你说想了断世缘，归田自适。可是官场劳累相迫，终犹豫不定。遇到皇长子忧危之际，讲官缺人，你每天鸡叫就起床了，准备进宫讲课，风霜雨雪，从不间断。外劳其形，内劳其心。就是二哥和我，也暗暗为你忧心，没想到就危及你的性命了。没想到我和二哥回家乡未到两个月，听说你病了，又没几天就听说你病得不起床了！
>
> 哀痛啊！我大哥这样的贤才，竟客死在三千里外了，还没了后嗣了，只寡嫂三人在侧啊。你为什么孤灯吊影，流寓京华呢？伤痛啊！你父亲还在堂，祖母也在室，为什么就死呢？你著述未成集，学道未了缘，

> 为什么就死啊？虽然，我兄的为人，清白好修，砥砺名行。事可与天知，语可对人言，无一念不真实，无一行不稳当。小心翼翼，周详缜密，从做官十五年，没见用一个字求人谋私利。不欺暗室，不愧衾枕。身死之日，一贫如洗，栖身一室，尚且没什么家当。守官守道，有如处女。你少年时就清心远性，风晨月夕，兴致轩昂。你儿女态少，烟霞趣多，为弟我佩服啊！
>
> 平时你从公门回家，一般玩弄水中彩石，或栽花种竹。兄之品，是仙品也。……和你喜爱的白居易、苏轼比起来，你决不出其下，这是显明无疑了的。你又何必担心沉坠呢？

最后，中道又讲了公安石浦河边的房子、胡嫂有孕（惜没生养成功）、继嗣和几个弟弟养老等问题，再次承诺：

> 你的《白素斋集》没编成，我一定为你删定，最后编成十卷本，定可不朽！

总之，这两篇写袁宗道的文章，一前一后，一生一死，相互照应，以中道对大哥的了解，以中道的才识写袁宗道的小传般的祭文，是很恰当的，会给我们学习和研究三袁提供很多便利和启示的。

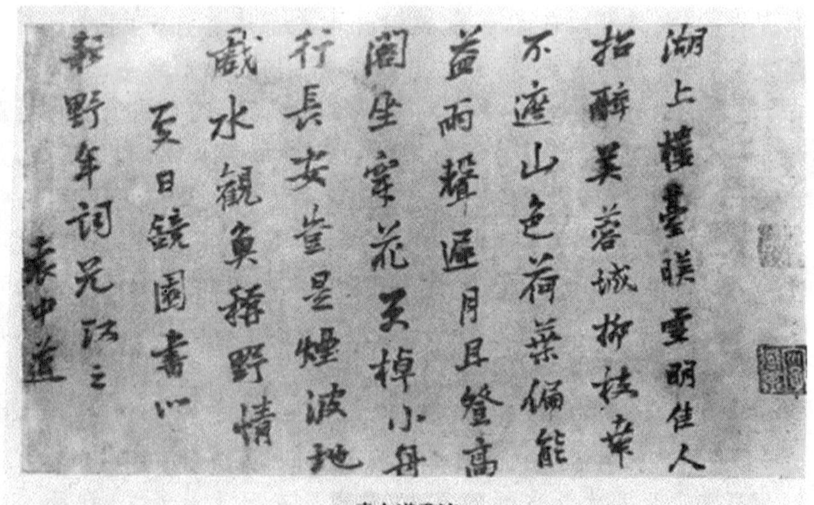

袁中道手迹

第十八章

素车白马黄辉意
绿水青山锦绣人

到了万历壬寅年(1602),中道和二哥袁宏道商量应该正式安葬大哥袁宗道于祖地了,之前,袁宗道的棺椁暂厝于老宅里。安葬计划在古历十一月初六日进行。因为先要准备一些事情,所以时间已觉得紧迫了。这时,老朋友太史黄辉从玉泉捎书信来,说:“我已经回到家乡!我父亲日夜望我回来,加上我在巴山游玩的兴致很浓,这次回来,一定要了结向二位贤兄学习性命学的大事。再说山中清净,没有喧嚣声干扰,我们可以一整天一整天地畅谈。倘若伯修的安葬大事快到了,我作为老朋友要用素车白马赶来,痛哭于墓边树下。”中道和二哥看了黄辉的信,都觉得奇异,说:“作为朋友,交情通于梦寐真的可以达到这种程度吗?”

中道知道,这年的春上,二哥宏道梦见大哥袁宗道回来了,见了大人袁士瑜说:“儿子我若果不是黄平倩来,我不离开。”大人袁士瑜问:“平倩在哪里?”袁宗道说:“他就在不远处,可以让二弟去迎接,一定一起来的。”

宏道梦醒后把这些告诉中道,中道说:“黄平倩现在政务正忙,怎么会回来?他即使回来,又怎么会和大哥的葬期相遇合呢?”

现在,黄辉果然回乡了,回到了玉泉,并写信讲了,又果然与大哥葬期接近!一切都像梦中说的一样,中道觉得不可思议。他也对二哥宏道说自己在未见黄辉信之前的夜晚有过一梦:“梦见在一座寺庙中,黄叶如雨般落下。有人大声在殿里呵斥,听见一人说:‘黄公到了。’我就上前迎接,只见平倩在

其二写道：

独向千峰顶上行，大峨何日更寻盟。梦来白马缘非幻，老去青山约定成。乱叶扫云秋路净，疏钟答月夜邮清。自怜不及黄牛峡，三朝三暮绕客程。

黄辉本是著名书家，说："好诗。不日将书写成条幅挂于书斋。"

早上洗漱后，二人又赴好友刘元定之约，到圆通阁一聚。中道想：又可与黄辉多待一些光景。果然，在圆通阁，大家又饮酒作诗，中道写了一首诗，题为《同慎轩赴刘元定诸君子之约，于圆通阁分韵得池字》，诗里写道："觅得危楼话少时，八窗明处见山奇。都缘江水能开镜，故使巫峰尽约眉。空国人来听说法，堵墙客绕看临池。金砖峡过无知己，坐陨霜光也不迟。"大家传阅、赞赏不迭。诗中记载了中道等讲经说法、现场挥毫的情景以及被很多人围观的盛况。

中道还给刘元定写了一首诗，题目是"赠刘元定"，诗是这样的："作人影亦好，入座去犹香。柳也学张绪，石能醉米郎。性于学道近，心为著书忙。兄弟今零落，含凄托雁行。"

又过了一天，中道才与黄辉依依不舍地在江上告别。呜呜的江风里，两人都热泪湿了衣襟。对江上分别，中道也写了诗，题为《江上别平倩，凄然堕泪有述》："交情直到此，兄弟也难侔。胞乳虽然共，肝肠未必投。叶黄归峡路，云黑渡江舟。不死终相觅，宁辞道阻修。"

第二首："逝鬼已难作，生存复远离。可怜一掬泪，分作两番悲。天尽人归处，山空影过时。临行衣带断，饶得别迟迟。""衣带断"，据中道记载实有其事，这更增添了中道的疑惑与伤感。黄辉劝他别想不好的方面，说："说不定以后我们的文章，会被当作断代的历史来读，也未可知呢。"

从公安孱陵到西陵所见各处山景，中道觉得也不见有特别入目的，江水也算较为平缓，不太奇。只有和黄辉在这里相聚的四个晚上，没有哪个晚上没有深入交谈，没有哪次交谈不是关系到性命学说，很值得回味。他们说的话太多了，他一时不知从哪儿写起。中道想：我要写出黄袁两家交谊之情深厚，要写出我们两人分别时相携相语之情，让千年以后的人懂得我们的生死道德之交与凡俗之人的交往是迥然不同的。

后来到了万历二十五年丁未(1597)春天，时袁宏道在吏部主事任上，袁中道在京应会试期间，听说黄辉病重，数日惶惶不安。好在七月接好友陶望龄(陶望龄,字周望,号石篑,会稽人,万历十七年会试第一,廷试第三,官至翰林院编修、国子监祭酒。公安派作家)来信才知道黄辉病已痊愈,他与二哥宏道高兴得快要跳起来,中道竟“呼酒痛饮达曙”。中道还在《得慎轩居士无病消息志喜》诗中写道:“乾坤留道眼,河岳护仙才。”“西来传好事,起舞发狂颠。”“禽鸟知人意,欢声入管弦。”

后黄辉又复出任好友袁宗道当年的官职——春坊庶子,万历四十年壬子(1612 年)逝世。已四十三岁的袁中道有《哭慎轩黄学士》十首以祭,“其二”中写道:“我已亡兄弟,孤鸿日夜悲。君今复我去,年老更依谁。夜雨披衣坐,西风动地吹。余生游兴尽,誓不到峨眉。”

黄辉也是对中道影响很大的人物。

第十九章

柳浪湖波饶隐趣
赏筼竹韵长诗情

据清同治本《公安县志》记载："柳浪含烟"，是公安县"古八景"之一。前几年，该县举办"三袁杯"全国楹联大赛，海内外不少联家盛赞柳浪湖，那么，这个柳浪湖到底为何这样出名呢？

当然，因三袁而名垂千古。1601年，袁宏道辞去礼部职务隐居公安后，在该县县城斗湖堤西南郊买了一块洼地，经改造后成了柳浪湖胜景。

袁中道有一篇优美散文《柳浪湖记》，对此有生动的描述。

中道由于很长时间跟二哥宏道如影随形，从血缘上讲是兄弟，从文学上讲是知音，所以，我们从这篇文章里可见柳浪湖的美丽与魅力。

县城的西南面有柳湖和斗湖，其实它们是一个整体，只不过为了防北面长江的洪水而修了类似口字样、米斗形的大堤来保护县城，这样，柳湖和斗湖才被大堤隔开了。当然，有一条大路可通县城南门，南门内就是柳浪湖。

柳浪湖低处是湖，略高处是旱田。可作旱田的地方稍高些，袁宏道和袁中道商量设计后，就请农人筑堤坝将之围起来，并在堤坝上栽了垂柳，这样就形成了柳浪闻莺的好景致。堤坝的里边，前面有池子，取名叫放生池，池里栽种白莲。每到夏季，南风徐来，白莲婀娜。并且，在放生池边修有亭子俯视着这一池白衣舞者。其后面又高些的地方，就筑了台子，台子上就是有名的柳浪馆了。柳浪馆有房子三楹。房子周围环绕着桥梁。高台上级沟渠边都栽了垂柳。总之，像这样的堤坝，围了三道；像这样的沟渠，又围了两

在橘乐亭比赛，看谁写得又快又好，从早晨到中午，兄弟二人在亭内石桌上各得七言律诗十首，都无一字同音，而且，都不用艰涩深奥语。如中道写道："云汉溪藤万丈长，规烟裁雨下潇湘。有时密密排千点，何处匆匆坠一行。凌月乍同王矫劲，随风忽作旭癫狂。果然写出秋思曲，青草湖头夜夜霜。"写雁阵凌空，如书圣王羲之的行草那样矫劲，像张旭狂草那样凌厉，其诗意境阔达、格调高雅、想象新奇。

后来中道请宏道又仔细巡看、商量、调整、点缀，不久，这里成了远近闻名的佳园，中道又请二哥命名，宏道欣然给这里命名，叫篔筜谷。他们的好友王官谷特意用八分体写了"篔筜谷"三字相赠，中道制成匾挂在显眼处。其实，篔筜谷本是苏轼与朋友唱和的地方，三袁兄弟很推崇苏轼，有人就说中郎的前生是苏轼，中道的前生是苏辙。现在，中道的园子居然也叫篔筜谷了，这三个字好有生命力，看来，清风中的竹韵超越时空啊。

中道常常在篔筜谷接待文朋诗友，如龙襄（武陵人，公安派作家，字君超，万历十年举人）、龙膺（武陵人，字君御，万历八年进士，官至副都御史）兄弟。中道有一首《龙君超过访篔筜谷》，写道："征袍常带五陵尘，江柳江花随分春。宝剑高车来陆贾，长头大鼻坐陈遵。一天霁月皆佳客，十亩新篁胜主人。斗算才情石算酒，闲时光景健时身。"这里，写出了龙君超坐车的轩昂派头及其外貌的特征，写出了主宾的才情高、酒量大，也写出了篔筜谷的美丽夜景。据记载，龙君超的大鼻子有点像梅国祯，而龙君御的相貌很像袁宗道，后来，袁中道看见龙君御，就想起大哥袁宗道，很是伤感。

中道在散文中赞扬园中竹子时这样写道："予耳常聆其声，目常览其色，鼻常嗅其香，口常食其笋，身常亲其冷翠，意常领其潇远，则天下之受享此竹，亦未有如予若饮食衣裳，纤毫不相离者。"

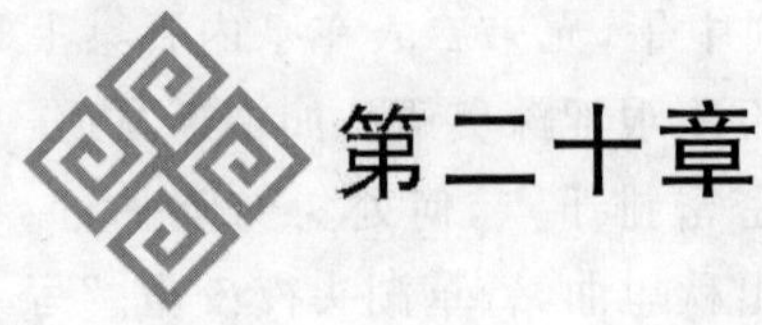

第二十章

荷叶山中消夏爽
桂花台畔谈兴浓

明朝万历三十二年甲辰年(1604)五月,袁中道因会试落第后思乡心切,回到县城后从三穴桥坐帆船,一路顺风顺水,到达家乡孟溪,把船泊在孟溪河上游的柞林潭,上岸后过大堤到杜园的竹林里停息了一晚。

第二天,到了老家桂花台边的荷叶山房,袁家兰泽、云泽几个叔叔听说中道回家了,非常高兴,都来聚会饮酒。喝得尽兴后,中道走在前面,兴致勃勃地在稻田的田埂上边走边咏诗,他欣喜地发现有什么东西"扑通扑通"地跳入田坎下的水稻田里,原来是一只只乌龟。他又俯身捧起沟里汩汩的清水,浇向发烫的面部,发出豪爽的大笑,几位叔叔跟着,指点着,说着这是几斗几丘,说着他们几兄弟小时候钓鳝鱼、捉螃蟹的趣事。兰泽叔还背出中道写家乡生活的诗:

> 家计虽贫未夺糈,近来多病遂闲居。
> 抚琴一室山皆响,吮墨频年草似书。
> 自散钵斋供慧鸟,新敷盆藻护文鱼。
> 小劳亦是调身法,雨后园蔬手自锄。

这诗令中道想起自己生病时在家乡学古琴、练书法、养鸟鱼、锄菜园等生活经历,感到格外亲切。

过了两天,门前大槐树上喜鹊喳喳叫,大家说有喜讯到。果然,二哥袁宏道也回来消夏了，他还带着三个和尚朋友，法名叫寒灰、雪照、冷云，都是东南的名僧。这样，大家有时在大槐树浓荫下聚谈，有时在松荫下饮酒，和尚们也不客气，嚷着要喝新茶，几个叔叔拿出新茶，提着土陶茶壶，笑盈盈地来敬茶。

傍晚，中道、宏道和客人们用那桐油油得照的出人影的大松木脚盆洗澡后，就在房前宽大的禾场上纳凉。这个大禾场，大约有五亩田的面积，被农人用石磙碾得干净光滑，像一面大镜子。中道说："像虎丘千人石了"。不远处堰塘里的荷花荷叶正茂盛，南洋风送来阵阵幽香，大家兴致勃勃，中道见和尚朋友的光头在月光下闪着亮光，就提议谈禅，几个和尚于是提出几个古怪的问题，想难倒袁氏兄弟，中郎谈兴很浓，妙语连珠，反把几个和尚问得张口结舌，于是笑声一浪高过一浪。中道则边听边用小盅饮酒，有点醉意后，斜躺在竹躺椅上望着月亮在云里穿行，对他们的禅语机趣听得朦朦胧胧。

第二天，中道见兰泽叔有个大堰塘，约有十亩的面积，白莲盛开，荷叶婆娑，就倡议架一座浮桥在堰中，让大家游乐。于是中道自己设计，请木匠锯大树当浮桥，仅一天这简易桥就搭成了。中道兄弟和和尚坐在有点颤悠的贴水的桥上，赤脚蘸在水里，任小虾小鱼嘬戏。他用荷叶折成酒杯，来饮酒，下酒菜就是清香细嫩的莲子米，那一匹匹大大的荷叶在头上晃悠，像是伞盖。荷叶间时有水鸟鸣叫，有红蜻蜓倒竖在荷簪上，色彩对比鲜明，中道快活极了。

有时，在沟港中坐小船看两岸的田园风光，和尚冷云会驾船，中道等人就坐船游孟溪一圈：从孟溪老码头，到车台湖、杜园、冢子山等处。一路上，他们有时靠岸饮酒，有几个能喝酒的农人，成了中道的好朋友，一般要到酒酣月落时，才恋恋不舍地回到荷叶山房。

这期间，中道也作诗，大多是和二哥中郎韵的和诗，也在喝到畅快时，挥毫写大字，和尚朋友热情地来抻纸，中道就开玩笑地写道：和尚吃肉。大家一笑。这样不觉就到了八月份，二哥中郎和三个和尚要去游德山了，中道又约村里能喝酒的朋友去游黄山。分手时，中道说："二哥，你要去做官，我明年要考举人，不知几时在一起再吃砂炒豌豆？"中郎说："有田不归如江水，明年大家再聚会吧。"中道听了这句当时发誓的俗语，眼睛湿湿的。

后来，袁中道在家乡和两叔及来访的客人常常游赏孟溪附近的风景，如他有两首《月夜同两叔、僧偏虚泛舟荷叶堰》就记这些事：

买得蜻蜓舟，嬉游荷叶中。暗林白酿月，秋水碧澄风。露重衣先湿，花繁棹未通。煮鱼兼送酒，溪上立春翁。

山僧能鼓枻，稚子解飞樽。荡月忽成字，流波如有言。禾深群鸟宿，花坠小鱼吞。暗暗垂杨里，棹敲沽酒门。

诗中“花坠小鱼吞”的特写镜头，写出了在月光融融的夜色中，清澈的荷花堰里，可爱的小鱼儿抢着、嚗食着被风吹落的抑或被划船的和尚碰落的荷花瓣的一幕，中道见了很是高兴，也很是得意。

第二十一章

诗忧纲纪摧隳日
文记可怀报国时

万历三十二年甲辰(1604),中道和二哥宏道仍隐居在公安柳浪湖,但他们并不只是嘲风弄月、闲适清谈,不关心国事,而是人虽隐而心难静。

一天,有客从省城武昌来,讲了近年武昌发生的大事,即宦官陈奉在荆州、武昌等地因专横跋扈而激起民变之事。更为严重的是,这年的闰九月,武昌皇族击杀巡抚赵可怀的事。中道听二哥连连叹息,脸色铁青,说:"谁来收拾山河,谁来收拾山河?"二哥还随即挥笔写了一首诗,中道看时,见题目为《闻省城急报》,于是就朗声读起来:

> 黄鹄矶头红染泪,手杀都堂成儿戏。
> 飞鞚叠骑尘碾尘,报书一夕三回至。
> 天子圣明臣敛手,胸臆决尽天下事。
> 二百年来好纲纪,辰裂星纷委平地。
> 天长阍永叫不闻,健马哪堪持朽辔。
> 书生痛苦倚蒿篱,有钱难买青山翠。

中道高声朗诵完,回头一看,二哥不像平时微笑和婉的样子,而是眼里含泪,忧心忡忡。是啊,宏道这首诗写出了一个隐居在柳浪湖的辞职官员、一个有良知的爱国者对国事的担忧。他用"红染泪"三字写哗变惨状,用"臣敛手"说明大臣要么袖手旁观,要么不知如何才好,用"辰裂星纷"比喻朝廷纲纪毁坏，用“健马朽辔”比喻国势危殆。

中道和二哥激切地谈论这事后，说：“我来写一篇记赵可怀先生的文章，让后人知道他的为官与为人，也让后人知道当今的社会实情，好引以为戒呀。”

宏道说：“三弟，有些话，要注意用春秋笔法呀。”

“我不怕，还是要独抒性灵么！”中道说。

中道与赵可怀的第四子赵茂才是朋友，不久，他又从赵茂才那里知道了一些情况。于是，他写成了这篇《赵大司马传略》，并交给二哥看，宏道边看边点头赞许。

原来，万历年间，两宫三殿遭了火灾，要重修，九边军费供给缺资金，国库空虚，皇帝担忧资财匮乏，有大臣上奏，提醒皇帝增收矿税来弥补，于是派太监充当矿税使，分别到各省（布政使司）去督办。一些奸恶的武官也上奏支持，让一些无赖的太监牵头，皇上准奏，就让那些所谓的有魄力的太监为头，武将及凶横奸人辅助他。

到湖广来的，是中使（太监）陈奉，他本是一个市井赌博无赖出身，最没有品行的家伙。他在武昌设立官署，然后到各个州县去强征矿税。

陈奉一伙所到的地方，人们像驱赶凶恶野兽一样，当地百姓用瓦块石块投掷他们，一时瓦块石块像雨点般飞来，连当地官府也不能禁止。百姓人多势众，投掷胜了的地方，陈奉等不敢入境；不胜的地方，还是进去收缴。时间一长，陈奉的爪牙越来越多了，百姓也不敢再用瓦块石块投掷他们了。

他们每次出发，打着朝廷的旗帜，谋划安排先头部队，有车马有主官坐的幔帐，像是一个王出行的样子。陈奉戴着高高的耀眼官帽，穿着翔鱼狞龙服，佩挂着使者的印绶，用八人大轿抬着，前后有二十几人，好像天子步辇出行的样子。一些人称呼他为“千岁”。他甚至与奴才妻子淫戏，竟当作自己妻子一般，和那妇人同卧同起。他还选美貌的妓女当作丫鬟婢女，安排在那个所谓“千岁国太车”上。老百姓跟在后面笑着说：“阉割了的黄门郎还会干那事吗？”闻者哄笑。不按他们要求办的，无论老人小孩，还是驿站小吏，常被鞭打，打重的就被打死。每到一个州县，即使当地官员也重重地贿赂陈奉的左右，还是免不了再被“考核”索取。至于有劣迹的官员，就主动地嗅其靴鼻，巴结讨好。

这样，吴越一带的大痞子和市井恶少年，纷纷送金钱申请到陈奉这套班子中去：有的主持上奏记录，有的主持谋划商议，有的主持进出保卫。总之，陈奉私自安排的人很多。他又在各个郡县安插征税官，即使是小的城市，也有六七个。他的主管就有几十人，这些人，早上还是粗俗的屠人，晚上就成了戴进贤冠的朝廷命官，坐高车，顶黄盖，出入乡里，轩轩然，直接冲进郡县衙门，盘剥鼓舌，高声怒骂。当地官员稍微和他对着争辩几句，马上就有人向陈奉告状，陈奉就上疏，把他当作抗圣旨之徒而逮捕。一时水上陆上，杀气腾腾，弄得地方刮肉见了骨头。到下面去，鸡子猪子蔬菜水果他们都要搜刮，富裕人家资金雄厚的，税官就上报给陈奉，说某县某民的祖坟山地里有金矿可采挖，应当请旨恩准去掘采。富家害怕了，倾其家产贿赂税官，才作罢。有人报告说某人得到了古代文物，及非法占有御用之物，藏着不报官，于是用三木囊头的酷刑将之往死里整——这刑是用东西蒙着“犯人”的头，把他的头、手、脚都上刑具，整得人九死一生。某富家没有这些所谓文物或禁物交出，只好倾家荡产地送礼保命。陈奉手下这些人，趁机对平时有仇的，或有小矛盾的，抄没仇家资财，献给陈奉。陈奉派人抓人，被抓人家只好又想法送金钱免死，搞得三楚富家快完了。他们搜刮来的财物的十分之一送陈奉，陈奉又把所得十分之一送朝廷。这样，各处税官的税目越来越多，对税官，“民坊酒食，皆不敢征钱。浆酒霍肉，占歌舞妓，或强淫民子女”。他们甚至侮辱儒生妻，儒生斥责几句，他们一拥而上，把儒生抬起摔死在台阶上。老百姓都怨恨极了，想着怎样去反抗。

时有内阁大学士沈一贯上奏：“陈奉入楚，始而武昌一变，继之汉口，继之黄州，继之襄阳，继之光化县，又青山县，阳逻镇，又武昌县仙桃镇，又宝庆，又德安，又湘潭，又巴河镇，变经十起，几成大乱。”（《神宗实录》卷三四四）可惜未被重视。最激烈的就是武昌汉阳的民变。

万历壬寅年，陈奉住在武昌旧帅的官邸，像是一个古藩镇，大作威福。见金钱每天进账无数，陈奉大喜，逐渐萌生了另外的想法。

陈奉和他委任的官员韦千户等声称收税，诈骗官民之家。他们令人传意说奏请抄没，如果贿赠千金，可免。韦千户到儒生之家，另一个委官到商贾之家，都是恐吓，勒索几千两金银。可是遇到不能交出金银的人家，他们就直接进入卧房，见妇女有姿色，就假装说她衣裤内藏有金银，逼其脱衣，实行奸辱，或者将其抢入税监衙门。在1600年十二月初二，儒生王生之女，沈生之妻，都被这样羞辱。众生员愤愤不平，于是齐赴府按衙门，击鼓喊冤。受害百姓，蜂拥而至，一下聚集一万多人，放声大哭，并一时奋不顾身，甘愿与陈奉同死算了。百姓接着冲入税府，抛砖放火，打伤陈奉。抚按司府各级地方官赶来劝导,几天后,群众才逐渐散去。

第二年正月,陈奉邀请各司府官员喝酒后,用甲士千人自卫,用火箭射向跟他们抗争过的民居。当时民居大多茅草屋,一时火起,群众一边救火,一边涌向陈奉的住所,被陈奉卫士打死多人,一时哭声震天。

之后,民变仍在继续。湖广佥事冯应京抓了陈奉手下几个不法分子,并抗疏列举陈奉九条罪。陈奉诬奏冯应京"挠命,凌敕使"。神宗派缇骑(特务人员)押解冯应京到京,武昌的百姓一边跟着,一边痛哭。

陈奉却洋洋自得,群众再次被激怒,聚几万人围住陈奉的衙门。大家一起来嚷着要杀陈奉,火烧了他住的地方。陈奉急忙从后面爬围墙逃走,奔入楚王府内才免于一死。武昌居民捆住陈奉的爪牙耿文登等十六人,都一声号子,将他们投向大江,"咕咚咕咚",溅起一处处浪花。众人又打伤缇骑,焚烧巡抚府门。陈奉差人偷偷调参随三百人,引兵追赶群众,射杀多人,伤者无数。冯应京坐在囚车内,不敢跑,还大声劝导群众快散去。

汉阳的人听说了,也都相聚起来,捆住当地的税使,也像武昌百姓那样把他们投进大江。每投一人,两岸的居民就大笑为乐。这样,捉呀捆呀投呀笑呀,三四天,忙不赢。大家捉住了陈奉的侄儿,不再马上将他投进大江了,而是用绳子把他捆得像狗子一样,令其四肢着地,喝令他爬入大江中,见此又发出开心大笑。各个郡的群众听说了,都奋袖出臂,捆绑税使杀之。这样,杀奸人无数,官府也不能禁止。后来,武昌的官员对群众说好话:"你们这样对待税使,单单不念我们当地方官的吗?我们想很多办法让你们活下去,如果你们真的杀死了陈奉,皇上震怒,首先就要逮捕我们这些当官的,这不是你们害死了想法使你们活下去的人吗?"

大家才松懈了一些。陈奉从困境中出来就上疏朝廷,讲事变情形,要求严惩刁民。可皇帝仁爱圣明,不忍心诛杀楚民,不过还是包庇陈奉,要陈奉回京,于是派一个大臣到武昌等地镇抚百姓。

这个大臣就是时任少司空(工部侍郎)的赵可怀。他督修受了火灾的两宫刚刚竣工,皇上知道他能干,就把湖广的急事交给他,要他接替民众不满的湖广巡抚支大可。他十几天就到了湖广荆州,对围着喊冤的百姓说:"大家放心,我奉皇上之令,捉陈奉回京城。你们各安家乐业好了。"这样,群众欢呼雀跃,事变才逐渐平息。

中道写的这个赵可怀,年轻时中了进士,当过县令,任过刑部主事,后又成了御史,到大中丞,掌握大权几十年了。他接着由工部侍郎出任督楚,晋大司马。赵可怀深感责任重大，但是君命难违呀！他想一定要为朝廷分忧，渡过难关。当时楚王准备集资金银献给朝廷，可是朱氏宗族反对的人说："这都是吸我们的膏脂啊！"他们就率领党羽几百人，到汉阳想夺回所集金银。这消息报到赵可怀这里，他马上派遣主管捕盗贼的贼曹率领骑兵把那伙人全捕获了，贼曹用刑具把人犯拘着后，关到狱中，再报告赵可怀。时间已是傍晚，赵可怀由于带病累了几个月，身体较差，就第二天到衙府来处理这事。当时，他要各个侍卫退下，只留门卫和书记人员几人在场。赵可怀坐在殿堂里，三司使者环列左右，传所逮抢金银的朱姓人犯进来。他们迟迟不进来，赵可怀就走到屋檐滴水处，想询问跪着的人犯，他身子稍微躬着去问，哪知其中一为首的家伙用手掌里一个金属器械快速地击打赵可怀的脑壳，他立即扑倒在地，血流如注，殉职了！其他的朱姓宗族都起来，遍打各个使者，使者他们都翻过围墙跑了，也有被打伤的。宗族中有人呼喊党羽进楚王府去，想杀要他们集资的楚王，因那里有防备才没干成。那些宗族，已经杀了朝廷大臣，竟不知法，显得非常的安然说："这是我朱家的官，杀了有什么害？皇上发怒，无非赐条帛让我等自尽而已！"

后来，这事上报朝廷，皇上大怒，处死宗族犯罪者，而把悼念赵可怀的形式搞得很隆重。

中道在文章里说：赵可怀呀赵可怀，您怎么就不知道，不能随便把侍卫摒去，显示什么平和的气氛呢？对这些人，怎么就下来单独询问呢？这些人是所谓的龙子龙孙，一贯藐视朝廷法度。你书生气，怎么就不懂得呢？不过，您为官清廉到骨头里，吃蔬菜，穿布衣，一身打扮像寒士，绝没有受贿，留下美名，死无遗憾了。

中道最后竟针对皇上说：陈奉固然残暴，但是他是奉天子之命的，可是放任他杀几千人却不追究法律责任。不追究，固然是仁爱，可是对靠底层支撑上层的国体来说，也有损害啊！现在滇（云南）中也是这样了啊！唉，我怕坏人在窥视着国家利益呀，快停止这样征收矿税，大概可以免祸吧？

在文中，中道能这样客观地记录历史，这样直白地劝谏朝廷统治者，是需要勇气的。

第二十二章

涔水引经实地考
澧州访胜美文成

万历戊申年的春天，中道从渔阳回到家乡公安孟溪长安里，游玩了附近几个景点后，就乘船南下游澧州一带，并写了三篇美文《游澧记》。他在文章开头写道："去予里孟溪一舍，为涔水，楚辞所云'涔阳极浦'者也。"接着中道引经据典，从《禹贡》、《水经注》、《楚辞》及方志等书中随手拈来，先给人以史趣或曰文趣，可见知识渊博。还提到一次，中道的朋友太史雷何思作公安志序，曾问袁宏道关于江河水路的问题，"中郎亦未及答。"可见，"云梦一壑，故江身不可复辨"。但是，中道说"江水由澧入洞庭"，"江水会澧故道，犹然可考，无足疑者。"

中道在文章中写道：从涔水澧水交汇处，往西上去十几里，有千多家聚集之处，就是津市。其对岸是彰观山，江边山石上有人镌刻着"四十四福地"字样，是宋朝明道年间黄、范两个仙人飞升成仙的地方。这里的泉水飞流直下，似有千尺之巨，泉水飞流处，可以清楚地看见石底。石壁上的绿苔好像髯须飘扬，也像马鬃在抖动，还像长长的扫帚的尾巴在扫着云雾似的，随风荡漾，似有潜龙在振动鳞甲，开开合合，诱人去抚拂。

中道对同游者说："过去郦道元说过'茹水注澧，漏石分沙'，你们该知道啊。"大家何曾知道，只好含糊带笑频频点头。

一路走来，只见层层山峰相接的地方，有像嘴唇突出的那点所在，也有人家在那里修有房子居住，房后松柏蓊郁。从高处往下看，舟船像闲步在两岸的树丛中，枕山而建的还有寺庙。寺庙紧紧靠在悬崖边对着江流，高大的松树大都一人难以合抱。等到了山巅，可见高处起领提其他小山的作用。山上松雪娇姹。只有山顶上一处像小儿头上一团发髻，树也不能遮蔽它，登此可以望见远水如聚雪。

中道高兴地对大家说："这里山空水碧，距离我的家乡孟溪很近哩，我年纪已经四十了，才来了一次，难道不似入了华阳国中，被名利等遮蔽了，所以使得如此福地埋没，遗漏在我的游踪之外，可叹呀！"

大家说："今日不虚此行。"

接下来的日子，他们从山下换一条小船，上滩山，山前有一个沙洲像弯月的形状。洲被水环绕，又靠着山，有九曲之趣。洲上杨柳茂盛秀美，山间像倒着冠盖的松树特别多。从这里开始，水更加清澈了，可清清楚楚看见水底细小的石头。滩上传来瑟瑟的流水声。这样已经到了澧州，先游城北龙潭寺。寺面临大溪，水路很远，有辛夷树四五株，都是两人合抱粗细。中道此时有所感悟：觉得参禅悟道，也如登山访胜，"请竭一生之力，忘食忘寝，微细研求，或可通其一线"。

进城后，中道一行沿着矮城墙走，到遇仙楼小憩。宋朝乾道年间，乔守逊在这里遇到吕洞宾。中道讲了这个故事，大家精神为之一振。楼跨城临水，在楼上望远近各座山，像列着美女的发髻，清晰可数。楼下面是仙眠湖，传说是吕洞宾醉岳阳，飞渡洞庭，在此地枕草而眠而得名。其洲也以此名。

中道和友人又游了仙眠洲上的亭子，就是诗人李群玉的水竹居。中道对大家说："李群玉是唐朝诗人，澧州人，我念一首他的《引水行》诗：一条寒玉走秋泉，引出深萝洞口烟。十里暗流声不断，行人头上过潺湲。看看，写得多好！"

原来中道在这里想见着诗人诗思，清逸而冶，这就是所说的居住在沅澧，以屈原、宋玉为宗师的骚客常写到的枫江兰浦，令人荡思摇情的环境。中道坐在洲上，看水纹像绸缎一般，水声如玉石轻碰，因此徘徊不愿离去。

中道大声对大家说："今天所面对的，都是文山绮水；所神交的，都是禅宗仙伯诗人，也是一奇呀！"

有个朋友说："仙呀禅呀，我们又没看见，近似于荒唐，不如诗人真实可信。"

中道笑着说："其实都是真实的。唐朝的李群玉，是以诗发出自己的声音的，到现在一千多年了，可是这里到现在还没有人能追得上他。如果只是凭眼睛没有看见来说的话，即使是诗人也是荒唐的了。”大家听了都大笑，结果都高兴地喝了几十杯酒才回到住处。

第二天，中道等人到绣水游览后，又泛舟到彭山游玩。这儿传说清清江底可看见水中的兰花。中道问了几个老人，他们说曾经看见过。中道对大家说：“楚辞上说过：‘江有兰’，见得到见不到，也许要靠缘分。”经过金鸭滩时，见滩水像开了一样往上冒泡翻滚，声音若奔雷转石，四五里远都可听到。近彭山的前面叫沅洲，有个朋友说：“楚辞里说过‘沅有芷。’对吧？”中道高兴地点头。

于是大家系好船缆，上岸登山，到了一座寺庙才休息。中道眺望门外远近峰峦，像云崩雾裂的样子，就问一个游客：“请问那隐隐约约的地方，都是什么山啊？”

“澧是烟云所聚之地，它最好看，南游药山，就是惟俨禅师见月长啸的处所。山上有清泉怪石，灵花异草。西南面有浮山，即浮邱子采药炼丹的地方。清玉之坛，白鹿之水，淙淙四注，泠泠清人肌肤。西北面呢？有太清山，是李凝阳仙人得道的地方。远涧飞崖，灵泉秘洞，在周围各座山中算是第一呢！至于夹山、燕子山等就像肩并着肩，脚跟接着脚跟，尽是羽翼烟岚。您就住下来看个饱吧！”那个游客热情地回答。

中道说：“好啊，我袁中道还要选择胜景处终老的哩！”

几个游客听说是海内名士袁中道，围拢来，要讨他的墨宝，中道只好略挥洒了几纸。

到明月上来之时，他们才依依不舍地登上船，清风吹着他们的衣袂，又被雾气轻轻地濡染着。

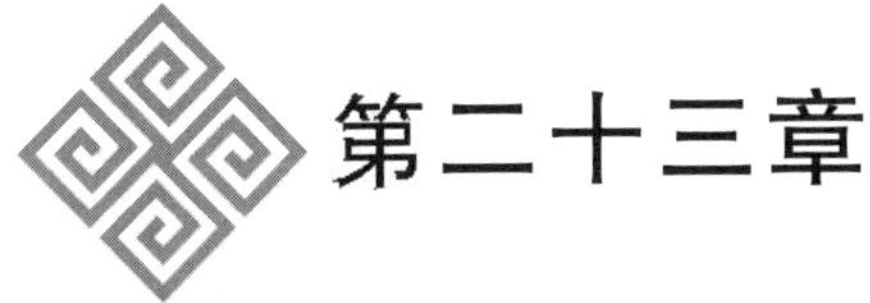

第二十三章

西山十记文辞美
古洞三游感慨深

唐代柳宗元曾写过著名的《永州八记》，袁中道在北京期间也写过《西山十记》，即一组游山览胜的优美散文，且每篇各具特色，从中可见中道散文的一些风格。如他对韵致和趣味的追求，这些韵致和趣味也许就在一石一树、一水一花、一个镜头、一个凝望之中。他在《刘玄度集句诗序》中说过："凡慧则流，流极而趣生焉。天下之趣，未有不自慧生也。山之玲珑而多态，水之涟漪而多姿，花之生动而多致，此皆天地间一种慧黠之气所成，故倍为人所珍玩。"他在《王天根文序》中借赞王天根的诗文，也表露了自己的追求："下笔为诗赋，及小言短章，天趣皆奕奕毫楮。所谓文人之藻，韵士之趣备矣"。他看重"天趣"，反对刻意做作的假趣、恶趣之类。

《西山十记》中，开篇中道就用简练的四字句，先写所见之景，富有诗意："出西直门，过高粱桥，杨柳夹道。带以清溪，流水澄澈，洞见沙石。蕴藻萦蔓，鬣走带牵。小鱼尾游，翕忽跳达。亘流背林，禅刹相接。绿叶浓郁，下覆朱户。寂静无人，鸟鸣花落。"这些美句，如一组组镜头闪过，美不胜收。

后面则侧重写人，写中道自己走累了，在危桥上坐着休息，写功德寺的和尚很多在从事农活。到太阳快落山时，中道看见路边从事农活的人，手里端着畚箕，戴着斗笠，一边走一边唱着民歌回家，夕阳把他们的影子拉得长长的。有个老和尚拄着拐杖在田埂上悠闲地散步。

天色渐渐暗下来，但见水田一片浩白，群蛙开始叫起来。

“唉，这就是田家之乐啊，我不见这种情景已有三年了啊!”中道自言自语。

在第二篇里，中道似侧重写水之美。

他说，从功德寺沿着河走，到了玉泉山的脚下，临水有个亭子，从山脚下时不时流出一股清泉，激喷到石头中，声音很低，像谁在说悄悄话，中道蹲下来，歪着头听泉水说悄悄话，微笑着。而这股泉水到了叫裂泉的所在，开始仰射，像沸冰结雪，再躲进池子中。池子里的石子，清清楚楚，红的，绿的，各种颜色都有，像金沙布地，七宝装饰，荡漾不停，闪烁晃耀，向低处注入河里。河里也清澈，连深水里的鱼儿都看得清楚，所见荇藻似乎可以数得清楚。两岸绿绿的垂柳，白白的石桥。中道在石桥和独木桥边，将两脚浸入水里摆动着，觉得“沁凉入骨”。再往南，他游了华严寺等处。

第三篇，他写游香山，又将笔墨侧重写树。他写太阳刚出时，雾气还没散去之际的树景:他穿过柳树和鲜花形成的像街道和胡同的小路，见“万树浓黛，点缀山腰，飞阁危楼，腾红酣绿”。在山门处:“青松夹道里许，流泉淙淙下注”。中道也对香山寺的布局提出了批评:“独作者骋象马之雄图，无丘壑之妙思，角其人工，不合自然。”他这些话，虽是谈景，也可作论文看吧。

《记四》里，侧重写鱼。他从香山寺下石磴走一里左右路，到了碧云寺。寺后有泉，“喷吐冰雪，幽韵涵澹”，有一棵老树，树中有个空洞，泉水从洞里流过，流到碧云寺的廊下，冲得石渠泠泠作响，再流入殿前的池子里，池子上有个石桥。中道在石桥上俯身看池子里的红尾巴鱼，大约有上万尾哩，望去满池红红的，灿人眼睛。树荫空隙里射进来的日光照在清清的水里，将鱼的影子写在池子的石底上，鱼儿在他眼中也变得清灵乖巧可爱。

中道和别人一样，将饼块投向左边，那么，鱼儿就一起挤向左;投向右，也是这样。鱼的嘴巴吃食呷水，嘬嘬有声。也有跳起来，发出拨剌的声音的，都是几寸长的小鱼;那些一尺多长的潜游在水底，见了投食也不理睬，安闲宁静。未必闲静和躁动跟鱼的老与幼有关系吗?中道越想越觉得有趣。

《记五》里，中道把古树写得气势不凡。从碧云寺往北转，是卧佛寺，“有老柏百许森立，寒威逼人。”到了殿前，有老树两株，大约百人才可合抱它们。像铁一样的主干，像镏金一样的树枝，碧绿的叶子虬龙般曲着，让阳光折射，使月光廻映，挡住了风，留住了雾;白色的树皮像下了霜一样，格外抢眼，有成千上万的瘿结和瘤疤，像螺丝一样;暴突的树根露出泥土，在泥块中弯曲着。叩打这些树根，叮叮作响，像敲打石头似的……

中道问寺里僧人:“请问这两棵树叫什么名字呢?”

“听师傅说叫娑罗树。”僧人迟疑地回答。

中道久久望着它的叶子,像蔬菜叶子,到底是什么树呢?他悄悄折了一根小枝子,藏入宽大的袖子里,准备回城后去问好友黄辉。黄辉对植物有研究,一定知道的。

《记六》里,中道主要写声音。到了翠岩寺,寺门前有一条渠道,天一下雨,就见飞流从山顶来,岩上传来水的吼叫声和石头互相撞击声,像涛在奔,雷在震,一直奔跑到山麓平原,使人心惊肉跳的。……每当起风时,松树柏树发出怒号声,震撼冲击远近。中道那夜住在翠岩寺,在枕上听到各种声响,觉得好像在扬子江中的船上,驾着他的汎凫船在白头浪中扬帆前进……

袁中道在《记七》中又变化笔墨,侧重写石头。他写了中峰庵、弘教寺等处的山石情状:

围墙大约十里,都以白石垒砌,从下往上望,它高高的,似乎接到云汉了,又长又整齐中夹杂着弯曲。石头台阶、石头小路上石子光滑圆润,似可以照出人影,处处都可以不铺席子睡,是所有几座山中最鲜洁的。中道只看到一个和尚,所以很寂静。中道就睡在石砌楼下,清风徐来,他不觉睡着了。等他一觉醒来,再循着涧沟往上走。涧沟无水,石头可爱:快要掉下来的,倒着的,横直卧着的,裂开的,互相背着的,想停未停的,想转动未转动的,好像还有余怒的样子。他又写道:“其岸根水洗石出,亦复皱瘦,崚嶒崎嵚,陷坎罅中。松鼠出没,净滑可人。”他把石头的各种姿态、质感、触感都写活了,甚至用拟人手法写了它们的情绪。

中道想一下子登到万安山的极顶去览胜,有个僧人说:“您还是缓一缓吧,等到下一场小雨,压住了空气中的灰尘,再乘着爽气,登顶就可以远眺了。”

中道同意了,夜晚果然下了小雨,中道大喜说:“这就可以游山顶了!”

从《记八》里看出这篇侧重写雨后之色。他写道:在这时,一夜的雾气全收了,旭日照着高高的树林。松柏像沐浴了酥油似的,杨柳像浣洗过似的。深翠暗绿色,绿间“媚红娟美”。……没有不滋润柔滑,细腻莹洁,好似薙簟帘子刚刚展开,绣花的锦缎刚刚铺开。……

已经到了顶峰,见平畴尽处,南天大道细得如一缕了,似在“卷雾喷沙,浩白无涯。”

在《记九》里,中道最赞赏西山脚下的鲍家寺,说“寺两掖,石楼屹立,青槐百株,交蔽修衢,微类村庄。”特别是青槐覆盖房屋,大概是中道想起了家乡长安里的景致。他把自己所游金陵的摄山、牛首、钱塘的天竺寺、净慈寺等跟西山诸寺比较后说了句幽默话:“玉环、飞燕,各不可轻。”意思是环肥燕瘦,各有其美。

从《记十》里看,他侧重议论作结。对自己做了严格的解剖:他说自己二十岁时就从长江到吴会,穷览越峤之胜,又往北一直走到塞上,登恒山石脂峰,遥望单于领地而还。为什么说游山是从西山开始呢?

他对友人说:我过去雅好游山玩水,可是性爱豪奢。世上陋习没消除,随意眼里看到的是山的美景,心里又不能忘记女色粉黛;耳里听的是碧流潺潺,可是又不能忘记丝竹音乐。像王安石在船上携着歌妓,盘餐百金;像谢康乐伐木开山;像苏轼鸣金会食,却又在心里感到遗憾。可是这种情势不可再重现了,那么虽有奇山异水,我往往因寂寞难堪而丢下它,未真正欣赏,这和没游是差不多的。

现在,我袁中道厌弃了名利诱惑,少年陋习,扫除将尽了。伊浦素食可以度日,愉快地打坐可以忘记年月。把法喜当作资粮,把禅悦当作漂亮的侍奉。“然后澹然自适之趣,与无情有致之山水,两相得而不厌。故望烟峦之窈窕突兀,听水声之悠闲涵澹,欣欣然沁心入脾,觉世间无物可以胜之。……”

所以中道说:游山水是从京郊的西山开始的。

袁中道在北京那段时间,游屐处处,诗文篇篇。

他还游过北京附近的高梁桥一带。那儿在明朝万历年间就是个值得一游的地方。

在三月中旬的一天,风渐渐小了,似乎暖和些了。袁宏道邀中道和一个王姓朋友到那里去游玩。当时京城街道上的居民都在挖排水沟渠,将挖出的黑乎乎的淤泥堆积在街道两旁,中道等人的几匹瘦马不能通过,只好步行几里路,一直步行到城门外。

走到城门外,众人见杨柳尚未抽条,只有一些泛绿的叶苞儿。高梁桥下清水上的薄冰微微漾动着。

中道和二哥宏道等就在水边枯柳下坐着,摆开带来的食物,开始饮起酒来,似乎在这里饮酒别有风味。

大家一边饮酒,一边谈这一带的风景,刚开始谈得畅快,突然一阵大风从北边吹来,霎时,尘埃蔽天,黄蒙蒙的一片,对面不见人。这沙借风势,飞入大家眼中、口中，再嚼食物或饮酒，则“滋滋”有沙砾声。宏道和中道都互相望着，哭笑不得。

而且，枯柳上的冻枝被大风吹落，“啪”地掉下来，差点儿打破酒壶。不知有多少年的老柳树了，树身上有不少洞窟，被风一吹，“嗡嗡”发出怪声，中道还说这是古埙之音。再看路上，拳头大的乱石也被风吹得滚动有声。一时寒气袭人，中道于是给二哥宏道系好貂帽的带子，宏道也帮中道拍打皮大衣上厚厚的沙尘。

风越刮越大，大家坚持不了，只好回返。在风沙中，几人跌跌撞撞，到黄昏时节，还狼狈地在街道上、沟渠间择路跳跃而行，受了百种苦才得回到宏道府邸。中道一直坐到三更时分，才回过神来，用水漱了口，再一试嚼，口内还是“滋滋”作响。

中道对二哥宏道说：“京城这个地方，为什么天气这样不好？要是在家乡长安里，这二三月，一定是另一番景象了啊！”

宏道一边搜吐口里的沙砾，一边说：“天将降大任于斯人也，必先苦其心志呀。”说罢，他朗然一笑。中道说：“要是在江南，这季节，已是草色青青，杂花满城乡了。那时，风和日丽，上春已可郊游了。哪像这京城这般苦楚。不是万不得已，我也不会在这里喝风吞沙啊。唉，眼见得那么多人之所以愿意居留在这里，是为官职呀，是为儒家的用世呀。而我袁中道现在并无官职，是为陪二哥观风景啊。”

宏道笑着说：“三弟说的何尝不是呢？想在长安里荷叶山，我们有产业可以糊口，有水石花鸟之乐，现奔走在这烟霾沙尘之地，是有大怀抱、大趣味者所为，所以值得。”

中道这才露出笑容说：“这么说来，今天游高梁桥也可作一记？”

宏道莞尔点头。

“好，小弟沐手熏香，立马挥毫！”中道高兴地说。他真的写出了散文《高梁桥记》，不久后还写出了《高梁桥》一诗：

> 觅寺休辞远，逢僧不厌多。
> 一泓春水疾，十里柳风和。
> 香雾迷车骑，花枝耀绮罗。
> 半年尘土胃，涤浣赖清波。

前面主要说了袁中道的十记，还得谈谈他的三游，即他游三游洞的情形。他坐船经过三峡西陵峡,“旁睨有两山,夹江若练,如从大道折入永巷中。山奇高,水奇深,是入蜀第一峡也。”

他舍船登右岸的山,问渔人三游洞在哪里,渔人答:“在山的北面。”

中道说:“洞和江水方向相反,难得走啊。”他经过山上的刘封城,再走一会儿,就可俯视下牢溪了。山北面忽然在半山处横裂,像人突然张开口,就是三游洞。洞在绝壁,不易去。它裂开的地方,像人的下唇微厚的样子,所以要从洞的后面才可进洞。而离洞几步远处,又像嘴角的样子——较低矮,所以游者要像蛇一样爬行一段,才能进去。他进去后才知道三游洞背靠大江,面对着下牢溪。溪水之上,又是大山。溪水冲击着石子,发出的声音,瑟瑟的,嘎嘎的。江水声澎湃洪大,在洞里听,好像很远。溪水涵澹,听起来,就很近了。

中道对童子说:“长江这么大,下牢溪这么僻静,在这里,面向或背向,都是适宜的。跟它们比,我实在肤浅啊!”

童子睁着黑白分明的眼睛,天真地望着若有所思的中道,不知怎样回答才好。

“好,我们继续看。”中道说。

三游洞靠外边部分窄,里面却很宽。洞顶石乳下滴,约积了千百年了,反溅上去往上生长,挂在洞顶上,像怪松不见它的树梢,像风中的泪烛,像细腰长人森然立在那里,像垂柳婆娑落到地上。它们参差不齐排列,像屏风,还有房子等形状。大洞里面,还有几十个小洞,像蜂房,其实里面都可以坐人的。出来有一条斜路,可到溪水边。两岸的石根很瘦,有一块大石头从溪水里露出来,中道就在那上面坐了一会儿。往西边走,就深入到两座山之间了,山壁上有的像塑像,人马虫鱼清清楚楚;有的像钟鼎炉灶,它的上面像有石梁的样子。水从石梁下淙淙流下,它的美轮美奂之形,红的绿的斑驳之色,奇异得很。中道想,即使当地人,只怕也未到过这么远吧。

走了很远,山上忽然传来声音,其声音清厉惨切,让人听了伤悲得肠子痛。中道问:“什么发出的叫声?”

“这是猿的啸叫呀。”刘元定说。

中道说:“‘巫峡啼猿数行泪’,现在明白了!”

当月亮出来的时候,水在石上汩汩流着,山里猿声长一声短一声,惨然不可久待,中道提议下山上船。

不过中道兴致仍然颇浓,说:“这个三游洞,是元稹、白居易和其弟白行简三人，我们今天也基本是三人么！还有兄弟俩呀！”

同游的西陵名士刘元定和云连罗兄弟都笑了。

由上可见，中道的散文造诣很高，直逼其二哥中郎，又有自己的特点。

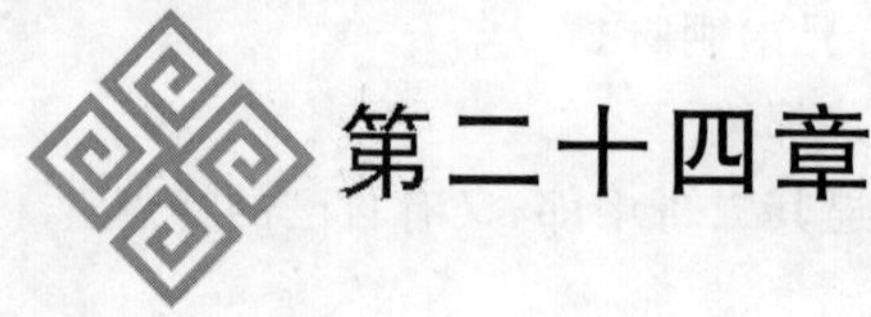

第二十四章

呙妈励志无娘者
中道感恩有识人

中道的散文是不是因“独抒性灵”而随意为之呢？当然不是，他其实经过多年的历练，且不说科考文章要讲法度，就是人物小传之类，也是按姓名、籍贯、事迹等认真撰写，仍有起承转合要求的，可以说是不拘格套实含有不废格套的意思。他在《书黄荃花鸟册》中说过这个观点：“浣纱女入越宫后，举止皆合法相，较在若耶溪上，不更妍耶？……于矩绳内神情奕奕生动，何尚不兼野逸之趣？”他曾写了一篇《祭李母呙太孺人文》，文中的呙姓老妈妈，虽是小人物小经历，写来也有这个特点。他对她感念尤深，这是为什么呢？

原来这位呙妈是他二哥宏道的岳母，也就是其二嫂李安人的母亲，也是中道儿时玩伴兼同窗好友李素心（李元善）的母亲。

中道只有六岁时，慈母龚氏就逝世了，用公安老话说“成了无娘的伢儿”。只大中道两岁的二哥宏道和李素心，都在李素心的叔叔李钟衡的私塾里读书。

因呙妈早就认宏道为自己的女婿，李素心是她的亲儿子，自然对中道也当亲儿子对待了。

每每见了袁家这个幺儿子中道，呙妈就流着泪抚摸着他的头说：“冷不冷，饿不饿？”有时中道的衣服破了，或扣袢子掉了，她就拿来针线细细地补好、钉好。望着呙妈为自己补衣服，被针扎到了手，中道就乖巧地喊：“伯母，劳慰你了。”呙妈就夸他懂事。

宏道、素心、中道这三个孩子都像是呙妈所生，在呙妈家里出出进进，像是在自己家里一样。呙妈呢，如果有了糕点之类的好吃的，用手巾包着，等中道他们来了，总是慷慨地把东西分为三份，给这三兄弟，给中道的还要多加一点。

由于呙妈的父亲呙云中先生是长安里一带的知识分子，呙妈小时候跟着父亲读了些书，知道很多历史故事。

在寒冷的季节，一看见这三兄弟进门，特别是看见中道衣衫单薄，就马上抱来柴火在室内烤火盆边点燃枯树蔸，让他们围坐烤火，给他们烤糯米糍粑吃，最先烤鼓起来的一块，呙妈她总是立即拿起来，拍拍灰，吹吹气，递给中道吃。她还一边烤火一边给他们讲忠臣孝子的故事，有时还讲四书五经的句子。孩子们调皮，有时故意考她某句，她也能说出来大意。呙妈的声音柔美，中道听得格外入神。

中道在火塘边，脸被烤得红红的，听得津津有味。有一回，他竟脱口而出：“伯母，您比李先生还会讲些！”宏道听了，悄悄把弟弟的手掐了一下。

“是真的会讲些！”中道还犟道。呙妈却“哈哈”大笑。

有一次，中道问呙妈：“伯母，您看我们几个到底能不能中举发达呢？”

呙妈故意仔细地把几个儿子看了又看，特别牵过中道的手，反复看他的手指肚上的纹路，很肯定地说：“袁家三兄弟都不平凡，最后都有官服穿呢。你这个老幺也不平凡，你的手指上的纹路是十螺全，点状元。”

中道听了，喜得蹦起来。他问：“伯母，从手指上可以看到将来的出息吗？”

“看得出呀，老人说，一螺穷，二螺富；三螺四螺住瓦屋；十螺全，点状元；一手筲，挽巾包；七螺八螺，田沟里赶鸭鹅。……反正，中道的螺纹，圈圈圆圆的，差不多有十个哩。”

“挽巾包，是什么意思呢？”

“就是背着袋子讨米。”呙妈答道。

两个兄长又拉着中道的手看，李素心说：“十个？不，有一个又像螺，又像筲，有点模糊。”中道不情愿地把手缩回去。

“总之，要认真读书！”呙妈说。

中道回想过白头湖口时，头上炸雷如崩，湖中白浪滔天，曾想回舟，那拉纤的老人说："你回去过湖，也不是件容易的事，雨越下越大，总有停的时候，会到岸的。"中道听了才迎难而上，坚持前进。事后他想：在关键时候，坚持就是胜利。我多年奔走场屋，投身科考，何尝不要坚持呢？

到了晚上，中道到农家弄来些蔬菜，在船上用小黄泥土炉子煮粥吃，觉得甘甜爽口。回想这几个月，他很多时候常摄入酒食，味觉大受影响，今日舌头才回到正味。他想：一个人在饥饿之后，即使食粥，嚼蔬菜，也与食八珍无异。我袁中道完全可以做一个田夫野老了。

这样一想，他的脸上露出了惬意的笑容。

到了六月底，中道又带着伙伴驾舟远游了。

那次，船行到黄家渡，他们想游山，于是雇人用竹制的小轿抬着走，因风大，只好作罢，又回到了船中。

他们一行想继续开船，可是风没有停住的样子，不敢贸然开船。

过了中午，风小些了，中道命解缆开船，哪知十多岁的小书童盟鹭正欲撑篙，因船转弯一晃动，竟失足掉入浅水中！盟鹭大概脚已踩到水底吧，感觉水不深，他还在水中扯扯湿衣，朝船上中道等人笑笑，露出一口好看的白牙。大家正欲伸竹篙拉他上船时，他竟然跌倒在水中，被一个浪头卷入一个有竹制米筛大小的漩涡里，转瞬就不见了！

时江水汹涌，人不敢下去救助，就这样，盟鹭竟被江水吞噬了！

中道当时痛哭失声，跌坐于船舱内。

船工说："这舟上有恶浊鬼物，几夜前，它们在船边嬲扰。那夜，在朦胧夜色中，我们两三人都亲眼所见，那东西似人状，又似一圆团状，在船前追赶逗闹，落入水中还有'哗哗'的声音，我们都毛骨悚然，不敢近前去看，哪知这恶浊之物是为盟鹭而来呢？"

黄家渡口兵船上的人也说："这个地方近岸处浅，没几步就陡然如临深渊。每年六月份，就要从船上落水淹死一个人。"中道听了，一边流泪，一边想：听他们一说，似乎生死有定数，可是盟鹭不得正命而死，我有责任啊！再说，他从家乡跟我多年，聪明伶俐，为我抻纸研墨、沏茶倒水，抄书打扇，勤快灵活，虽是仆人，已情同手足了，实在心痛不已啊！他的乳名，原来叫路儿，是我中道帮他改的盟鹭。这次随我出门远游，经历多少风险，哪知竟殒命于此，真是摧人心肝啊！

那一夜，中道眼泪都快流干了，怔怔地望着绝情的江水坐了一夜。

第二天早上，把盟鹭祭奠一番后，大家才依依不舍地洒泪开船。过仪真，到黄天荡，中午抵达金山，有人献上冷水煮的茶，中道饮不进去；有人献上金山豆豉，中道顿时想到苏东坡写金山豆豉的诗："但爱斋厨法豉香"，但也仅仅尝了一点点，他心里难以割舍的还是坠江而逝的盟鹭啊！

到了七月初一，天气晴好，中道就请本山的和尚为亡童盟鹭诵经，礼忏施食。但想到盟鹭的遗体尚未找到，他就悬重金请人顺江去寻其遗骸。寻找者跑了两天，船几次差点翻了，还是没有找到，中道长吁短叹。

当地百姓对中道说："先生不必过于悲伤，江南江北几个有钱的大姓，常年奖励人们去收葬被江水淹死的人，所以，只要被发现，肯定有人将之收葬的，不至于暴露于江滩荒野的，"

中道听了，想到：即使有人将他收葬，盟鹭一个人孤零零地卧于一抔黄土内，也够凄凉的，中道又哭了一会儿，方才随船再向前行进。

后不久，中道梦见亡童盟鹭了，梦中盟鹭的脸色竟不太高兴。中道问他："你不是死了吗，怎么来了？"

盟鹭说："我虽死，还是要来随您服侍。"中道惊醒后，又悲伤不已，想他小鸟依人，三千里外，一旦失去，真是伤人心啊！

于是，他拿钱在竹林寺要为盟鹭施灯一年。

袁中道对于下人是很讲情义的，在他眼里，这些人身上反而有真性情，故而他没把他们当低贱者看，生前与他们共甘苦。若果他们逝世了，中道每每写诗文悼念。不是像社会上有些人，对名人、权势者，搜索枯肠，百般粉饰夸赞；对一般人，则不屑一顾。如他有一首写保母的诗，题目很长——《保母吴氏病甚，予方在澧阳，友人强留予饮，虽掷五白六赤，未免面笑而心泣矣，归果殁。保母于我其职止一传婢耳，其恩则犹母也，哀至时漫作数语以自悲》，诗中写道：

瘦骨枝立不胜珥，依稀如生唤不起。呼天无路泪双垂，对予永别恨不语。痴儿短发亦披缞，黄口无知不信死。自哀寒士时命穷，并一保母也没齿。质书典衣买山园，死有以理不必里。半夜漏下起凉风，此风遂不吹衣履。记昔摇头梨枣时，恩深如海难屈指。雪夜啼号绕床行，披衾冲寒燃膏纸。盛夏鼓扇葛帷中，自身多病亦不止。视我如子欲速成，一问日者亦欢喜。今宵素姚仅数筹，素姚数筹我心忧。千金未酬漂母死，伶仃孤苦谁报刘。嗟尔岁月饥寒度，受其恩者宁不羞。冉冉孤灯悲厌次，萧萧夜雨哭黄州。昔日高堂女姬伴，今朝孤坟土一丘。

中道写了逝世的保母的病体外形、她的痴儿披麻戴孝的情形、想方设法为其办后事的事、逝者关心照料作者的镜头、用典故写厌次人司马相如类似情感表达的事，等等。特别回忆了保母喂作者梨枣时，作者也许年少调皮，或者是因病中烦躁而摇头、雪夜作者哭喊着，保母围着他的床走来走去、在寒风中披着被子为作者驱寒或者烧纸驱邪、酷暑中带病为作者在蚊帐里扇风、盼望作者早日成才，等等，真是悲到极点，忆到深处。其不择语言，感人至深。

第二十六章

绣林山孕奇石趣
石首城藏雅苑精

在万历戊申(1608)初冬，袁中道应邻县石首文友的邀请，到石首游了几处风景，写了几篇脍炙人口的游记小品。中秘(中书省秘书省合称，官名，)王季清、太史曾长石、文学王伯雨、高守中张翁伯、王天根等陪中道先游了绣林山。这绣林山原名阳岐山，相传东汉建安十五年(210年)正月，刘备往东吴迎娶孙夫人孙尚香返荆州至此，诸葛亮和关羽在这里隆重迎候。诸葛亮命令士兵将荆州运来的川绫蜀锦从山脚到山顶张挂起来，还派1000名将士披红挂绿，200名彩女持宫灯迎接。周围的老百姓也手持彩旗、锦幛前来欢庆，山上山下成了五彩缤纷的世界。刘备和孙夫人赞叹道："真是锦绣如林啊！"后来，人们便将阳岐山改名绣林山，将城市地名也改为绣林这个富有诗意的名字了。

石首绣林，有石头的雄奇，有绣旗的灵动。诚如中道所说，大江从三峡以来，所遇到的无非是石头阻挡，它的气势常常被约束、被拦阻而不那么顺畅发挥。到西陵峡以下部分，北岸多泥沙，所遇者就崩倒，被冲荡开了，江水才得以任意释放它的剽悍狂野之性。像这种情形达几百里，都不敢与争锋。可是，一到石首绣林这一带，忽然遇到坚硬的石山，水因冲撞而汹涌直下，喷注激荡像乱拳打在石头上。山石嵔嵔，在尽力抵挡江水的浪峰，一时水与石开始像是相持而战。用水来攻击山石，那么，气势宏大，可谓汗汗田田，滮滮湃湃了。水过处，劈开的地方裂成石林；侵蚀的地方成了洞穴；尖锐的地方，成了剑戟。冲转而动的石头像老虎、犀牛在奔跑吼叫，石头好像没有一点相让的样子。而从用山石来战水的角度来看的话，我们就看见石壁雄峙，像发怒的野兽和矫健的鸷鸟，任凭江水洗磨；只见江水浩浩荡荡而来，遇到山石，浪返涛廻。江水撞到山石上，碎雪飞玉，再缓缓向前，像打了败仗溃去的部队似的。千万年来，江水拿出自己全部的力量来冲撞山石，也只能够损伤它的一毛一甲，而始终不能啮咬进山石的骨子里去，使山石的颚龈松动。于是山石常常胜利，而水却常不胜，这就是石首能成为一方的砥柱的原因，也是一县万世倚靠它的原因。

那天，中道和曾长石等朋友，爬到了绣林山的顶峰。在那儿，望"江光皓淼，黄山如展旌"，中道很高兴。过了一会儿，看见山下石头磊磊竖着，于是，他们就走到江边矶头上，各占据一块石头坐下来，一边休息，一边静静地听水石相互拼搏，声音大的像旱天突然响起的惊雷，声音小的像细小的玉的相碰声。他们俯下来，细细看山石，有的形状像钟鼎，有的色彩像云霞，有的花纹像篆籀。

中道欣赏着眼前的山水之景，陷入沉思中：绣林的石头因水的因素而越发美丽，而更加显得迷人。水和石头不仅不相互伤害相互抵消，而且相互映衬相互帮助了。

他对朋友们叹道："山石与江水相激相映，这与我们士人遇到坎坷不平，而激励奋发写成文章来流传后世的情形，有什么区别呢？"

大家都说："哎呀，太好了！我们常在这里，怎么就没想到这一层呢？"中道望着下游的刘郎浦方向，微笑着。

第二天，主人陪中道游了龙盖山，风景自有佳处，他也写了一篇游记，特别在文末写到山上有石头庵，是中道和二哥的禅友冷云的隐处。而冷云又是陪中郎在柳浪湖最久的人，可惜冷云没满五十岁而亡了，中道非常惋惜。

后不久，中道随朋友去游石首城内的园林，又有新的收获。

绣林的头好比是枕在江上的，它的位置又平坦又逶迤，一半在城，一半依山。所以，不少人家屋后有山可眺望。曾长石的房子后面就是山，爬到山顶，就见两座山的峰峦像两个青青的发髻列在那里，江流晶晶滑向远处。山下有石楠一株，最古，就把它当房子的名字了。园子里草木丛生，很荒野的，可是却是观赏胜景的好地方。在曾长石家右边几十家以外，中道发现了太学王养盛的园子。其园子里有个亭子，望南山的草木清清楚楚。他的园子后边离绣林山顶最近，望山上的游人，可以看见他们的胡子和眉毛。在这儿，江水和山石相搏的声音，淙淙入耳。望山坡，石骨披露的地方，铁色岩壁上像绣上去的苔藓，富有古趣。往右走几十家以外，是中秘王季清的园子，园门前的小路通向一口方塘，贮水可浇十亩地。路边有老桂树几十株。园内半山上有个亭子，寿藤挂满亭壁，作殷红色杂以碧绿色。磐石一方，可以在上面下棋。亭子不远处，山边有石洞可以容纳几十人。中道提议从山洞处登山，见松树下怪石嶙嶙，望先前所游龙盖山最近了。在这里望江流最宽阔，帆影好像弯一下腰就可以揽住似的。

中道对大家说："你们在这里享福啊！"

大家问为什么，中道说："你们想啊，在城市里，住房鳞次栉比，能得到几亩地养花种竹就满足了，哪里还想有座山呢？即使有了山，也未必与水相邻。而今你们这里，长江浩浩荡荡绕山而去，不用拄拐杖就可以登上山远眺。饮食起居，与山相伴，这就是有异福！我家公安，常被洪水所啮咬，没有这里宜居啊。不过我先人的村落长安里，隔这里也不远。我二哥中郎正准备卜居于沙市，依我看不如这儿富有烟云胜景，我进京后准备和他细细商量这事。"

"好！中郎如果住这儿，对我们来说就更有福了！"大家高兴地说。

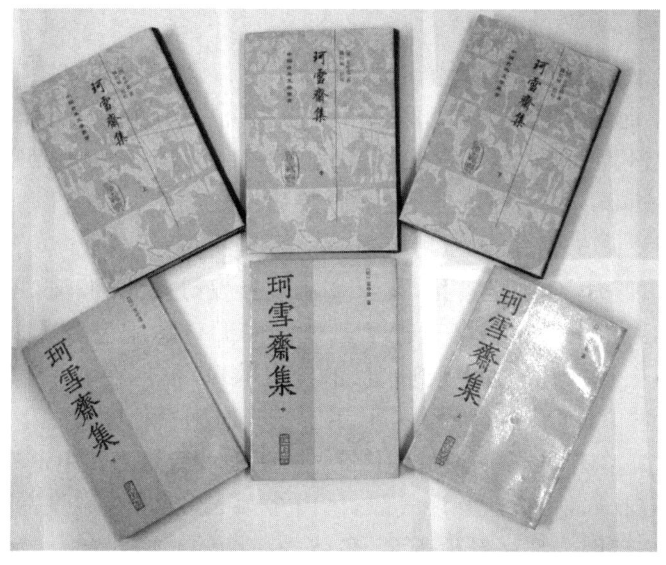

第二十七章

乐驾汎凫清浪里 畅飞妙句白云边

中道有他的特立独行。

他在万历三十七年己酉(1609),买了一艘小楼船,准备乘坐它去江河远游一番,并给船取了个别致的名字,叫“汎凫”。他说这个名字是有来历的,取自《离骚》中“汎汎发水中之凫”的意思,这也表明他心灵的驿动和对水的情有独钟。

于是他乘坐这艘船从沙市出发,经过鄂渚、九江,抵达秣陵。这中间,他见波光浩渺,远山点缀,四顾无际,神闲意适。他或挂满风帆,鼓荡长风,一刻千里,雄哉快哉;或在月明之夜,江面如积雪照人,高歌猛进,如入仙境;或避石闯滩,战风斗浪,有惊无险,培养独特历练。当然,乘坐汎凫,他更多的是在湘鄂间泛舟。

有一年,四月,他乘坐汎凫,从家乡孟溪出发,进入虎渡河,再转入三穴桥小河,这时,两岸已是杨柳青青了。柳枝在汎凫的船篷上拂过,发出“沙沙”的细响,中道打开船窗,嗅到水面的湿爽的风,他就在船里读书挥毫,格外兴奋。这样,缓缓行进,转了一圈,用了三天时间。他觉得平生爱舟居,只有这次最过瘾。有朋友问他:“为什么这么喜欢水和船呢?”中道答道:“我少年时,身体健壮如牯牛,但心浮气躁,体内多烦火,老坐在家里,就眼内布满红丝,神情被禁锢。唯一看山听泉,我就老病顿消,神清气爽。如果是大江大海,又太有凶险,这种小河独有的一种舒适的性情对我很相宜。”

他的家乡公安县孟溪一带，有双田河(后归流于或发育成了松东河)、虎渡河等，虽不大，但乘汎凫可直通衡山。他常常从县城斗湖堤骑马，走二十里，到三穴桥登汎凫之舟，坐船三十里就到达孟溪长安里，进入辋湖。湖边乔木茂竹，这湖十多平方里面积，水光晶莹而不深，最深的地方也就淹没侏儒。玩几天后，中道又从湖上再转入河道，顺流七十多里，就到了湖南彰观山下，赏乔松怪石。冬春之间，水清澈见底，中道说："楚地也有富春江啊!"经西上三十多里，就是澧州，也有奇山异水，中道赞为神仙境地，可以一饱烟云。船往东下就到嘉山，再二十里左右到洞庭湖岸。如遇顺风挂帆，半天就到鼎州河畔了，中道一般在德山休息。德山多篁竹，清幽可爱。中道觉得回环千里的河湖，如一条蜿蜒洁净的绸子一样，实是怡情养寿的好所在呀！他一般还带一艘船，那上面装粮食和仆人；汎凫船呢，他自己乘坐，上面装有书画和一两个好友，还带一班演奏音乐的人。他玩得也真够逍遥的了。

中道身体原本很好，到两兄及老父逝世，对他打击很大，不少事要他操劳，身心交瘁，身体明显消瘦下来，而且常常整夜难眠。那段日子，他耳内日夜有轰轰之音，双手酸痛，双膝常畏寒，夜间还疼。他稍微饮点酒，就可能吐血。他想到，我袁小修，少有才名，未必就止于一个举人？中了举人，虽稍有脸面，可支门户，州县也还尊重，但还未达父兄要求。那么，我首先要将身体调养好。所以，自戊申以后，中道常常住在汎凫船上。前后将近六年光景。他觉得一住在城市，就浑身发热像火烧，一登舟船，就百病消散；一住在家里读书，一个字都看不下去，一坐在船上，就沉醉诗文，酣然成诵，且灵感飞扬；住城市半年无诗兴，一上船，就诗如泉涌。

中道在《咏怀》诗其二里这样写道："陇山有佳木，采之以为船。隆隆若浮屋，轩窗开两偏。粉壁团扇洁，绣柱水龙蟠。中设棐木几，书史列其间。茶铛与酒臼，一一皆精妍。歌童四五人，鼓吹一部全。囊中何所有，丝串十万钱。已绕清美酒，更辨四时鲜。携我同心友，发自沙市边。过山蹑芳屐，逢花开绮筵。广陵玩琼华，中泠吸清泉。洞庭七十二，处处尽追攀。兴尽方移去，否则复流连。无日不欢宴，如此卒余年。"

当然中道未必是一个浪游无度的人，这和他酗酒一样，既有对此的爱好，也有排遣苦闷之意。他在《书王伊辅事》中写道："予年少雅负才气，谓功名可唾取，易言天下事，自辛卯后，连摒弃，乃归任侠。危冠绮服，出入酒家，视钱如粪土。数年大为乡里毁骂，妻子怒嗟，羞不能归。"这足以说明他的好游有多种原因。

中道曾经想乘舟远走三千里外的吴越，去和钱谦益等朋友聚一聚，后因病取消了此计划。再说，从荆州到吴越，到处被拦住收舟税，受盘问、遭呵斥，也不是中道所能接受的。

他常常在春天里乘汎凫走澧州，过小洞庭，至德山，游桃源，登衡山，走沮彰，至玉泉，上远安；夏冬季节，则回到家乡杜园附近，上岸漫步，那里左有珊瑚庵，右有浣花庵，虽没有了父兄的音容笑语，也还有两个叔叔及朋友王吉人等陪伴谈笑。他常常自比于爱舟居的张融、张志和等人，甚至还想写一部题为《烟波外史》的作品传世。他如写了，只怕是类似于小说一类的文章吧。就像其大哥袁宗道写了当时被所谓正统儒生瞧不起的戏剧、小说一样，可惜没能传世。

第二十八章

秦淮河畔诗文会
楚子船中志趣融

万历三十七年(1609),三月十七日,袁中道乘着自己的“汎凫”之舟,从江陵的郝穴进入长江,终于开始他的东南游。四月份,他到了六朝古都南京,交往了很多有名的文友,使他的见识和舞台更为广阔了。

他抵达金陵是从上清河到江东门的,先绕城游览,河两岸时有人家。过了两座长桥后,他将船停泊在南门边,向远处望去。也许是佛缘,中道首先看到的是报恩寺的宝塔,金碧陆离。他步行到长干里寺,听说殿阁都遇火灾,所存下来的,仅是宝塔了。中道对同行者说:“这宝塔是各个宝塔的祖宗,是孙权赤乌初年建的。”

大家听了陡增钦敬之色,登上了三层宝塔,就可以尽望金陵之景。只见城内黄屋鳞次栉比,钟陵、牛首、栖霞等山可以指点得清了。

接着他的汎凫舟穿过文德桥,“两岸画阁朱楼,流丹腾绿,姹草植于楹櫊,文石罗于几席。翠袖凌波,云鬟照水,青雀之舫,霞腾鸟逝。”大家游了几处,后在石头庵里过夜,主僧是旧相识,他热情地给中道收拾了一间客房,说让袁居士闲来在此休息。中道望窗外,见新竹发出嫩绿色,映照茶几和书案都成了绿色,不觉心情格外爽快。

在四月二十六日,商孟和、林子丘和中道的同年钟伯敬慕名来访,中道和他们畅谈甚欢。钟子敬,即钟惺,文学家,字伯敬,一作景伯,号退谷、止公居士,湖广竟陵(今湖北天门市)人。他很敬佩三袁兄弟“独抒性灵,不拘格套”的主张，有不少性灵风格的诗文流传，后为纠正公安派的俚俗之缺点，和谭元春创“竟陵派”，其诗文又滑向“深幽孤峭”的风格。

当时钟惺在南京的太学读书，中道以前只闻其名，没见过，今天一见，又是乡音交谈，听来如尝醇香的米酒，彼此都谈兴很浓。两人遂牵手同游天界寺，累了，就坐在毗卢阁上，交流诗文心得，后来一起在石头庵吃斋饭。这斋饭很有特点，用面粉做的，像肉食的东西，还有用嫩竹叶沾面粉后，再用油炸成像小鱼的形状，几可乱真。中道和客人看在眼里像荤菜，初感讶异，吃到口里，一品尝都会意地笑了。

一天雨后初霁，中道受举人许伦所邀请，去秦淮河泛舟。为了出行方便，后中道自己买了一只小船，约友在船上一边小酌，一边看秦淮两岸风景：如画桥仕女，阒隘清波。到珍珠桥上，望钟山，一派烟岚郁郁，又见岸边草上白蝴蝶如杨花，中道说：“这里是六朝佳丽地，蛱蝶是多情的诸郎所变化的吗？”朋友们都笑说有可能。

大家玩到返舟时，已见天边微月初露。

在一个微雨天，中道步行游雨花台，想找王安石墓凭吊，却没有找到，有点怅然。赴朋友宴席后已是晚上，他去见熟识朋友，朋友们大呼中道上他们的船。过一画阁下，听歌声婉转玲珑，隐隐灯光下，友人柳安远呼道：“舟中有袁先生吗？有幸登阁一笑为乐吗？”于是他上去听歌。这夜，雨下个不停，听歌后中道就在舟中睡了。

天亮后，中道洗漱整齐，去谒见比自己大三十岁的海内闻名的学者焦弱侯。他名叫焦竑，字弱侯，号漪园、澹园，祖籍山东日照，出生于江宁（南京），明万历进士第一，状元，官翰林院修撰，后曾任南京司业，是明代著名学者。两人忆述着对李贽的印象与崇拜之情，谈到了罗二郎的逝世，都流下了眼泪。

后发舟到燕子矶等地观赏，谁知雨越下越大，他只得在石头城过夜并看夜景。

第二天雨住了，中道在秦淮河水阁里大会文士。大家听说久仰其名的楚地才子袁中道来了，都诗兴勃发，有三十几人，各分题抒怀而去。

大家离开后，焦弱侯又上中道的汎凫舟，谈话。见了汎凫舟，焦弱侯说：“这就是泛家浮宅吗？”中道“哈哈”大笑。焦弱侯拿出一册书，给中道看，原来是元朝各位名家的词曲集，叫《录鬼簿》。

“这些被诬蔑为左道旁门的作者，自有一段真性情啊！”中道边翻看，边欣赏边感叹。

第二天，焦弱侯组织了词客三十几人在秦淮水阁相会，其中有女校书两人，是朱无狭、傅灵修，大家写了《赋得月映清淮流》五言六韵。中道的诗是在众目睽睽下，当场在座上写成的，引得大家一片喝彩。中道的诗题为《大会词客于秦淮，赋得月映清淮流，分韵得八庚》：

> 暝色来钟岫，清辉出冶城。人随归鸟静，光逐暮潮生。未照乌衣巷，先穿朱雀桁。水寒渔艇息，露冷酒船横。密树沉沉黑，雕栏粲粲明。七盘迷舞态，百啭试歌声。桃叶桃根过，还须鼓檝迎。

在承恩寺，中道见到了前几天来访而没遇的六合县令米仲诏。他叫米万钟，字仲诏，号友石、石隐，是书画家，而且是米芾的后裔。两个湖广老乡渐渐谈得投机，一直到了夜晚。继而，中道又和其他朋友谈禅悟道。不久中道觉得整天应酬太多，石头庵房间又小，于是悄悄用小舟载行李，搬出来了。

在珍珠桥，中道很高兴地会见了湖州的凌濛初。凌濛初，字玄房，号初成，亦名凌波，一字遐厈（àn），别号即空观主人，浙江乌程（今浙江湖州）人，明代文学家、小说家和雕版印书家。其著作《初刻拍案惊奇》与《二刻拍案惊奇》与冯梦龙所著《古今小说》（喻世明言）、《警世通言》、《醒世恒言》合称“三言两拍”，是中国古典短篇小说的代表。中道一直和二哥就非常重视通俗小说，对凌濛初很看重。中道见凌濛初家里挂着宋代著名画家刘松年的名画《十八学士图》四幅，第二幅画上画的是：大树之下的榻上坐着三位文人，旁边则侧坐着另外一位执扇文人。这四人的眼光全部集中在画面正中的棋盘上，棋盘边的两人在下棋，作沉思的样子。中道和凌濛初先谈画，说人物画如此之工，近世文衡山（指文徵明，他是“吴门画派”创始人之一，是明代中期最著名的画家，大书法家，与唐伯虎齐名）以后，人物就不值得一看了。后他们又从画谈到与诗文的相通等话题。

这之后，应焦弱侯之邀，中道到他那儿谈论学问，问焦先生：“像李卓吾这样的人，您相信他会实现自己的大志向吗？”

焦弱侯说：“这不是我所知道的了。不过，他的见地也很高，竟然被世上的学者比之于魔，当然这样比是错了。李卓吾开始在南都当官，我的友人对我说：‘李某人，有仙风道骨，如果这个人达到入道境地，进步未可限量啊！’以后，我见了他，果然是这样的。时间久了，就向他学习，每次聚会之中，我默无一言，只沉思而已。这样几年后，我的谈锋才被撩发，当然，还是时时有疑惑。等到卓吾到了楚地，给我来信，说：‘今天的卓吾，已不是过去的卓吾了。如果是过去的卓吾，那么何必以卓吾为贵呢？’他的自信放任就是这样的。”

中道又问：“到底达观大师是怎样的人？”

原来，万历三十一年(1603)秋，发生了震动中外的“妖书事件”，和尚达观大师因此不幸被捕入狱。所谓“妖书”，即达观大师要求朝廷减免矿税的谏文，因为奸臣的挑拨，所以达观大师一片为国为民的忠心不被认可，竟被冤屈入狱。

当时，执政者想把达观大师处死。达观大师说：“世法如此，久住何为！”于是，他就洗了浴，点起油灯，端坐说了一首偈：

> 一笑由来别有因，那知大块不染尘；从兹收拾娘生足，铁橛花开不待春。

中道问的就是这个有个性的达观和尚，焦弱侯回答说：“告诉你，我先父有一庵，就在对门，达观住在这里有两个月。我有一天偶然问他：‘和尚不作诳语，只知此事，胸中毕竟坦然是不是没有什么疑惑呢？’达观马上就说：‘你末后一句就有可疑嘛。’我于是大笑而去。”中道觉得达观大师很机敏，他的回答有智慧。

焦弱侯又问中道：“有那么一二个学者，初入门时，很有苦心，可是以后竟然一点都不理会了，这是为什么呢？”

中道回答说：“此事初入手全无巴鼻，后研究探求久了，忽然讨一本来，现成现解，便往往于此住定，既不等参求，又无可下手。日久月深，将此事搁向一边，依旧打入世情巢窟中的人，往往就是这样的。”

焦先生说：“现成原不错，但是认为只是一个见解就正是毛病了。”

讲了一会儿，中道又说：“宋元诸名家的集子，也多有不存的。这是为什么？”焦弱侯说：“宋元之书，散见于世，你不可以没看见就说它不存在哟！”

中道告辞后，对人说：“末句有疑，是达公真实语，这种交流学习是不可以分胜败的。”中道回到住处，深深回味与焦弱侯的对话，觉得受益匪浅。

第二天，在罗近溪(即罗汝芳，明代著名思想家)的祠堂里，中道又与四十多名文士相会，在风雨中，大家高声吟诗，风雨似乎成了朗诵的伴奏音乐了。后这四十多人又热情地陪着中道去游有着浪漫传说的桃叶渡。到傍晚时，疾风猛雨，中道只好告辞回到石头庵，衣袂尽湿。

不过，中道不觉其窘，反而觉得畅快，决定待天晴后去游附近的牛首等风景名胜。

是的，中道像一只鸿鹄，翱翔的天空越来越广阔了。

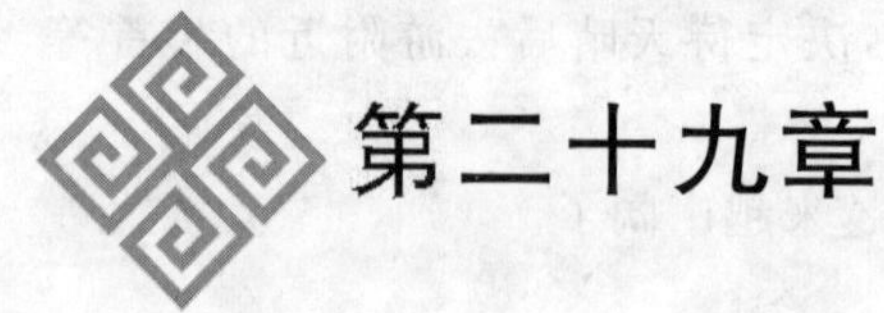

第二十九章

探视长孺情义重 交心知己语言亲

万历己酉(1609)十月份，中道进入北京城，住在北京二哥中郎在石驸马街的家里，中郎主试陕西考试没回来，中道于是和苏云浦等友人一起饮酒唱和。丘长孺来，拉中道上街看老北京的杂耍，如要弄五尺长竿、后弹打前弹成粉之类，中道觉得新奇好玩。

不久，起大风，中道听说丘长孺病得很厉害，就想去探视他。这丘长孺，叫丘坦，本名坦之，字长孺，黄州麻城人。他也和中道一样满腹才华却多年科考不售，万历三十四年乡试武举第一，被授予游击将军官衔，镇守边关，官至海州参将。他也是公安派作家，是三袁兄弟的挚友，有《南北游稿》《度辽集》等著作。中道与他常有诗文往来，中道著作里收入写给丘长孺的诗有二十多首，书信有九封，这是少有的，中道在给朋友的信中赞丘长孺为“今之辛稼轩也”。他很佩服丘文武兼备之才。如中道在《寄丘游击长孺塞上》里写道：“胡风猎猎卷旌旗，旧时词坛一健儿。老去关山羁定远，梦中花鸟媚丘迟。……”的确，丘长孺的边关生活很苦，他在给中道的《长相思》的词中写道：“冰塞川，雪满山，春风不度玉门关。三年苦戍边。书一船，酒一船，与君同棹下江南。于今二十年。”看来丘长孺很怀念和中道一起乘船远游的生活，对于戍边之苦，也不隐瞒。这种生活也使他的身体大不如前。

而且他也是常生病，在万历二十三年(1595)，袁宏道在吴县当县令时，写过一封有名的信，安慰生病的丘长孺，也谈了自己厌恶当县官的思想：

闻长孺病甚，念念。若长孺死，东南风雅尽矣，能无念耶？

弟作令备极丑态，不可名状。大约遇上官则奴，候过客则妓，治钱谷则仓老人，谕百姓则保山婆。一日之间，百暖百寒，乍阴乍阳，人间恶趣，令一身尝尽矣。苦哉！毒哉！……

二哥袁宏道对丘长孺这样的朋友，口无遮拦，颇见性情。其三弟袁中道给丘长孺信中也是尽吐心曲：

今将许多胜人意思，渐渐销融，便觉偃旗息鼓，有许多太平气象。……天下多事，有锋颖者先受其祸，吾辈……繁华气微，山林气重……龙不藏鳞，凤不戢羽，何言哉！

信中中道谈了自己对于当时的环境的把握及进退打算，看来他们的交情的确很深。

想到这些，中道立即就去探望丘长孺。他家里人说长孺几天不说话了，今天刚好些，来得不是时候，他刚睡了，中道坐了一会儿就回去了。

第二天，他又去探视丘长孺，听说他病了四十多天，不吃不喝，仅进药汤，有时喝点米汤之类维持生命。中道坐在长孺的病床前，想与长孺讲话，长孺有气无力，不能回答，指点床头几页诗示意中道看。

中道一看，是《看梅花》三绝，其中有“开得梅花似杏花”的句子，引起中道兴趣，就反复吟咏，长孺眼睛眨呀眨的。

中道就和他家里人讲笑话，以博得长孺破颜一笑，但是他笑得很勉强。他家里人说：“您真好，这一月多来未见他笑过哩。”

后长孺断断续续向中道讲了自己的情况：“我久病在床，肉贴在床席上，疼得不能忍耐，右边睡疼了，就移向左边。白天望鸟儿回巢，夜里盼望鸡子叫，度日如年啊，兄弟啊，这次如能幸免于大病，好了就与袁兄到西山找一个僧庙过余年，那也是快活的。”

中道说：“你在病中时觉得平闲的生活很快活，等你好了，就会想热闹繁华，匆匆奔走，急如星火，不能有一刻消停的。我过去在害疟疾时发热受不了，在家乡，还蹲进过大水缸里，出来后也发誓：我病一好，就刺六个字在手臂上——戒纵饮，戒邪淫。当时有朋友笑我做不到。没几天，我疟疾好了，到镇江找医生再调理一下，那晚月色很好，我一激动，就对侍儿说：给我倒一碗酒来。于是，我对着皎洁的月色吞了一盏。第二天，月色更美，我又吞了三盏。到了甘露寺，又是中秋节，我更激动，于是喝完了一壶。”

丘长孺微笑着，听得津津有味，嘴唇抿了几下，似乎想喝酒了。

中道继续说：“当我到维扬的时候，有个朋友接我喝酒，还找了个漂亮的歌女在桌边清唱助兴，那夜，我喝了接近一百杯。没过几天，我疟疾大发作了！”

“可惜，可惜。”长孺笑着，喃喃低语。

“我经过多次后才明白，病中的赌咒发誓是不作数的，我也担心丘兄病好后又爱饮酒作乐哩。不过话又说回来，我们文朋诗友，又岂能像老和尚那样苦过日子呢？”中道这番话说得长孺呵呵而笑，竟气喘起来。中道忙上前以手拍其棉被，说：“缓些笑，缓些笑！”

第三十章

春明门送二袁出
栀子花催三笋高

万历三十八年庚戌(1610),中道应春场考试后,随二哥中郎踏上南归公安之路(中郎也因考功方面的公事告一段落,到朝廷谢恩后与中道一起回家乡)。

早晨哥俩出春明门,兴致勃勃地踏上归途。当时在春明门送行的人很多,大家互道珍重而别。

一路上兄弟二人从容游玩,少不了吟诗作对,自然惬意。

到了闰三月十五日,才终于到达公安,兄弟们居住在筼筜谷。由于江岸常年崩塌,眼见得县城渐渐靠近大江边,原先的老住户也萧然迁走了不少。过去兄弟们居住的石浦河也失去了往日的垂杨流水和邻里的喧闹。

中道第二天急急地出门,在竹园里看新竹笋,发现水竹长得又高又密,他忆起以前生病,医生要将水竹在火上烘烤,以取所沥之水做药引,于是用舌一舔,有点甜味。他心里愉悦了许多,看见竹笋出土越来越多,就命园丁扫去台阶上掉落的笋壳叶和代谢的黄竹叶,还有园丁在磨锄头,霍霍有声。

特别是墙角下,有大竹笋三根,长得快过围墙了,那种嫩绿色快要溢出来似的。

他再走几步,见楼下两棵栀子花树,花正开着,在阵阵晓风中,清香扑鼻。

中郎也来了,他问中道:“三弟,你知不知道这栀子花还叫什么名字?”

中道说："这还不知？"他指了指小楼上的牌匾，"你看，这不是你吏部郎题的三个字吗？"

原来，栀子花也叫林兰，中郎因这栀子花繁盛的缘故，就将这楼命名为林兰阁了，兄弟俩会意一笑。

到了午饭的时候，在孟溪老家荷叶山边的兰泽、云泽叔和王吉人来了，又是一阵欢喜。

饮酒桌上，两位叔叔讲了个怪异故事，说长安村中，有个叫许象山的侄儿家里有头母猪生猪仔，生到第七个时，忽生一头有人的脸相的小猪仔，头全像人，身子又像猪，它的舌头在口外搅动不停。许家很害怕，就把这怪猪抛到双田河中，村里几百人都来看稀奇。兰泽、云泽两叔和王吉人都说亲眼看见过。

中郎、中道觉得不可思议。

第二天，中道和他们的舅舅龚静亭、弟方平，并排骑马去江边二圣寺礼佛，朋友宝方和尚邀入禅堂上香茶款待。

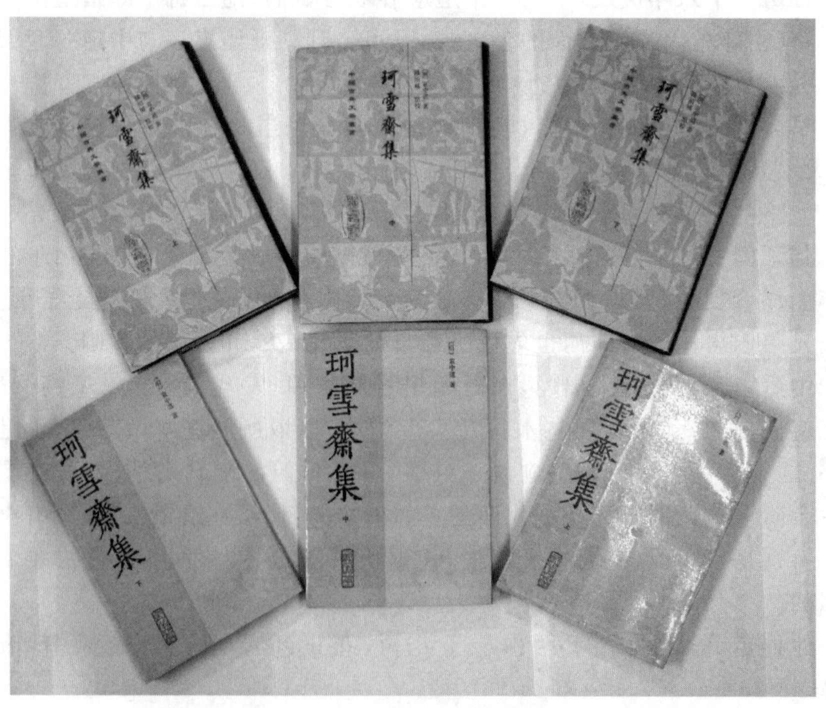

第三十一章

谈天说地利玛窦
悼友撰文袁小修

万历三十八年庚戌(1610)的四月的一天,袁中道看邸报,发现有"西洋陪臣利玛窦辞世"的讣告,不禁又一阵难过。

他们兄弟与利玛窦交往情谊也颇深。这利玛窦从意大利国航海来我大明,实属不易。他高鼻深目,精明儒雅,不久就通中文,会汉语,与各士大夫交往频繁,与袁宏道、中道等交谈甚欢,至今有四五年了。他开始住在福建,后往吴越一带,以后入京城,后向朝廷进献天主像及自鸣钟等西洋珍品,

中道一次问利玛窦:"先生信仰是什么?"

"我们信仰天,不信仰佛。"利玛窦耸耸肩,答道。

"先生婚配没有?"中道又问道。

"没有,绝对没有,用贵国的老话说,我还是童子真身呢!"利玛窦说完,自豪地爽朗大笑,蓝蓝的眼眸透出孩童般的天真调皮劲儿。

利玛窦很爱和中道等人谈中外古今,他也很善于著书,有《交友论》、《天学实义》、《几何原本》等多种著述,可是其收入很少,他还常常把金银送给需要周济的人。有人说利玛窦有很多秘术,中道问了他几次,他却总是笑而不答。

一次,在一起品茶时,中道问利玛窦:"利公,屈原曾发过天问,您也对天体有研究,那么天到底是什么情形呢?"

"天呀,"利玛窦把盖碗茶的盖子拿起来,比画着说,"天,即宇宙,就像是

一个大鸡蛋。天,就是蛋里面的清;地,就是蛋里面的黄,四方上下都有世界。我们在地球上,上面的人和下面的人,其脚是相邻的,那些下面的人,就像蝇虫倒行在屋梁上。”说完,他呷了一口茶水,两手一摊,说:“如此而已。”

中道觉得甚为新奇,想了想,说道:“哦,这不是与《杂华经》上所说的‘仰世界,俯世界,侧世界’的话相合吗?”

“对对,你说得对。我上次对中郎先生讲,他好像也说过这样的话,你们兄弟真是心有灵犀一点通啊。”利玛窦高兴地说。

是的,利玛窦常与士大夫往来于中郎衙署或住宅中,中道就多次在二哥处见过他。

现在,邸报上写着利玛窦先生竟逝世了,年近六十岁。中道想,一个外国人,不远万里来到大明,担任过一些官职,传道讲科学,还这么热衷于中国文化,难能可贵。

虽然,当时中道兄弟没有兴趣跟利玛窦谈多少有关自然科学的内容,但他们能够直接与利玛窦交往,已属不易。

中道想到利玛窦曾说邀请自己到意大利去游玩、品酒,不觉热泪涔涔了。

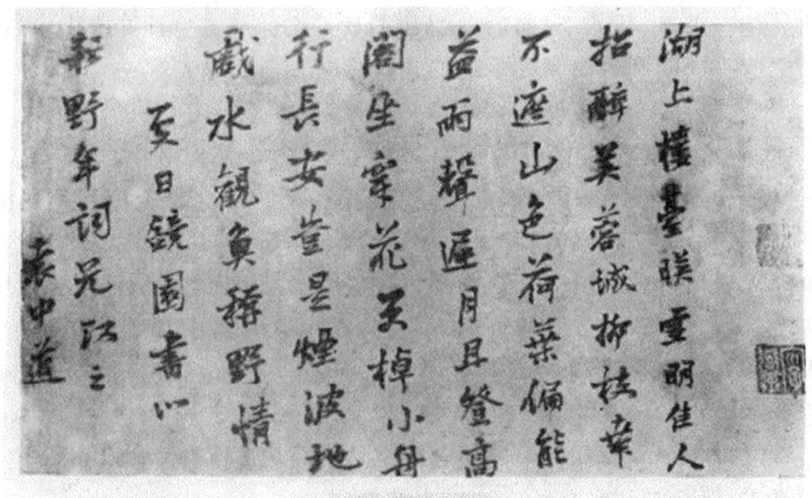

袁中道手迹

第三十二章

金粟园中谈赏卉
中郎家里话养生

中道回到公安后，又到沙市请匠人们修好了有些败落的金粟园的门，觉得中看一些了。那天，木樨花盛开，真是金粟满树，一园生香。环顾小园，木槿栽成的篱笆，碎叶叠翠，颇似隐者住所，中道遂坐在楮亭静静地赏木槿花。

过了一会儿，他又命童子用竹篙撑一只小舟，将自己渡到对岸看莲花，这是西番莲花，都是重瓣大方，但不结莲蓬的。

赏了一会儿莲花，二哥中郎同八舅龚散木来到金粟园赏木槿花来了。中道要童子放置小桌凳于花旁，以便一边小饮，一边赏花谈笑。

第二天，中道又坐在楮亭看莲花，中郎派书童拿一便函来，上面写道："贷园的桂花开得如黄色锦幄，又新到吴地一歌伎的歌好听，你快来！"

中道见了一笑，因有个姓邓朋友来下棋，就未去。

中午过后，中道到二哥中郎那边去，见中郎的火病又发了。中道劝他结伴出外游山玩水，好养生。中郎说："吴越太远，三千里水道，也不容易。不如找近些的地方名胜走走，如何？"这天，据说中郎听说公安亲友因打官司事找他帮忙，心里不痛快。他又打算再不做官了，在青溪、紫盖这些地方搭茅房养老算了，就对中道说："三弟呀，生和死都是大事。一个人，四十岁以前做今生事，四十岁以后做来生事啊！"

中道觉得这番话有点费咀嚼。

第二天，下小雨，中道刚醒，就听到窗外有人送柴到伙房。

仆人问:“柴多少钱一捆?”

“五十文一大捆,不还价。”卖柴人低哑地回答。

“这么贵呀?”仆人问。

“今年只五月中旬起过南风,后来都是北风,江水又大,南边公安的柴船过江危险,所以柴价涨了。”卖柴人说。

中道平时很少关心这些小事,听了这番对话,才感叹生活不易。

天终于晴了,中道和友人王尚甫去中郎家闲话,中郎不知何故,又说起养生的话题。他一本正经地对中道和王尚甫说:“四十以后,要甘于淡泊,远离声色,才是长寿的兆头。四十以后,如想方设法找美女,求繁华,就是短命的开始。我亲眼见前辈早死,个个都是贪恋女色而死。以后我的砚北楼装修完后,我就洒扫楼上,每天坐三炷香,做好运气养生的事。”

中道说:“禅学恒后,保存护持,养生之理,即在其中。”

中郎说:“对呀,四十以后,一定要料理养生事,起居饮食,都要有节度。”

中道说:“耳根常听你这种话,我会自己收敛注意的。”

第三十三章

砚北楼倾椽笔折
江南雨注大悲临

万历三十八年庚戌(1610),八月二十二日,由于中郎的火病时好时坏,所以,中道就把行李搬到中郎在沙市的砚北楼家中,以图照应。

中道听朋友说沙市有一位老中医姓李,救死扶伤,宝刀不老,于是就亲自去接。他接来后一看,老中医八十多岁了,须发皆白,而面色红润,留很长的指甲。他给中郎切脉时,时而用力,时而放松,切脉过后,中郎腕上留下了深深的指甲印,经久不散。他从容地对中道说:“无病”。当然在中道要求下,老中医还是开了一些药,中道给他诊金,送他出门,不在话下。

二十三日,中道给中郎煨药,中郎对他说:“昨天那个李医生,开了一分人参,我喝了热得受不了。我的身体系阳脏,不堪服用补药,又不敢服凉药,还不如不用药的好。”

中道说:“不吃药,只有调理饮食为上策。”

这一夜,中道梦见已逝世的公安派作家丘长孺跟着他哭,中道惊醒后,也觉眼泪流出来了。

到了二十五日,中郎的火病越来越严重了,中道就派人去接公安县的名医陈老先生。

二十六日,陈老中医来了,他清癯精明,目光炯炯,两手同时对中郎仔细地反复切脉后,无独有偶,又说出两个字:“无病。”

中道听了不但不喜,反而忧上心头。过后,还有亲友笑中道太张皇。中道想，不信医生又信谁呢？

八月二十七日以后，中郎的病更重了，中道一刻也不敢离二哥左右。有时半夜二哥梦中呼喊他，有时二哥大便见紫血块，小便如陈米泔水般浑浊，还带血红色。中道更加担忧了，每晚睁着眼睛无法入睡。

九月初一，中郎的病似乎稍微好些，中道与宝方和尚到大士塔下祈祷神灵保佑。

初四那天，中郎第二个儿子（即岳年）出生，清脆的婴儿啼哭声给这座愁云笼罩的砚北楼带来了些许喜色。家里特意把可爱的婴儿抱到中郎病床前给这命悬一线的父亲看，中郎看后勉强露笑，大家都祝贺，盼这新生命给中郎带来好运，但这夜中郎仍然便血。

初五日，中郎大小便仍然便血，但为了让远在公安的老父袁士瑜心安，他就让人扶起，用颤抖的手提笔写信，向老父报说并无大碍。写后，中郎气喘了半天。

初六，上午，中郎房内的老妇人急喊中道进去，慌慌地说："昨夜里他三四次便血，几乎昏死过去。如果不像这样便血，我看……可活命。"中道听了心疼不已，只好出来背着中郎流泪，并急忙又请沙市那个李医生来。李医生马上切脉，对中道说："脉没有了！"中道顿时跌倒于地，李医生说："不得恐慌，姑且试喂一点人参汤。"进了一点人参汤后，中郎有气喘出来，他含糊地说："三分生，七分死了！"中郎又说要小便，便后对中道低低地说："我略睡睡。"说完这句话，再没有一个字了，他竟半躺半靠着逝世了！中道嘶声大喊"二哥"，竟不应了！

一时间，中道觉得砚北楼正轰然倒塌，不，天崩地裂了！遂眼前一黑，偌大汉子颓然倒在地上，人事不省。大家哭喊、按掐，他半天才醒来。

然后中道强打精神，去料理棺木等后事。他检查中郎家的钱袋，只有五十金，还要到当铺当些书画古玩之类去买棺木等物。中道不禁叹道："堂堂吏部郎中竟然如此清贫！要不是我和大家亲眼所见还不知道啊！"

稍事安排后，中道又饱含热泪地急速赶回公安去安慰老父，恐怕老父难以承受又失去一个儿子的巨大打击。

不久，他给二哥生前好友苏云浦写信谈到这位朝夕相处的兄长："今复化去，弟复有何心在世中？衷肠谁与吐，疑义谁与析，风月谁与共欢，山川谁与共赏？锦绣乾坤化作凄凉世界，已矣，已矣！恐弟亦不久于世矣！"

中道与之说知心话的这个苏云浦，叫苏云霖，字云浦，号潜夫，是与公安县一江之隔的江陵县人，是万历二十六年进士，任过监察御史，也是袁宏道的至交。在万历四十三年乙卯(1615)，当荆州郡太守吴公为纪念袁宏道逝世五周年而立袁中郎故里碑时，碑上“袁中郎故里”五个工整大气的大字是苏云浦亲书，这在袁中道《游居杮录》里有记载。(这碑先立于袁中郎柳浪湖故宅，后立于县城城隍庙侧，后几经移易，现立于公安县一中碑亭里。)以后，苏云浦念与中郎情深，在两年后的壬子年(1612)以中郎次子岳年为婿，是三袁八舅龚散木为媒。苏后又聘中郎长女为媳。这当然是后话。的确，二哥猝然离世，使中道当时身心遭受沉重打击，他又复发血疾，也不知是如何挺过来的。

第三十四章

佛修净土因缘厚
道导庄周见解深

袁中道和他的两个兄长袁宗道、袁宏道一样，或者说和当时的大家硕士一样，是儒释道兼修的，可以说是一种复合型人才，并且有著名的理论文章行世。如在佛教方面，他四十一岁时著有《心律》；在道教方面，他著有《导庄》。

说到中道为什么从一个勤奋读书，热心科举，欲效法两兄和舅家龚姓前晚辈从科举而仕途干一番事业的青年人，逐渐变为时而在佛教中精进，时而在道教中放逐呢？原因很多。

受兄长和舅舅的影响。他大哥袁宗道和二哥袁宏道都在青年时期患过很重的病，长时间在长安里服药治病，甚至弄得人几至枯槁，毛发都快掉完，这当中除找中医医治外，也接受过佛教、道教人士的调治，反正，搞得九死一生。如袁宗道就学一个道人坚持数息（静坐调整呼吸的养生之法，大约接近于瑜伽之类），整日望着自己的鼻尖打坐。以他们的颖悟，看这方面的书籍是会有自己的心得的。直到袁宗道成了翰林学士，再谈这些，影响就更大了。如中道在后来《中郎先生行状》一文里就写道："时伯修方为太史，初与问性命之学，以启先生。"这里说的是伯修启发了中郎这方面的兴趣，其实也同时启发了中道，因为二哥只大中道两岁，时刻在一起读书生活。遥想当年，当袁宗道和袁宏道讲这些新鲜的西方秘典时，中道这个处于有点闭塞的长安里的小青年，在油灯下，在月光下，在槐荫下，正睁着好奇的眼睛，在听着，在揣摩着。何况其大哥袁宗道著了《海蠡篇》，二哥宏道更是陆续写成不少有分量的佛学专著，如《金屑篇》、《宗镜摄录》、《西方合论》等，这又会是中道认真研读、耳熟能详的，这又对中道是一种提升。他们兄弟在佛教入门方面很早就受舅舅龚氏兄弟的影响。其实，他们的父亲袁士瑜也早就研究过佛教。袁中道在《答宝庆李二府》中写道："生十七八岁即知有此事，初求之贝叶文字，了无所得。其后始知达摩直指一路，其为涉精夺髓之法，然亦无可措手。后又得大慧、中峰语录，始知此事决要妙语，妙悟全在参求，参求定须纯一，悟后之修，乃为真修。"其实，袁中道应该在更早就接触了佛教知识，因为他大哥袁宗道在《嘉祥县志序》里说过，在万历庚辰年(1580)，袁宗道和舅舅龚惟学一起参加进士考试，在考场附近街上见有很多书买，舅舅就买了儒家书籍，特别买了佛家书籍，大哥袁宗道说："不佞廿载醯鸡，知瓶瓿外别有天地，自兹日始。"袁宗道这句话是说自己二十来岁其实像瓶瓮中的小虫子，现在突然看见了另外的广阔天地。这就说明舅舅买佛学书籍启发了大哥袁宗道，小弟袁中道焉得不跟着两个兄长受启发？那年中道仅十一岁。

受李贽的影响。中道或和两兄及其他朋友去见李贽，或是自己单独与会李贽，在佛道方面受李贽的影响是很深的。从有记载的来看，中道和李贽见面有五六次之多，是三袁兄弟中和李贽交往最多的。如随两个哥哥远走龙湖访李贽；万历壬申年中道独访李贽；万历癸巳春末，又同两个哥哥等北上麻城访李贽；中道与李贽在南京重逢；万历辛丑年李贽在京城的马经纶家做客，中道运伯修灵柩阶段，拜访李贽，请教禅理等，不然他为何专门为李贽写了两篇重要文章《柞林记谭》和《李温陵传》呢？

受科举不顺的境遇的影响。中道小时既聪明又豪气，自当从心理上不认为自己亚于两个兄长，哪知从十九岁开始科考，三十四岁才中举，四十七岁才中进士(而大哥袁宗道万历己卯年中举，仅二十一岁，万历十四年丙戌中进士，而且举礼部会试第一，后殿试二甲第一，成绩仅在状元、榜眼、探花之后，时二十七岁；二哥袁宏道万历十六年戊子中举，时年仅二十一岁，万历二十年壬辰中进士，位列三甲第九十二名，时年二十五岁；还有三舅龚仲庆也于万历七年己卯"举于乡，明年成进士")，而从中秀才到中进士这中间漫长的时间一直困顿在场屋(中道十六岁中秀才，三十四岁中举，四十七岁中进士。由中举到中进士这中间十三年他参加了四次考试，其中因父亲逝世，放弃一次考试)。他常常在考试中由充满希望到最后失望，到接受亲友安慰或遭受个别人白眼，再到自我疗伤，认真准备，披甲再上考场，这大大挫伤了这个以豪杰自命、才华横溢的拼搏者，所以，他要在佛道中寻找解脱，这样，他成了一个佛教净土宗的在家修行居士。关于他的这段心曲，他说过："霹雳火中，安可一刻无此清冷云也。"在《心律》里也有记载："追思我自婴世网以来，止除睡着不做梦时，或忘却功名了也。求胜求伸，一必得为主。作文字时，深思苦索，常至呕血。每至科场将近，扃户下帷，摈弃生命。及入场一次，劳辱万状，如据驿马，了无停时。岁岁相逐，乐虚苦实。屈指算之，自戊子以至庚戌，凡九科矣。自十九入场，今年亦四十一岁矣。以作文过苦，兼之借酒色以自排遣，以得痼疾，逢时便发。头发已半白，鬓已渐白，须亦有几茎白者。老丑渐出，衰相已见，其所得果何如也！设使以此精神求道，则道眼以明；以此精神学仙，则内丹以就；以此精神著书，则垂世功业已成。"在这篇研究佛教的文章里谈这段话，句句真切地表明他在儒释道中的煎熬、徘徊、探求与熔铸的功夫。

受亲人挚友辞世的影响。中道一生虽然比两个兄长活的时间长，但是他经历了太多的失去亲人之痛，而且其中几个亲人是他料理后事，酸苦备尝。他四岁失去了慈母龚氏，早尝无娘的辛酸。大哥袁宗道和二哥袁宏道的早逝，对他打击最大。大哥是他千里迢迢运灵柩回来的，二哥是他亲眼见证逝世的。而二哥是他朝夕相伴、非常崇拜的亲人，所受刺激可想而知。他自己小儿子袁海几岁而亡，大哥的儿子袁曾和袁登在北京一月之内相继染病而亡，二哥女儿婵那十四岁病亡，大嫂、二嫂逝世及他自己的侍妾十七岁难产而亡，他写过《祭亡妾周氏女》等。还有很多公安派挚友的逝世，如万历三十八年庚戌(1610)闰三月十五日，中道回公安，心情是很凄苦的。自己应试不第不说，这前后，两个兄长逝世后，父亲袁士瑜、挚友雷思霈、曾可前、黄辉相继辞世，使他对人生有了新的认识。于是，他在佛教中寻求解答和顿悟。如他的《答曾太史》："弟往日学佛都是口头三昧，然近日怖生死甚，专精参求。"

受所交往的和尚朋友的影响。三袁兄弟交往了不少和尚朋友，如常常在他们诗文中出现的无迹、宝方、无念、死心、寒灰、冷云等，要么是在公安县的长安里柳浪湖或二圣寺等地谈禅论诗，要么是在外地如玉泉寺等地，中道和这些和尚一起游历，一起起法会，互有诗文或书信交流。他甚至还和晚明四大高僧中的真可、达观有往来。所以，中道的佛学修养日益精进，与这些修为颇高的和尚交往也有关系。

另外，和当时全国的大环境及公安县信佛的小环境有关系。当时的公安县寺庙、道观不少，信众颇多。在南朝陈至隋时，还出了高僧智顗，创立了天台宗。这种创新立派的精神对中道兄弟也是有影响的。有名的寺庙有二圣寺（在县城）、义堂寺（岳飞征讨洞庭湖杨幺后，因在那里祭祀阵亡将士而出名，在长安里附近）、报慈寺（东汉皇帝刘秀母亲避乱至淤泥湖畔，后刘秀知道其母在此，修庙报慈母）、刻木观（二十四孝中的丁兰孝母故事发生地刻木村）、忠济寺[纪念宋代荆州太守清官谢麟而建（在湘鄂交界的黄山上）]、双田庙（中道《游居柿录》中提到，待考）等，这都对中道兄弟的信佛、研佛起了肥沃的土壤般的作用。

中道也和宏道一样，开始是研修净土宗，中年主要是修习《华严经》，后来是信奉随缘禅。如他在《寄同学》中说身为官员，"诸公有谓作官妨道者。弟谓既已见宰官身，不必更学沙门事。但此心与天下痛痒实实相关，随其所居之位，留心济人利物，即是大功德，即是菩萨行也。……若愿行在天下，即终身做官，出入尘劳，亦是青莲种子，此处断断乎不疑也。不绝欲亦不纵欲，不去利亦不贪利，不逃名亦不贪名，人情内做出天理来。"这些随缘禅感悟，对于今人也会有启迪。

那么，中道在佛教理论方面，有何建树呢？或者说，给我们留下了怎样的雪泥鸿爪呢？

如他在四十一岁时所著的《心律》中主张："谨持此身，三口四意三十善道戒。"他从谈几个方面的"戒"来支撑论点，如戒杀生。这虽是诠释佛法，又极具针对性，当时的社会，掌握生杀予夺之权者，没有多少会关注人的生存权，更没有多少去关注"鳝鳖牛犬"等生命了。他再谈戒偷盗。他说："及居间公事，以自膏润之类，无非偷相也。推其根，直是多欲好奢。"他从草民到官员，分析什么是偷盗行为。作为一篇谈佛的文章，其火药味似可嗅得到。他谈戒邪淫。他以自己的切身经历为例，敢于坦陈自己的陋习，即曾经在邪淫方面伤德损身。他说自己"少年不得志于时，壮怀不堪牢落，故借以消遣，故借乐天樊素、子瞻榴花之例以自解。"中道和大哥一样，爱效法白居易，苏轼，哪知在这些生活小节上也有白苏的影响。中道说："以今思之，则非复人理，尤当刻骨镂肌者也。"他甚至说："四十以后，婢妾亦不可置"。他后来果然像白居易一样，遣散婢妾，可见他是说真话的。他谈戒妄语，分析了妄语的心理、场合、危害等。他谈戒贪，阐述更广，从自身之贪说起，如"良田万顷，楼阁凌云，粉黛拥卫，食客盈门，朝歌暮乐，讌月吟花"等，还"汲汲为子孙计"等，还有贪长寿者，中道以辩证的观点，看待这一现象，认为寿夭贵贱等皆有定数，是不以人的意志为转移的，有时是此消彼长的，这些分析，是鞭辟入里，启人心智的。他还揭示贪名利享乐的现象，难能可贵的是他在文中描述了晚明的世相："若是高官厚禄，可以解人之忧，则今九棘三槐，皆宜潇洒快活。而之不展，心之多事，忧谗畏讥，弥缝顾虑者，日以益甚；又况乎以卑望高，淹而望迁，毁誉是非，相倾相轧，纷沓在前，奔走在后，风尘牛马，疲骨惊心者哉！"以此说明贪是造成名缰利锁加身的根源。最后，他又阐述了戒嗔戒痴的问题，都是条分缕析，切中肯綮。

这篇文章，不故作高深玄妙，却可见中道儒佛相融的修为之深。

后来，袁中道写过一篇《纪梦》的文章，更是被佛家当作佛法庄严的典范之文。

那时，中道为南京礼部郎中，觉得身体渐差，加上政风日下，于是请求退休，在家赋闲，平日常常精勤地礼拜课诵。

明神宗万历四十二年(1614)一个月圆的晚上，课诵完毕后跏趺静坐，他感到形体心神寂静清爽，忽然间入定，心神飞出屋子之上，飘然地乘着白云。

此时有二位童子引导他向西飞行，不久之后下降到地上，童子说："停！"袁中道随着他停下来，见到大地平坦如掌，光耀明净，细滑柔润。旁边有条水渠，宽有十多丈。水中开有五色的莲花，其香气芬芳异常，并有金色的桥梁横跨在水渠上，七宝的栏楯交罗排列，楼阁特别整齐美丽。

袁中道于是向童子作揖问道："这里是什么地方？您是什么人？"童子说："我是灵和先生的侍者呀！"中道问："灵和先生是谁呢？"童子说："正是您的兄长袁中郎(袁宏道)啊！他现在正在等您，有话要跟您说，您可以赶紧前去。"接着中道就跟着他走到了另一个地方，有树木十几棵，池水流动声潺潺作响，水池上有一个白玉做的门扉。其中一位童子先进去，另一位导引袁中道。经过楼阁二十几重，中道才到了一座楼阁之下。这时有一个人下来迎接，其容貌如同美玉，衣服如同云霞，身子有一丈多高，见到袁中道后，欢喜地说："弟弟，你来了！"袁中道仔细地一看，原来是袁宏道。

两人于是上楼作礼交拜，有四五个人前来陪坐。宏道说："这里是西方极乐世界的边地。那些信解尚未成就，持戒尚未完全的，大多就停留在这里。这里又称为'懈慢国'。上方有化佛的楼台，前面有个大莲池，约有一百由旬(一由旬约相当于四十～八十里)，其中有格外美妙的莲花，是众生的化生之处。人一旦已往生这里之后，就散处在各个楼台，与有缘的净土莲友相聚，因为这里没有淫声美色的惑乱，胜解容易成就，不久之后，就能进升为净土中之人。”袁中道问:“不知兄长您生在何处?”

袁宏道说:“我往生净土的愿力虽然很深,但是情执染着的习气未除尽,刚开始化生于这里边地一小段时间,现今已经居住在净土了。但是终究因为以前持戒不够严谨精进,因此我只能在地面居住,不能与大菩萨们一起飞翔在广阔的虚空和七宝楼阁之间,仍需要再进一步修行。所幸我宿世生来智慧猛利,又曾经作《西方合论》,赞叹如来不可思议度化众生之力,感得飞行的自在,可以游行于十方的诸佛刹土,十方诸佛说法,我都能够前往恭听,这实在是很殊胜啊!”

接着宏道就牵着中道的手向上飞升,刹那间就飞越了千万里。他们到了一个地方,光明照耀,无所障碍,这里用琉璃当地,用七宝行树为界,四处都散发着栴檀吉祥的妙香,并且开着众多殊妙的华朵,都是奇异珍宝的妙色。下方是众宝莲池,水波中激扬着自然微妙的音乐声。池中盛开众宝莲花,花叶皆散发出五色的光明。水池上隐隐约约有高楼,像丝带般回旋耸立,阁楼边有旁出的道路。到处都有无量的乐器,演奏着种种的法音。

袁宏道说:“你所看到的,是极乐净土中依着地上而行之众生的依报世界。经过这里之后,就是法身大士居住的地方,其境界就特别美妙,胜过这里千倍万倍,其神通变化也是胜过这里千倍万倍。我因为慧力的缘故,才能够在那里游动行走,但是不能够在那里居住。再经过那里的就是十地、等觉菩萨所居住的地方,其境界我就不得而知了。因为十地、等觉的居住地则是妙觉如来所居住的地方,只有佛才能究竟了知。”说完,他们又到了另一个地方,这里没有墙壁,有栏楯,比先前更光明耀眼了。坐了一会儿,宏道又说:“我没有想到极乐世界快乐到这种程度,假使我前生时能够严持戒律,我的境界尚不仅仅是这样啊。大体上来说,教理和戒律都精进严谨的人,往生的品位最高。其次是持戒严谨的人,往生最稳当。如果是只有教理而无持戒的人,大多被业力所牵,流入八部鬼神众中去了,这种状况我所亲见到的有很多。弟弟你的般若气分颇深,但是戒力定力甚少。如果只是体悟教理而不能生起戒定,这只是狂慧。你回到五浊恶世后,趁着色身仍然强健,要实修实悟,兼持往生净土的誓愿,勤行种种方便善巧,怜悯一切众生,不久之后当再相见。如果一不小心一入他途,则可怖可畏。如果不能持戒,有龙树菩萨的六斋法现在仍然存在,应当遵而行之。而杀戒尤其重要,希望你寄语其他同学法的学人,没有说每天动刀杀生,口中贪食众生血肉滋味的人,而能够往生此极乐国土的。如果那样的话,纵使说法如云如雨,对自己的修持又有什么益处呢？我和你在空王劫时，生生世世为兄弟，乃至于在六道之中，也是这样。所幸我今日得生善地，我恐怕你会堕落，因此以方便神力，将你摄受到这里观摩，但是净土与秽土相隔，不得久留于此。”

当时宏道与中道的兄长宗道已经逝世，中道因此问大哥投生之处。宏道说：“他往生的地方也很好，你以后自然就会知道。”说完之后，宏道突然凌空而去。

中道感到自己像行走在水池上，顿时好像坠入水中，突然之间就醒过来了。他四下一看，残灯如豆，月光映窗，听更漏，已是四更天气。

中道始终睡不着，于是自己把梦境清晰地记述下来了。

《纪梦》里，固然寄托了中道对二哥宏道的思念与祈福，但还是表达了中道自己对佛教的皈依与欲修持以达更高境界的愿景。

中道还有一篇《禅门本草补》，是很别致的谈禅文字。他通篇用比喻，仿《本草纲目》文字，把深奥的禅理比成一味一味的“本草”——中药材，阐述各是什么药性、疗效等，实际是说佛教对于人与人生的作用及意义。如“讲味甘，微辛，性温，阴中阳也。开心胸，明目，除积久翳障。……戒味辛……净土味甘平……”最后，他还煞有介事地写出“医嘱”似的文字：“最忌世间腥秽等物，若夹杂服之，取效亦微。”

虽然这种文字在唐代就有，如张说写过《钱本草》，把钱比成一味中药，如：“钱，味甘，大热，有毒。……”宋代的慧日禅师写过《禅门本草》，把禅比成济世活人的良药。中道写《禅门本草补》，写出这种不乏幽默感的谈禅文字，在中道的文章里，也算难得。中道在万历三十八年(1610)科考落第南归，遭逢二哥宏道逝世及挚友雷思霈、曾可前和老父袁士瑜逝世的打击，本人血疾加重，后上当阳玉泉寺养息，再回公安时，顿感寂寂无人与谈，于是研读佛经。他研读了《佛伽师地论》、《宗镜录》、《唯识论》和宏道的《宗镜摄录》，还写了《宗镜摄摄录》，即宏道把《宗镜录》里精要语段摘录成《宗镜摄录》，中道又在二哥这本书的基础上再摘录精要而成《宗镜摄摄录》，以便时刻拿在手头研修。

至于中道对道教的修养，或者说老庄思想对三袁的影响，这不是笔者学力识见所能一下子说清楚的，但是中道和二哥在万历二十六年(1598)冬天，在北京，做了一件有趣且有意义的事——两兄弟完成同一“话题作文”——写关于庄子和道家的理论文章。即中道写《导庄》七篇，宏道写《广庄》七篇，都是按庄子的名篇《逍遥游》、《养生主》、《齐物论》、《人世间》、《德充符》、《大宗师》、《应帝王》等七篇展开阐述的，都是洋洋洒洒，汪洋恣肆，新见迭出，论证严密。这像是三袁兄弟中被人比作苏轼的老二和被人比作苏辙的老三的一次作文竞赛，就是在文学史上，两兄弟写这样的文章，只怕也是绝无仅有吧。袁宏道在给李元善的信中说："寒天无事，小修著《导庄》，弟著《广庄》，各七篇。导者导其流，似疏非疏也；广者推广其意，自为一《庄》，如左氏之《春秋》，《易经》之《太玄》也。"这段话使我们了解了兄弟俩写的这组文章的很多信息。袁中道也在开篇前写一小序："庄生内篇，为贝叶前茅，暇日取其与西方旨合者，以意笺之。觉此老牙颊自具禅髓，固知南华仙人的是大士分身入流者也。作《导庄》。"他认为庄子的思想比佛教要领先，他说庄子的确是大士一类的人物，那么，他的《导庄》，思路上，是把佛道进行对比，继而谈二者的同异及融合观点，应该说仅这个思路，在当时也算是新的了。

如袁中道在第二篇《齐物论》就是这样分析的。庄子的《齐物论》，包含齐物与齐论两个意思。庄子认为世界万物，包括人的品性和感情，看起来是千差万别的，归根结底却又是齐一的，这就是"齐物"。庄子还认为人们的各种看法和观点，看起来也是千差万别的，但世间万物既是齐一的，言论归根结底也应是齐一的，没有所谓是非和不同，这就是"齐论"，也就是我们常说的对立统一的关系。中道在文中写道："故谓物有大小之不齐者，戏论也。如华严'毛孔藏刹海，芥子包须弥'，宁有小大？则小大齐矣。谓物有延促之不齐者，戏论也。如华严'以一念顷，三世毕现，过去未来悉诣道场'，以本无三世，前后密移，乃妄识所持故也。"中道这样比照分析，不是对二者有相当研究，是说不到点子上的。

那么，中道又是如何对道家学说有研究的呢？道家学说，如道教在中国时间久远，是中国本土宗教，比佛教要早。当佛教传入后，人们有时把学佛，也称学道。甚至有人后来把信奉的伊斯兰教也称学道，中道之所以有道家根基，原因也是多方面的。

他自己的天生兴趣使然。据《天桢野乘》记载：中道"喜读老庄诸家言，皆自注疏，多言外趣。旁及西方之书，教外之语，备及研究。"

他受明朝信道的大环境影响。明朝的皇帝就重视道教，像明成祖朱棣为了证明自己登上大位的合法性，声称自己是受真武大帝护佑，于是在武当山大兴土木建宫观。后永乐到万历年间，朝廷组织人力财力，大修道教大典《道藏》，完成五千四百八十五卷。就这样辐射民间，官方就相继大修真武庙、关帝庙和其他道观，文人官绅以讲道为时尚。连中道也爱在旅游文章里讲哪个地方是某某飞升成仙之处呀，哪次见人扶乩降仙蛮灵验啦。

他也受两个兄长的影响。他们常在一起研究性命之学，而谈养生的性命之学就是道教理论。如袁中道爱住在船上，爱驾他的汎凫之舟远游，也有学道家养生的考虑，他写道："人知我为逍遥游，不知其为养生主也。"

他受古代信道的文人高士的影响，如晋代的葛洪、南北朝的陶弘景、唐朝的李白、宋朝的苏轼、元代的画家倪瓒等，他们浪漫豁达，飘飘欲仙的人生和超凡脱俗的诗文书画，很是吸引中道。中道在隐居玉泉山时在《寄祈年》里写道："我定居于此，如古陶弘景之茅山故事。"他又在答好友钱谦益的《答钱受之》中说："即如陶弘景初本不遂，然后弃妻子，隐于茅山之积金涧。"

更重要的一点，是中道的理想与向往与道家思想也大为契合。如道家讲"道法自然"，认为自然比人为的要好，提倡"无用"，认为大无用就是大用。道家认为自然界的美妙山水里面，有三十六洞天、七十二福地，因此就主张清静无为，主张人与自然和谐相处。这与生在江南水乡风光旖旎的公安县的中道三兄弟是太投缘了。他们从小的方面讲，自己的身体不好，需要与大自然和谐相处；从大的方面看，人生追求、情趣或对现实的失望与躲避，都很需要道家的理论滋养。道家向往超凡脱俗，物我两忘，羽化而登仙等，与中道放浪不羁，骑骏马而疾驰、驾汎凫以冲浪，作南北畅游的行为是契合的。道家追求"人人无贵贱""高者抑之，下者举之"的平等社会，也是中道所向往的。虽然他生在富庶之家，但他多少年科举不顺，也属于"下者"，更何况，他跟下层的人接触较多，感同身受，这从他爱写一些底层人物的故事上应可以看出来。

中道曾在《示学人》中说过："道不通于三教，非道也。学不通于三世，非学也。"看来他也的确是注意儒、释、道兼修并颇有研究的。

第三十五章

壁间字留人已去
口头辩巧事还存

二哥袁宏道逝世后，中道很长时间沉浸在悲痛中，会在一封信里或在对一个人的记叙中自然地忆起兄弟兼师友的二哥。本身中道就爱将笔触伸向普通的底层人物，更何况可在对底层人物的生平事迹的记叙中寄托对二哥的深情。如他在《书王尚夫》一文中就有这样的记叙。

中道那时在故里长安里居住，一天，他想起表兄王尚夫，心中一阵酸楚，因为这个表兄也不在了。王尚夫，名承煃，是表兄王回的弟弟。王尚夫原来叫王质夫，黄辉来公安长安里做客，先认识他的哥哥王回，对王回的相貌像回族印象深刻。所以黄辉笑着诡秘地说："王质夫，不如改名叫王尚夫的好。"大家都不解其意，待喊这个新名字顺口了，才悟出：尚夫的"尚"字，是"小"和"回"组成，意思是王回的弟弟。

王尚夫小时候就失去了父母，贫苦无依，就常和中道兄弟一起读书生活。他奔波多年，才做了三间房子。宏道逝世，运灵柩回乡，王尚夫哭得泪如雨下，这在亲戚中最显眼。

袁中道漫步到表兄王尚夫的旧房子去，见到原先粉白的墙壁现已发暗，墙上还有蜘蛛做的窝——像一个个丝网织成的铜钱大的窝。以前，小孩如果手被划出了口子，流血，大人就用一两个软绵绵的丝状蜘蛛窝贴在伤口上止血，蛮有效。看着看着，中道突然看到二哥宏道当年用毛笔写在王尚夫墙壁上的字："描也描不成，画也画不就"。想来，这些已快三十年了。

这个王尚夫，当时只十几岁，和中道、宏道是同学，人很聪明，且能言善辩。一次，他家大人要他随媒人去远村相亲，也许是姑娘漂亮，他看上了，也许是路远，反正王尚夫在女家过了夜。第二天，王尚夫上了学，中道好奇，就问他："表哥，你昨天去妻家，偷偷瞄见未来的妻子没有呢？是什么相貌呢？说给兄弟听听。"

王尚夫随口答出十个字："描也描不成，画也画不就！"从那笑眯眯的样子看，他是很满意，故意吊中道的胃口。其他同学问他，他也是以这十个字作答。

多年后，宏道忆起这有趣的回答，就用毛笔在王尚夫家墙上写了这十个字。后这个漂亮的妻子给王尚夫生的儿子都长大了，嘴唇上有点胡子茸毛了，他问父亲："二表伯为什么在我家墙上写这话？"王尚夫笑着说："伢子家少问这么多，反正二伯的字好看！"

王尚夫有一回喝醉酒，对哥哥王以明说："人家都说我穷，其实是不知道我的襟怀。有个富翁的儿子要用千金买我的道德文章，我还不卖呢！"王以明笑着点点头。

到了年底，人家都在忙着购买年货什么的，王尚夫的妻儿望着他，意思是希望这一家之主买点什么过年。他也怪不好意思，就到哥哥王以明那儿说："你看，我的衣服都已经典当完了，再没有什么东西可以拿到当铺去了，年关逼近，怎么办？"

王以明说："老弟，你有一样东西，减价卖了它，也可以管很长时间的生活，何必自己把自己逼得这样窘迫呢？"

王尚夫听了，回家又搜索一遍，还是未见什么值钱的物件，就来向王以明苦苦相求："哥，你干脆说明白得了，我还有什么东西值钱！"

"就是你那天说的不卖给富翁的襟怀呀！"王尚夫听了只好大笑以解嘲。

其实，王尚夫是很有口才，很善辩的。中道常对他说："尚夫，假使你生在战国时期，紧步苏秦、张仪之后，唾手可得富贵，有什么难的呢？"

"可惜投胎迟了点，哈哈！"王尚夫说。

袁宏道在长安里居住期间，很关心王尚夫，兄弟俩日夜相对，或交谈或宴饮，不感到厌倦。大概是说话投机，缘分很深，所以两人相见没有主客之分，纵情说笑，以此来破除一时的沉闷寂寥吧。

所以，真诚待他的二表哥宏道逝世了，座中泣下尚夫最多。中道说，有段时间自己有重病，远近中医都请来看过，喝过很多苦药。按地方风俗，要把药渣子倒在大路上，让千人踩，万人踏，据说这才让背时的病不再来。所以，那阶段，荷叶山房附近路上，到处都是药渣子。中道患病有时吐血，一般人担心传染，探望一下就客气地走了，而王尚夫来了就日夜参与护理，端茶递水，问这问那，搀扶病人上厕所，擦洗呕出的秽物，令中道十分感动。中道一生东奔西走，像表哥王尚夫这样细心照料自己的男子，可说是绝无仅有。

一方面由于王尚夫贫穷，困于一乡，一方面由于他为人性子急躁，说话口无遮拦，所以招致乡人指责诋毁。但是，他不把这些放在心上，不耿耿于怀。他受中道兄弟影响，也懂得参禅，有领悟之语。他病重临终时，口里喃喃自语，妻儿贴近细听，原来是念佛经。逝世时他要妻儿不哭，只念佛经就好。真的，王尚夫弥留时，念佛经，念着念着，头一歪，去了。

佛是讲众生平等的，中道深谙此理。仅从这一点看，他也要把笔触伸向社会底层的人物。

第三十六章

归隐玉泉留健笔
建房柴紫悟余生

中郎逝世后，中道就有到玉泉山隐居之意，他在诗里写道：“从今海内无知己，不向深山何处归?”所以遇到二哥宏道第一个冥诞日，即万历三十八年庚戌(1610)十二月初六日，中道心如刀绞。这时他的八舅龚散木已回到荆州住所，中道到他家，夜里梦到二哥中郎拉着他到了玉泉山，和无迹和尚在一个大殿上参拜菩萨。他梦醒后对八舅散木说：“八舅，我梦中见到中郎了!他在玉泉，未必他的灵魂住在那里吗？我想去那里辟一间房，供他的牌位，我自己再身老玉泉，可以吗?”

八舅说：“不妨，可与宝方和尚一起游玉泉再说。”

于是在这年底，中道在宝方和尚陪同下冒着寒气，到了玉泉山下，山上长老派人来迎。饭后，中道同无迹、宝方和尚一道游赏玉泉风景。他们循着泉水而行，见山势像覆盖过来的一条巨船，又像一个缀满翠色珍珠的王冠。其他山峦环抱主峰，尊贵无比。到了玉泉寺，耳边响起汩汩泉声，峰峦秀媚可爱，草木茂盛劲爽。宝殿雄踞，上面“智者道场”四字，是公安派作家黄辉所书。大门两旁对联是中郎所作：“襟江带汉三千里；盖紫堆蓝十万年”。中道不停地抚摸二哥的对联，眼里不觉又湿润了。

中道又感慨万千，想起万历壬寅年送太史黄辉平倩兄到西陵后，回来游过此地，当时宝殿倾圮，现不过七八年，居然刹宇一新，于是对祈年等晚辈说：“这是无迹师父的愿心和力量造就的，也有平倩、伯修、中郎等各位护法者赞助之功德啊!”大家听了都点头。

午饭后,中道先登藏经阁,后步行至钟乳洞听泉声,很觉有趣。溯泉而上,声音越来越洪亮,拜谒关将军祠后,就到智者洞,洞中可容数千人,石色很古。矮松像一丛箭生长在石上。中道想在智者洞前搭一个茅屋居住,于是和无迹、宝方和尚等选址。这一夜,中道和他们在月下听泉声到半夜,如痴如醉。

无迹对中道说:“智者洞前地方太窄,不宜建一茅屋。现泉寺的右边有一峰,原有松桂庵,现已无庵,地已分给两个和尚在种麦子。如果给他们几个钱买来,那里景美安静,可做房基。”中道于是去看,果然好地方。晚上在碑亭读到白居易诗,其中“长歌时复酌,饱食复安眠。闻道山榴发,明朝向玉泉”句,格外引中道欢喜,“明朝向玉泉”,在他想来,现在有一语双关的味道。

不久中道让人用秤称了银子,交给玉泉长老,买了松桂庵那块麦地。买后,他常去观看,那里有山有泉,苍松老桂,真是隐者居处,最后决定明春择吉动工做屋。他有时和宝方和尚往钟乳洞听泉,要童子扫净一块地方,几人就坐在地上,微笑着,想象着,听着听着,不觉竟睡着了。大家知道他这几年身心俱苦,都陪他坐着。

第二天早上,忽然起大风。到了中午,竟雪花飘飘,半山腰放云如绵,松涛澎湃。宝方和尚拄着楠竹拐杖,雪花灌满他的衣巾。

风停后,太阳又出来了,中道高兴地说:“可以去青溪游了。”他要小和尚去找轿夫,小和尚回来说:“轿夫都早早出门了。”他只好翌日去游青溪。午饭后,中道和宝方,还有一个姓任的居士一道去游后山。在关将军庙小憩一会儿,过桥时,中道也学人拍掌。果然一拍掌,山鸣谷应,泉水居然冒泡上升,像水开了一样。中道提议寻找过去驿道痕迹,到了后山,见有很多乱石,于是,几人各踞一石,互望而笑。又见小和尚挑着陶茶壶和饼子跟来了,于是大家吃饼喝茶,权当晚餐。几人后牵藤攀岭而上,到达峻岭之背,望见九子诸山如画,俯听泉流淙淙,顿觉心旷神怡。中道说:“这里很适合建一座亭子,就叫堆蓝亭吧。”大家都说好。

几人后渡溪穿前岭,看远山,过松径,回到寺前。夜间中道与无迹、宝方和尚坐谈,他们祝贺中道得了如意的房基,并问房子取什么名字,中道说:“玉泉又叫柴紫,我的房可以叫柴紫庵。”无迹大声说:“好是好,只是我最近有山中组诗,暂就叫柴紫庵稿,现在这名字被你袁居士夺去了!”

众皆大笑。

后中道又号柴紫居士。

第三十七章

陪一友君山览胜 忆两兄湘水排忧

万历辛亥(1611)年春夏之交,中道回到老家公安县探望病重的老父袁士瑜期间,汉阳王章甫到公安县来吊唁中道过世的二哥袁宏道,两人相见,痛哭欲绝。中道将之留住几日后,被他的真情感动,就特意用自己的船送他到岳阳,两人同游君山。那天是逆风,二人只好泊舟于南津港。到第二天天亮了,东风细细,波平如掌,初日刚出,中道和王章甫乘舟进发,经过编山,一会儿到了与编山对峙的君山的山脚下。他们只见"乔木蓊郁,荫蔽天日。黯黯含雪霰气,两掖之山,如垂长袖。"古寺内有鸭脚树(银杏)四株,是唐宋以来的树,树的上面有上百的白鹤巢,白鹤翔集,远看像一朵朵绽放的玉兰花。中道对王章甫说:"我的家乡孟溪有个义堂寺,寺里也有两株这样的树,上面也是白鹤的世界。"王章甫说:"白鹤是吉祥之物啊。"

正殿及藏经楼他俩都没细看,中道对左边殿里供的柳毅像感兴趣,他说不足的是这本应风流俊朗的柳秀才被雕塑成一个勇士模样了。中道记得以前和大哥袁宗道一起来到这里,本来准备游洞庭湖的,不巧那天被大风所阻,没游成。中道就在船上随着颠簸的小桌子写了一篇《诅柳秀才文》,以戏谑的语言,用四六骈文,笑柳毅传书,得到了荣华和龙女,今天就不管我们落拓文人了,把洞庭湖弄得惊涛骇浪,太不仗义了。当时写了后,中道又对着波涛大声念,像韩愈念《祭鳄鱼文》的样子,哪知越念风浪越大,船差点翻了。中道对大哥说:"坏了,这柳秀才报复来了!"大哥袁宗道笑道:"都是读书人,开开玩笑是常事,柳毅不会报复的。"于是兄弟在风浪中大笑。

听了中道的讲述,王章甫看了看眼前柳毅的雕塑上被匠人点缀着醒目的朱唇,不觉开心地大笑。

两人又向西走,穿过乔木,见刚掉笋叶的新竹绿色逼人。中道觉得从远处看君山,好似美女长眉一抹。进了山后,二人想找所谓十二螺之景,也没见,大概都被老树寿藤所遮,好像只隐约看见了高高低低的形迹。可是弯弯曲曲的小路两旁,"竹翠茶香,杂花芬郁,极迂回有幽致,宛似江南佳丽名园。"

到了寺左边的朗吟亭,中道从这里可望到长沙、湘潭一带,江上远去的白帆像布的军阵似的。两人又走到湘妃庙,穿过树林,忽然又是一片平田,极有野趣。进入庙中,没见一个人。中道细细看古碑,喃喃念着所载娥皇女英的事,对王章甫说:"这里应看见几竿斑竹才好。"

晚上,两人又到山口,找了一块石头坐在上面,看水上云的种种变化。中道对王章甫说:"天下只有夏云最奇了,而湖上的夏云尤其奇,大概洞庭八百里的水汽,上蒸天空,淋淋漓漓,生生动动,极百物之态,穷雕镂之巧。过去米芾老人说在潇湘获得了画境,大概也是说湖上云雾等景色奇特吧。我又为何不在这里的一丛竹中,听水观云,来愉悦自己的余生呢?"王章甫点头称是。

这一夜,王章甫硬是睡不着,他大有在君山卜居住下之意。中道大概因水汽清冷,也没成寐。早上起来,两人真的在轩辕台边找到一块地方,中道竟说:"就在这里建一庵蛮好。"说归说,不久,两人还是上船,一帆向岳阳楼而去。

中道评说洞庭一带景色:"澄鲜宇宙,摇荡乾坤者八九百里。而岳阳楼峙于江湖交会之间,朝朝暮暮。以穷其吞吐之变态,此其所以奇也。"

他认为在岳阳楼前看到的君山,活像一只宋代湖田窑的雀尾炉,排荡在水面上,林木可数。

和王章甫游之日,风日清和,湖水平得像熨过似的,时不时有小划子船在湖上来来往往,在楼上看这些小划子,就像是书家写在鹅溪绢上的蝇头小字。中道和王章甫在楼上共饮几杯,意兴闲雅。到了中午时分,风渐渐大了,湖水汩汩有声。再看湖面,千帆结阵而来,中道觉得雄豪畅快。到了晚上,雷声如炮车碾过,乌云满天,猛风大起,湖浪奔腾,浪像雪山奔涌,震撼城郭。

中道望着四面惨淡的景象，忽然把筷子“啪”地扔在小桌上，站起来，脸色突然十分愁苦，大颗的眼泪止都止不住。王章甫忙问：“你怎么了？”

中道哽咽道：“兄弟，过去滕子京被贬谪此地，郁郁不得志，扩修岳阳楼。当楼成奏乐相庆时，他想凭栏大哭一场。后范仲淹写‘先忧后乐’劝他。其实滕子京已为名将帅，已稍稍展露自己的才华，有什么要哭呢？你看我，被一支毛笔困到现在，奔波四十多年了，不能被国家所用，两鬓已白了，壮心一天天消减，近年又遭知己骨肉之变故，我……我成了寒雁孤影，飘零在天边，这就是真可哭啊，真可哭啊！”

王章甫抚着他抖动的肩膀，劝着，也满眼是泪了。

在送别王章甫之前，中道写了《别王石洋》这首诗：

> 粘天浊浪溅征衣，惊雁那堪两处飞。君为友朋真不薄，我亡兄弟欲何依。
>
> 乌林浦上殷勤别，青草湖头痛哭归。皓首相庄无异约，入山同采首阳薇。

第三十八章

亭下青蓝撩兴起
路边兄弟惹泪飞

前面讲，中道觉得玉泉寺一处风景很好，而且远望山峦如堆蓝叠翠，于是就决定在那里建一座亭子，叫堆蓝亭。

万历辛亥(1611)正月初一，中道住在玉泉寺讲经台。这天早晨他回度门寺上殿拜佛后，再到讲经台望公安老家方向含泪而拜，拜祖先家园，然后又回当阳度门寺，与宝方和尚各坐一个蒲团听泉，倦了就坐在蒲团上眯眼睡一会儿。中道醒来后吟《听泉》诗两首，之一："一月在寒松，两山如画朗。欣然起成行，树影写石上。独立巉岩间，侧耳听泉响。远听语犹微，近听涛渐长。忽然发大声，天地皆萧爽。清韵入肝肺，濯我十年想。"之二："山白鸟忽鸣，石冷霜欲结。流泉得月光，化为一溪雪。月色入水滑，水纹带月洁。疾流与石争，山水为震裂。安得一生听，长使耳根悦。"诗中不少妙句，既本色自然，又诗意清新。如第一首中"远听"与"近听"的措辞，居然不见丝毫雕饰，可见他下笔的率真自然，也可见他内心已由悲痛沉郁渐渐转向淡泊澄净了，有点王维山水诗的佛趣了。

几天后，中道游真武洞、九子山、龙泉寺，又到堆蓝亭边，见台基已砌三尺高，心里很高兴。

无迹和尚对中道说："我也老爱听泉声，况且与袁居士的堆蓝亭又近，我俩共作念佛因缘，了结余生就足够了。"

中道听了，点头称好，一时兴起，又作了四首诗。

第二天，中道到堆蓝亭边看匠人栽立柱，这时，接到童子送来好友丘长孺的信，信中说他才得知中郎逝世，言辞痛切，又勾起袁中道对两位兄长的思念，流了一会儿眼泪。

翌日，中道又驻足堆蓝亭，匠人正给亭子盖茅草，还未竣工。中道于是信步看附近秀媚的山色，口中喃喃道："约像一段彩绸。"他在石上坐了一会儿才起身，忽然，有一只鹿和一只野兔突然从草树中蹿出，它们跑了很远，又回头向中道观望。中道若有所思。

再一日，中道到堆蓝亭，看匠人编荆棘制成的篱笆，犹如围墙。看周遭石峰晓岚风景很美，如浓笔蘸净水后在宣纸上点染，墨花浓郁，浓淡相间，又被日光照耀，那没有树的地方是金色，有树的地方作蓝紫色，中道陶醉不已。这一夜，他梦见玉泉山化为一顶进贤冠，又化为一条大船飞行于空中。中道暗想：未必我心中的科考进取之念仍没泯灭吗？

翌日清晨，中道到堆蓝亭清坐，觉得所盖茅草的独特气息格外好闻，格外提神。这里寂无一人，他还听见风声、鸟声和对面山岭上农人吆喝牛的声音，想起家乡农人也快准备春耕了吧。

后来他在别亭下山的路边，见两个十几岁的男孩在争辩着什么，小的要拉留大的，大的"嗤"地拉断粗布衣袖而去。小的呢，坐在地上痛哭。中道上前一打听，原来这是两兄弟，同在一个主人家帮工。大的得罪了主人，要辞职回家，他弟弟不让哥哥回去，挽留拉扯。哥哥挣脱跑远了，弟弟孤零零的，就坐在地上痛哭。

中道听了，也大哭起来，他想起这个孩子因为哥哥远去，尚且不忍而痛哭，何况我两个哥哥转眼间都长逝了，永无相见之日了！自己难道不更应痛哭吗？小孩见他大哭，不解地望着他，不觉收了眼泪。

中道一路哭回寺院，怕人看见，就用手背擦拭几遍。那些和尚们见他眼睛红红的，以为他患了眼病，要他采某样草药泡水清洗。中道想，我心中的伤痛用什么清洗呀？

这样不觉已到万历四十年壬子(1612)年，三月初八，七十岁的老父袁士瑜逝世，中道自然在家主持丧事。直到老父逝世后"五七"这个追思日子过了，时值五月份，天气已热起来，中道才又到玉泉寺住下。他在山中除了听泉、交友、谈禅、吟诗以外，还是会自寻其乐的。如他在《寄夏道甫》中写道："山中极宜大爆竹，则响半日始息。千万觅百十个，附大云或小价寄来，至祷，至祷！"看来中道喜爱听大爆竹在群山中的回音，只怕是借此透露出童真之趣或雄豪之气也未可知。

第三十九章

爽籁一文情切切
堆蓝两记意绵绵

袁中道居住当阳玉泉寺几个月，无日不听泉。太阳刚出来时，听；晚霞映照时，听。只有夏天中午时，阳光照得厉害，他才暂时离开。斜风细雨时，听；阴天雾气时，听。只有滂沱大雨时，在大松树下也不能避雨，他才暂时离开。但是离开不听泉，中道心里惶惶然，若有所失。于是，他和山里和尚商量，在泉边结茅为亭，并在亭子的四面建有高高的窗户，自己在里面可坐可卧，反正，更方便听泉就好。

亭子修成的那一天，中道高兴地说："好了，现在，骄阳再也不能驱赶我了，猛雨再也不能吓阻我了！泉水与明月一起来吧，和美梦一道相伴吧。我现在尽享这泉水的福了！"

中道说，玉泉呀，开始像溅落的珍珠，流下来成为长长一道瀑布，到爽籁亭这里，忽有一块大石头横着对峙着，距离地面有一丈多，凌空飞流而下，忽然在落地时发出很大的响声，几里远都可以听到，这真是天造地设的一架琴啊！

中道有时在亭外听，有时在亭内听。玉泉边有一块较平的石头，可以放蒲团，中道一坐上去就是一整天。

他开始坐那听泉时，心气浮躁，极不平静，耳与泉不相交融，风吹树枝声，山谷鸟鸣声，还是听得真切，就扰乱了听泉的意境。到了天气暗淡时，自己静下心来，眼不旁视，耳不他听，除了泉声，其他不予理睬，这样以后，泉声的各种变化就欣赏到了："初如哀松碎玉，已如鹍弦铁拨，已如疾雷震霆，摇荡川岳。"

所以，他的神情更加宁静。那么，他就觉得泉水之音更加响亮了。有老樵夫问他："这泉水，我们在山里劳作，天天听，好像没有什么稀奇。先生您为什么老听不厌呢？"

中道微笑着说："你有所不知。这美妙的泉声，进入我的耳朵，注入我的心里，发出萧萧泠泠的声音，它清洗我的肺腑，疏涤我的尘垢，飘飘洒洒让我忘记了身世与生死。所以，泉水声越大，那么我的神情就越宁静。再说啦，泉水只怕以得到我这个知音为幸运呢！为什么？我常常给泉水疏导沟渠的淤塞，除掉它旁边的杂乱草莱，汰除它沟渠底部的泥沙，不准人随便在泉水里洗脚，不准牛马践踏泉水一带。我的功德对于泉水来说，只做到这一步了。那么，我之所以感谢泉水的原因呢，实在不少。如我有热恼之病，其根源大概是在生前，又蔓延于生后。师友不能规劝我，灵文不能濯洗我，可是自从我与泠泠的泉声相遇后，那么无边无涯的心底之荆棘，像天空太阳下的薄冰在融化，像秋风吹落枯败的竹笋叶，泉水的功德对于我难道还小吗？我与泉水，还能须臾相离吗？"老樵夫似懂非懂地笑着，擦拭着他的竹管铜烟袋。

中道在回住处的路上想起了老友无迹，他对二哥在京城结下的朋友无迹禅师是很尊敬的，特别是无迹的诗才也了得。无迹在与袁宏道等商量重修玉泉寺时写过一首诗，题为《度门漫兴》，诗里写道：

天诏曾闻下玉泉，一回经此一潸然。
断碑有字埋荒草，废塔无名起暮烟。
衣自六传沧海变，法当千载鬼神怜。
今人不识唐朝寺，只把金沙作墓田。

中道要把自己听泉的心得讲给他听，他对无迹说："古今之乐，到八音就止了。现在，我才知道除了八音之外，别有泉音一部。世上的王公大臣，不会听，也没有空闲来听。这泉水声，是专门用来供高人逸士陶冶性情用的。虽帝王的《咸》、《英》、《韶》、《武》等雅乐，还是不能和这泠泠的世外之声相比，何况其他呢！我何德何能就得到它了呢？难道不是天赐给我的吗？"

无迹说："好啊好啊，袁居士悟了还不算，你还写篇雅记呀！"

中道微笑着点点头。

第二天，中道带人搬着小茶儿，带着坐卧之具又到那听泉去了。他准备日夜聆听不间断，并且给亭子写了三个大字：爽籁亭。

中道在玉泉寺边，还曾两次建堆蓝亭，并写了两篇文章，一是《堆蓝亭记》，一是《后堆蓝亭记》，可见他对那儿的风景，对堆蓝亭的喜爱之深。

在《堆蓝亭记》中他先写了"堆蓝"二字的由来，他写道：我即得庵址在玉泉的右边，它的后边即是山岭。上岭大约一百步，比较平坦，再走十几个笏板那么远，就可以望见西南一带山色，层峰叠叠，荡漾天际。近南边诸山，"树木沉郁，有若鬘鬟。"智者大师所说的"堆蓝"，大概就在此处。于是他就把伐木诛茅的钱，交由寺里居士去办，在万历辛亥正月尾开工。建亭过程中，中道几乎天天去看，甚至梦中也到那儿。

有几天，有友人接他下山进城赴宴，请乐师歌女吹奏唱歌助兴，中道却心不在焉。有人走到他身边喃喃讲话，说为他点一曲之类的话，他没听见，不答话，直点头而已。别人以为中道一时神痴或者别有所思，不知道他是挂念堆蓝亭。在二月末，堆蓝亭建成了，中道如遇故人，登亭眺望，一直眺望到日暮时分。他觉得远山近岚中所见蓝气更加深了，犹如饱墨笔蘸净水里，墨气浮散水面，自成浓淡，好以天然水墨画。他于是啧啧称奇。

他对大家说："我袁中道头顶上的毛发越来越稀疏了，我年少时的不少嗜好，已快在这里改尽了！只有对这尤物，"他指了指远近风景，接着说，"对她的喜好越来越深呀！加上泠泠的烟云，可以消除名利、嗜欲、热恼，助发我的道心，是我的好朋友！这座亭子，就叫堆蓝亭吧，是我们公安县出生智𫖮大师早就取好名字了的！"

远处有白鹤在青山蓝雾中翩翩飞翔，迟迟不落下来，犹如画家蘸着颜料的笔还在斟酌时不小心滴落的几点白色。

堆蓝亭落成后，中道为老父亲袁士瑜病了侍奉药汤回过故乡长安里一次。即在万历三十九年(1611)三月，老家公安来信说中道已六十九岁的父亲袁士瑜病重，中道只好回乡，在筼筜谷见父亲病重卧床，说话也模糊难辨，不觉热泪盈眶，抚手安慰。袁士瑜虽然病重，见了这个寄予厚望的三儿，还是哆哆嗦嗦地对中道说话，仍是要他不辍进取。中道含泪点头应允，要老父放心养病。

待父亲病体稍微平稳一点后，中道又陪从汉阳来吊唁袁宏道的好友王章甫游岳阳洞庭，后在城陵矶坐船回到公安。在八月份，中道托人给侍女阿陈找了婆家，劝其出嫁，并给了她不菲的嫁妆。还有两个婢女，他也劝其回家了。看到她们泪眼晶晶，一步三回头，中道心里也难过，但还是平静地向她们挥挥手。

八月初七，中道主持移二哥袁宏道灵柩入乡——即用船将灵柩从沙市运过江，再进虎渡河，一路上，朋友马云龙协助，很是辛苦。到夜幕降临时，才过三穴桥，等到运灵柩的船到达孟溪长安村边时，天已亮了，一时，鞭炮哭声如沸。

之后，好友苏云浦等也到了，一番祭祀叩拜，令人感动。

到第二天与苏云浦回到县城时，已是月亮高挂了。在素色的月光下，中道和苏云浦先到柳浪湖吃斋饭，又到二圣寺智者堂上香。

中道和苏云浦坐在二圣寺的大台阶上，沐着融融的月色，听着涛涛的江流声，回忆中郎，谈论学问，竟谈了大半夜。

送走苏云浦去歇息后，中道回到筼筜谷，他要童子把灯笼举高点，好照见桂花将开未开的样子，不过橘乐亭前的橘子果实累累，枝条似有难以承受的样子。中道走过二哥书写牌匾的林兰阁去房间睡觉，竟久久难以成眠。

第二天上午，中道和同父异母的弟弟袁宁道准备饮食，喂给父亲品尝，父亲袁士瑜勉强吞咽了几调羹汤水。他又一次要中道勤奋温习，以待科考。看着父亲呆而无神、有点虚肿的眼睛看着自己，中道有力地点着头。

进入九月了，秋收基本归仓。袁士瑜的病时好时坏，中道也不敢到荆沙去会朋友。他父亲每次见到中道总是口中喃喃，中道贴近一听，还是叮嘱中道不辍进取。有亲戚问袁士瑜有关家里收入储蓄情况，他则讲不出所以然，只是叹气。原来以前袁士瑜把家里钥匙和账本都委托奴仆掌管，按说这么多田亩和牲畜，应该有几千金，可自从袁士瑜病了，他们好久没向主人报账了。现在作为居长的中道回家要管事的奴仆快来算清家里的账，于是，袁家书香气氛颇浓的房子里才响起了清脆的算盘声。

有亲友对中道说："家事由你做老大的做主，现在积蓄快没有了，如果不及时分家，恐怕钱财尽入旁人的腰包，违背了袁家几代前辈的意愿。"

中道说："分家一定听从父亲的话，现在他老人家搞不清楚事了，怎么分呢？"

各位亲友说："中道啊，像你父亲这种痰昏之病，几时才能痊愈？不如你做主分了还好些。"中道的继母刘氏及两个同父异母的弟弟安道、宁道也倾向分家，中道就流着泪答应了。

分家前，中道到父亲袁士瑜病榻前汇报大致想法，意思是先听任失去父亲的侄儿和两个弟弟选择，最后剩下的一份归自己。袁士瑜听了点着头，口里又喃喃而语。中道俯身听出来了，父亲说的是："上天会补给你的！上天会补给你的！"中道鼻子一酸，又连连点头。

其实，袁士瑜由于鼓励三个儿子在外求发展，自己由书生当家这些年，存蓄及外债也有几千金，稻谷六七千石，可自从生病后，账本也被人偷去了，袁家收入几乎化为乌有。中道心想，现在只要父亲身体好些就满意了，父亲老是昏昏沉沉，问他岂不加重病情？所以，分家主要分田地和房屋之类。中道对于拣最后剩下的，默无一言。倒是村里不少人以为袁家这次分家肯定会因不均而争吵的，哪知在中道手中分家如此安静，都说是稀奇。

过了一年，万历壬子(1612)年三月初八，他古稀老父亲辞世，中道又经历了人生的大悲痛。后他在万历壬子年夏天末，又到当阳玉泉寺来疗心灵之伤，建了后堆蓝亭。亭子有两个长长的翘起像鸟展翅的檐，其松树已几丈长，尽遮一面山色；只是亭子的前面，见堆蓝还像以前一样。

有和尚对中道说："亭子修起后，有两只异兽来过这里，我们辨认脚印，不知是什么东西。"

中道说："昔日西天竺僧人昙摩迦罗律师来洛阳制受戒法，不轻易入山，不随便顶雾气露水冒犯虎豹。他轻视自己的身体像沙尘一样，尚且不想让各种凶险来伤害自己。我正想借这个身子根器，作千生的资粮，怎么能不郑重呢？"于是，他在亭子原来的窗子上安装了窗棂，将篱笆"围墙"换成了砖墙，留出漂亮的小窗口通风。亭子外面用不太高的围墙，前面的石台阶有十五六级。三面都是墙，一面靠着险要地势。他大概可以安坐，应该没有恐怖事出现了，并且月夜可以在亭子里过夜。

看来玉泉寺边的蓝绿山水安抚或濡染着袁中道屡受煎熬的身心。

第四十章

中郎移葬袁家汊
三弟探姐法华原

万历四十年壬子(1612 年)六月底,中道主持侄子彭年、岳年等分二哥在沙市的田产,并要求彭年由繁华的沙市回到公安居住。七八月间,他在公安研读佛经,作佛教著作《宗镜摄摄录》。重阳节后,他出游汉阳武昌后回到沙市。

冬月上旬,中道从沙市启程回公安。那天黎明时,即渡江向公安进发。东天霞色未明,船行几里后,见公安境内积水遍地,漫无边际,到中午,中道到达家乡长安里,即到父亲袁士瑜的灵柩前痛哭。

当时,有个擅长阴阳地理的宜昌人叫谢响泉的到了,他对中道说:公安县刀环里法华寺前面有一块地很吉,准备在冬月十九日移中郎灵柩到那里去,再等腊月初二吉日入圹安葬。

中道由悲伤稍转平和,心想,人死宜归山丘罢了,哪能久停在华堂呢?另外,二哥在世时,很爱那法华寺一带的风景,何况还说地吉,这应合二哥生前的意愿啊。

第二天,中道出来走走,见有人在亭子后面砍去很多开花结籽的竹子——死去的竹子就开花结籽,心里又颇觉不畅快。

过后,天下起了小雨,为了移二哥中郎及二嫂李安人之柩到法华寺附近,早餐后,中道同谢响泉居士乘小船先到周边去勘探一番。到了晚上,出黄金口已夜幕降临,两人就在大阳桥过夜。

天亮后，从大阳桥回到长安村中，停船在辋湖，在村听后园红鹤声声，中道想起苏轼的诗："白鹤声声怜，红鹤声声恶"，再一听，这红鹤声音，如哭如诉，真是可恶，中道听了更加心绪不宁。

吃饭后，中道同谢居士、云泽叔、侄儿袁祈年等去祖坟地冢子山看了看，最后从先祖坟所在地凤凰山边回到荷叶山边。

冬月十八日，开始启动迁葬引事，宝方等和尚在中郎灵柩前拜跪念经，晚上行奠酒之礼，中道及袁家亲戚都眼中噙泪，奠酒伴灵。

十九日半夜子时，众人就收拾丧车，寅时鸣鞭发引。棺材很大，乡里几个壮汉都抬得吃力，再加上当年内涝多，路窄，田里又有水，移动很困难。中道一边念叨"请二哥一路走好"，一边请众人平稳移动，一路上嗓子都快喊哑了。

天刚亮，大家才将中郎灵柩抬上孟溪大堤，好不容易弄上船，到中午从小河口入之字湖。冬季河水已浅，舟承载又重，路上常常搁浅，等到达法华寺的墓地，已经一片暮色苍茫了。

到了冬月二十日，中道主持将二哥灵柩移到法华寺之原上，这里前有一大湖，叫袁家汉，它有九个汊口，朝向谢居士所选的墓穴所在位置，谢居士说这叫"九龙抢宝"。其地左有河流大堤、法华寺，前有袁家汉大湖，右有梯状农田，不远处通向新建官驿，地形与家乡荷叶山十分相似。

为了等吉日良辰，中道只好先将中郎灵柩用砖封围在那里。事办完后，中道等人又回到公安县城和沙市砚北楼处理有关事宜。几日后回到公安，他再从孟溪码头坐船过双田庙、黄湖口、郑公渡、清流湾、莲湖渡、仙刀嘴、收麻嘴、野鸡尾、观音港，再游津市。后南风大作，顺风顺水，他又挂帆回到公安长安里。其间，中道又嫁女于沙市的马家，又得到过继给大哥袁宗道为子的儿子祈年生了长男的喜讯。但中道忙碌奔波，火病又复发了。即便如此，他还是带病与侄儿袁彭年等商量中郎安葬大事。当时，谢响泉已带人住在法华寺，择日破土挖墓穴了。

随后，中道到了法华寺，渡肉步河，走在岗原上，望见台山，好像一个农人的斗笠。当天他住在姐夫毛太初家。这个毛太初，在中道的文章里写到过他的外貌，大约因为他眉毛浓，中道说他发愁时，眉毛像要绾结在一起的样子。中道还专门写过一首题为《戏赠毛太初》的诗给他。在他家，几个外甥抢着写草书给三舅看，还说草书最容易写，中道一听笑了。午后，到中郎墓地，这里是当时一个姓熊的田，中道与姐夫跟熊姓兄弟商量顺利。

中郎灵柩于腊月初二卯时入圹，几盏灯笼照耀得如同白昼，在袁家汉湖上水鸟尖利地叫着，鞭炮声里，中道和侄儿对面而哭，哀痛难忍，到天快亮时，各位亲友才依依散去。中道收住泪花，缓步在墓边阡陌上，祈祷二哥安息。侄子祈年和谢响泉在看人用灰沙之类筑墓边设施。

午后，中道又到毛家探望姐姐，姐弟相拥痛哭，中道说："我们同胞三男一女，今两兄辞世，我只一个姐姐在了啊！"亲友相劝，二人方才止住。中道在姐姐家又住了一夜，第二天又哭着到二哥墓边辞别，再乘小轿到孟溪街市北边七里处河边渡口柞林潭，然后坐船南下回到长安里村中。

不久，还是在这个当地杀年猪、打糍粑、摊豆皮的腊月，中道又全力操办侄儿袁彭年的婚事，并请通政司参议李道宇来老家为二哥袁宏道之子彭年主婚，袁家亲友才又一次陶醉在喜乐声中了。

第四十一章

二圣寺开华严会
一支笔写性灵文

万历四十二年甲寅，中道住在雷宅，因老父逝世，按守制，即遵守儒家的礼制，不给亲友贺年，也不接受别人的拜年。

这天怎么度过的呢？中道主要是到公安县东面长江边的二圣寺去礼佛。

这二圣寺，建于东晋太和二年(367)，当时叫天宁寺，后来又叫安远寺。东晋太元元年丙子(376)，公安县县令周道，与沿江居民夜间都做一梦：说有二圣要来安镇治水。县令第二天一大早就带领居民守候在长江边，果然见长江中流来粗大的沉香木，靠在岸边不走了。于是大家捞起这两根沉香木，侍立在安远寺佛像两旁，后将之雕为佛像。

这二圣其实是天上的两条护法龙：青叶髻如来和卢至德如来。所以寺庙就改为二圣寺。后来，二圣遇到心诚的香客跪拜诉求，常会流下泪水，因此，二圣寺的香火越来越旺了。也有人称之为万寿禅寺。

明嘉靖四十五年(1566)，江水日益冲啮着寺基，一到汛期，涛声浩荡，僧俗惊慌。于是，县令命人商量将二圣寺移到梅园东面郊外大堤外宽大厚实的外洲边，由三袁舅父龚侍御仲庆(惟学)、袁宏道等牵头捐资重修二圣寺。袁宗道还专门写了《二圣寺游记》。他在文中写道："甲午清明，诸舅率余兄弟出东门踏青。行二里许，至二圣寺息焉。寺僧具茶果，仍出余少时题壁诗。每渍虫蛀，似观古人墨迹，不复知为少时诗也。寺有辟支佛牙，方长寸许凹凸处如古篆……”

文中还记载了二圣寺收藏有金字《华严经》全册，有十八罗汉卷图，属白严太宰所题篆，是寺僧之宝，又有松雪道人（赵子昂）的《十八罗汉卷图》，后被司徒黄山邹子克带往京师，入朝廷进相府了，等等。

中道礼佛毕，却被几个和尚围住诉说苦衷：原来二圣寺的三圣阁，被几个贫寒失意的文人占作书房了，其实就是这些人无处可居，借用其作栖身之所了。为什么这事要跟中道讲呢？原来这三圣阁是中道的舅舅、父亲袁士瑜、哥哥袁宗道、袁宏道等人捐舍功德修建的，是专门用作诵经行道之房间的。中道想，若果仅用作书生的书房，岂不是违背了逝世亲人的本意？

于是中道带头捐资，摆了几十个逝世者的名位在三圣阁的供案上，操办华严会，即读诵、讲解、赞叹《华严经》的法会，中道还题写几个大字在前面墙壁上。当然，这华严会不仅仅是佛法之会，也是公安派朋友交流心得的文学笔会。的确，三袁的很多文学活动，都在寺庙进行，似在佛的注视下，真诚地抒发内心。佛说不打诳语，公安派讲独抒性灵，一一从心底流出，是至真至诚的一段精光。同时，中道用这种方法，也解决了三圣阁被挪占的问题。

在二圣寺第一次华严会中间，一日，中道见风清日美，就又去游彩石洲。路上遇到五弟宁道和汪惟修在大堤上散步，他就喊他俩一起去。经过王以明的家，恰好他也在，他问中道：“到哪里去？”

“游彩石洲。”中道答道。王以明也很高兴地参加了，并各携一壶酒，由童子带几碟佳肴，登上中道的汎凫舟，顺流而下，顷刻之间就到了彩石洲边。中道交代童子找个地方煮饭，然后带大家在洲上寻觅合意的彩石。袁宁道眼睛最尖利，找得最多，特别是缠丝玛瑙状最多。中道坐在水边石头间，有童子捡得漂亮的石子给中道看，中道想起过去和外祖父等游彩石洲，何等热闹，现在物是人非，不觉凄然，但是还是春节期间，他就还是笑着，拨弄石子，后几颗石子还是被缓缓地放回洲上了。

不久，席地而坐，大家聚餐饮酒，为了活跃气氛，中道要一嗓子好的童子唱歌助兴。那童子唱了一首当地民歌喊歌子《打地名》：

> 肩背雨伞手提鞋呃，姐问我的哥哥哪里来？我打破呃鸡蛋呃黄金口哟，我升子倒米斗湖堤呃，小郎家住哟本坋里呲。

中道知道家乡这种民歌如花草禾稼一样，是随处生长的，是很有韵味的。他们对于家乡的这种巧含地名的民歌不仅爱听，而且爱唱。在阵阵江风中，大家激情澎湃，都唱起来了。

而后，中道回到住处，想起以前写的题为《寒食郭外踏青，便憩二圣禅林》的诗，特别是全诗的后面句子，他脱口可念出来："禅堂诗社亦何有，古钟千岁绝龙纽。况复人生非金石，能保形质不衰朽。我自未老喜逃禅，尘缘已灰惟余酒。一生只用曲作家，万事空然柳生肘。终日谈禅终日醉，聊以酒食为佛会。出生入死总不闻，富贵于我如浮云。"唉，即使现在，中道的心情也没有多大改变，只是增添了几分坚毅、几分成熟罢了。

后来他又写了一首《同王以明至二圣寺闲游，并送月公东下》：

初曦照柳浪，微寒犹宿树。长堤直若弦，隐隐珠林路。石浦衣带流，清浅立鹤鹭。过桥竹引径，嫩绿藏丹素。主闭寂中关，客移闲里步。檀乳宿衣文，金罍生唾雾。应真龙眠图，海涛杨惠塑。额珠久已寻，浮囊宜谨护。必来山中人，同归山内住。春江送苇浮，秋水忆杯渡。莲花漏催人，努力莫迟暮。

这首写二圣寺的诗，可看到他锲而不舍的精神。

到了正月初九，中道又到二圣寺，去参加兴办华严会，宝方和尚为首，加上智者禅堂即二圣寺其他僧人，共三十多人，念经动法器，声势庄严。中道也默默诵经到晚上才散。

中道走到江边大堤上，望江北白沙，千顷若雪。这一夜，他心头颇为不快。原来这几天，在二圣寺兴办华严会，可能一些人还耽于过春节吧，过去在一起谈诗论文的称之为知己的几个人，竟远远地白眼相看或不理解地斜眼看一下就躲开了。半夜，中道想到恩师李贽说过："匹夫无假，故不能舍？其本心，谈道无真，故必欲划其出类。"转念想到华严会来了不少朋友，有几个不来，也属正常，心里复轻松了许多。

这夜虽心情不宁，没休息好，但中道还是在第二天一大早就应约到五弟宁道的园子去赏傲寒盛开的红梅了。

第四十二章

京城广结性灵者
吴地更钦江进之

袁中道曾较长时间追随两位兄长，特别是二哥袁宏道，在京城，在其他地方均交往了不少名士，《明史》卷二百八十八记载："小修……长益豪迈，从两兄宦游京师，多结交四方名士，足迹半天下。"他对自己钦佩的同道中人，对公安派作家，特意写文章作传，一方面是感念兄弟深情，一方面是借此弘扬独抒性灵的文学主张，如他所写《江进之传》就很能彰显这些倾向。

他按一般传记格式，先交代传主的基本情况，如籍贯之类。其实江进之的名字江盈科还出名些。江是湖南桃源人，与三袁兄弟同属楚国，先增一层亲近。加之江盈科也是出身农家，也和中道一样，少年时就有异才，从当秀才时就名气蛮大了。所以，中道和他蛮合得来。江盈科在乙酉年中举，在壬辰年中进士，被任命为长洲县令。

这长洲县和中道二哥袁宏道任县令的吴县都隶属苏州府，并且两个县衙同在现在的苏州城，二县同城而治。只是吴县在西南面，而长洲县在东北面，所以，给袁宏道和江进之的交往提供了得天独厚的条件，也给跟随二哥多年的袁中道提供了与江盈科交往的便利。当时的长洲县民风彪悍，问题多多。但是江盈科却专门用恩柔和诚信的方法来治理，不搞严厉打击、立马见效之类峻厉的办法。

开始，还不算稀奇，时间久了，县里上上下下不忍心再欺慢这个古道热肠的新县官了。江盈科和老年百姓对话，虽然一口带湖南口音的官话，但是温文尔雅，像是儿子对父亲在讲话的样子，生怕伤着老人们什么了。

这期间，很多在长洲的官员上了公文来批评，有些人估计这样不算是枉法的，也跟着这样做，都认为江盈科不是恪尽职守。有的即使不跟着这样做，也当着江盈科的面不按要求办，甚至不礼貌说话或板着脸对待江盈科。江盈科也不发怒，还好言好语解释致歉。

他本来就穷，还把钱财看成粪土一般。如士大夫过往长洲县，他让他们有回到家里的感觉，他们每次都欣欣然而去。他对于贫寒书生，特别予以慰问扶植，中道就听他说过："我本人就尝寒士之苦很久了，为什么不善待他们呢？"有脸面者推荐的山民游客，他热情接待；其中有才的人，他甚至礼贤下士到旅馆去拜见。那些人要走时，他把自己的俸禄分一部分给客人作路费。他本来就穷，当县官越久就越穷了。

一次，江盈科问中道："你说说看，我和中郎，哪个的县官当得好些？"

中道回答说："我二哥他治理吴县，政令严明，令行禁止，审案子明察秋毫，似有神助，官司到手就判，所以吴县的人们说'升米官司'，意思是用一升米就可打赢官司，不用行贿。县衙前面，在二哥没来以前，酒家如林。现在酒家都搬走了，为什么？没得什么生意了。他征收租税，不需督逼就交来了。上班时，不干私事，案头上的私信被灰尘掩盖几寸深，他也不启封。无事时他就读书，与人来往没有那种翕翕热似的俗套。"

"我呢？"江盈科瞪着黑白分明的眼睛，急切地问道。

"你呀，只是把以纯真对人当作治理手段，对于多年来形成的蛀虫也不急于尽除，对于官司不是急切解决，当然你自有办法。你是黎明而起，快速批文。你们两县都得到了大治。你两人都是朝廷的优秀人才哟。"中道说。

江盈科听了，想想中道说得也中肯，遂愉快地笑了。

是的，在中道眼里，江盈科和袁宏道交往，像两兄弟。出游时，很多时候两乘轿子并排抬着，他俩在轿子里愉快交谈着，中道的轿子也在他俩的后面紧跟着，有时心理上还有些不自在哩。吃饭时，他俩的餐具火锅之类，就并排摆在一起。迎来送往，他们都忘记了疲惫。中道说他俩一个姓江，一个姓袁，就像江文通和袁淑明（即南朝文学家江淹和好友袁淑明，江淹写过《报袁淑明书》）。宏道和江盈科听了，说："真的，我们的姓就很巧了。"

平时，如果有上官来了，小的应酬，江盈科想不必让宏道知道，江盈科就代劳了。即使是个别官司上级批下要再调查或平反，哪怕是吴县的事，江盈科也不嫌麻烦，主动承担责任说："我上次审讯果然有误。"若果有当事人当着江盈科的面赞扬宏道有才，江盈科听了也不嫉妒，还是笑容满面，表情像是甘露轻洒，清风吹拂。

江盈科喜好作诗，在政务之暇，与宏道、中道等大有唱和。才情如此高的宏道所作《锦帆》《解脱》等诗集，都是请江盈科作的序，其文笔锦绣，被天下文人所赞叹。宏道因病辞去吴县县令后，江盈科像失去了左右手一样。

后来，中道听二哥宏道说，江盈科要被补任铨曹——即吏部任职，却没有钱准备行装。可是江盈科又好施舍，他动身前到嘉鱼县一个知己朋友处借了几百金，在一次宴会上，一时激动，却把钱分赠给知友寒士。一天时间，借的钱就分发完了。因此，有人造谣说这些钱来历不明。于是朝廷知道了，认为江盈科不适合到吏部任职，就将他的官改为廷尉正（管刑法案件的官员）。很多人为江盈科惋惜，他说："我是个穷秀才时，还没奢望到这个地步，到了当官，非常劳心伤神，常常搞得耳朵重听，眼睛昏花。心情久久平静不下来，头发早就白了不少。幸而没有遭到撤职，还当了个廷尉。廷尉相对清闲些，我素来就有写作的理想，没有完成，现在我可以如愿了。"

所以，江盈科就闭门读书，闲暇时就写诗文。他的诗常常给中道看，中道认为他的诗大多从心里流出，不过有的因为太随意，是缺点。而他的佳篇妙句，清新绝伦。他的文章尤其"圆妙"。

中道记得和大哥二哥一起在京城时，和当时的名人雅士在崇国寺蒲桃林内结社论学，就有江盈科参加。当时江盈科住在一座古寺里，每次出来拜见客人，骑着款段马——一匹瘦弱且行走缓慢的马，官帽服装搁在马的胯骨边，一走一甩的样子。人骑在马上，正在构思，搜云入霞一般，时而两只眼睛直直地望着远处，时而用手在鸂鶒羽毛扇子上画着什么。大家望见了都很惊异。

江盈科身体平时就瘦弱，还有血疾，看来肺部或支气管上也有病，在病上也与三袁很接近。这大约是当时苦苦拼科举考试以及苦心孤诣写诗文加之硬撑着当官造成的吧。后来江盈科奉旨主持蜀中科考，身体越来越差了。他后升为按察司佥事，视蜀学政，哪知突然发病逝世于蜀地，年纪仅五十岁。中道听到噩耗，痛哭失声。后又听说他逝世时，从当县官时算起，还欠不少钱。他的儿子江禹疏把父亲逝世后亲友送的悼念人情钱拿去还了一部分债，还不到所欠债的十分之二三。中道边哭边说："唉，穷官苦啊！"

中道在写江盈科的这篇文章中，难能可贵的是，再一次表达了公安派的文学主张："古之诗文大家的集子中，有可爱语，有可惊语，亦间有可笑语。

良以独抒机轴，可惊可爱与可笑者，或合并而出，亦不暇拣择故也。然有俚语，无套语。俚语虽可笑，多存韵致；套语虽无可笑，觉彼胸中，烂肠三斗，未易可去。……但其中有清新光焰之语，独出不同于众，而为人所欲言不能言者，则必传，亦不在多也。……近之诗可爱可惊之语甚多，中有近于俚语者，无损也。”中道在这里借赞扬江盈科的诗文，对模拟复古者斥之以“烂肠三斗”，语言何其犀利！他又旗帜鲜明地阐明了独抒性灵的主张，这也是江盈科等有识之士用一生的实践所得来的经验。

从中道给江盈科作的传记中即可看出，中道所留下的传记也是他传给我们的重要的文学遗产。

第四十三章

回故里含悲葬父
擎文旗秉正论兄

万历四十二年甲寅(1614 年)八九月间,中道身体火病发了多次,常常痰中带血。在治疗过程中,他时而住城市,时而住舟船,时而回故乡,心情很是郁闷。

那个为中郎择吉地于法华寺的谢响泉居士,又为中道父亲袁士瑜选择了九月初五、初六为深葬吉日,更勾起了中道的辛酸,所以他心中五味杂陈。有医生要他进人参,有医生说加点苍术、川穹,服用后,他觉得体内火更大,而且睡不安稳。其实,他更多的是想到逝世的三位至亲之人而悲痛所致。他觉得头昏目眩,腿脚绵软无力,常常发呆,以为死期已近。甚至有一回,他喊本是儿子现为侄儿的袁祈年来,交代了后事。

一天,袁无涯(万历年间评论家,出版家,《水浒传》出版者)来,给中道看李贽批点的《水浒传》,中道翻了翻书,对帮助李贽抄书的帝志和尚的书法及为人又是一番叹惋。中道又谈到以前董思白(董其昌)向他推荐《金瓶梅》的事。那时中道看了《金瓶梅》抄本的一半,后来随二哥中郎在真州又看完了另一半。他知道,中郎说《金瓶梅》"云霞满纸,胜于枚生《七发》多矣"。他知道,枚乘的《七发》是长篇赋体文,是假托楚太子有疾,吴客往问时,在对话中分述音乐、饮食、车马、宫苑、田猎、观涛等事,一步步启迪太子,诱导他改变自己的腐化堕落生活,后楚太子愤然而起,是有积极意义的。中郎说《金瓶梅》胜过它多矣,也是从积极意义上赞《金瓶梅》的。中道呢,对《金瓶梅》什么态度？他评道："二哥对这部小说评价很高，我也认为这部小说在琐碎中有无限烟波，不是大聪明人也不能写出这样的作品。想起董其昌说'决当焚之'，这也大可不必。不必焚，不必禁，听之而已。"这在当时也是惊世骇俗的态度了。其实，中道在万历己酉(1609)年，进京春试，就携带《金瓶梅》全本，并借给好友沈德符转抄过。现在，这样见见老友，忆忆往事，中道的心情稍有好转。

过了几天，好友苏云浦又因为悼念中道亡父袁士瑜赶来了。两人相抱而哭，中道哽咽着对苏云浦说："仅仅十年之内，我们先哭伯修，又哭中郎，今又哭大人，我双眼都快哭瞎了啊，兄长啊！"苏云浦尽力劝慰他。

九月初六，是中道之父袁士瑜老人的深葬之日，中道因病不能大哭，不能亲送老父，肠痛如割。他想到，我不能倒下，要保重身体，伺机参加科考，以了大人平生之愿，还要教养后辈，要让人看见我们袁家并未衰败，性灵文脉并没断绝！

苏云浦参加完袁士瑜葬礼后，向中道告别，并说要协助他重修荷叶山东南面几里处的义堂寺，中道心里非常感动。后他还写了《重修义堂寺檀文》。

袁无涯来向中道道别，说要刊印中道的诗文集。

中道说："谢谢你的美意，可是因事繁杂，我没来得及整理，我手头有二哥中郎先生未刊印的书稿，先交给你去刻印如何？"

袁无涯说："也好，我愿为三袁昆仲的诗文出版做点事。"

中道又说："有些书坊中卖的《狂言》等著作，署中郎的大名，这是伪书，翻读都令人作呕，请勿再收入集中。"

袁无涯点头称是。

中道还特意对袁无涯讲："我二哥中郎的诗文，如《锦帆集》、《解脱集》，意在打破人家的束缚和框框，所以常常有游戏的字句。他才高胆大，无心于世人的毁誉，只是想抒发内心的情感罢了，可是后来，他的笔墨就渐渐严谨起来了。他的论政、论学观点，时而显露在描写山容水态的诗文中，都是剔肤见骨，很有力度的。到了游华山、嵩山时的作品，布格造语，巧夺造化，真不像凡人所写呀。"

袁无涯一边点头，一边摩挲着书稿。

这时，中道脑海中似乎浮现自己在《蔡不瑕诗序》中的话："昔吾先兄中郎，其诗得唐人之神，新奇似中唐，溪刻处似晚唐，而盛唐之浑含尚未也。自嵩华归来，始云吾稍知作诗。"也即中郎主持秦中考试回来后的感悟，看来中郎和中道都开始对以前的文学主张做一些调适,特别是中道,在向唐人学习的态度上,已趋一种公允平和的态度了。

袁无涯听了中道的一席话,就说:“你说得好,我们选印中郎的诗文会注意的。最好在你身体好些后,写篇序再阐明一下。”

中道表示接受。

“听说中郎先生还有谈性命的书五十卷,有吗?”袁无涯又问。

“他没有写这种著作。中郎先生的片纸只字,皆有一段精光,我唯恐不存,岂有五十卷我不知道的?我与他形影不离,无话不谈,哪有不知的呢?”

袁无涯小心地收好中郎的部分书稿,才依依告别。

中道的八舅龚散木和同年陈驼子来。这陈驼子神神怪怪的,说据中道生庚八字,九月底有恙,到了十月,则一日好于一日了。中道笑着留他俩吃晚饭。

第四十四章

荷叶山才餐美景
长安里又叹真诗

袁中道的散文也和他的诗歌创作一样，有一个由崇尚华丽辞藻到追求简练素淡的过程。从他不把自己十来岁写的《黄山》、《雪》两篇赋收进集子中就可看出他的艺术品位的逐渐提高。他和两位兄长一样，对于矫情浮夸的文风一直是极力反对的，而对于简练素淡的文风是积极倡导的。他在《餐霞集小序》中借谈霞以论文，说："至平常，至绚烂；至绚烂，至平常。天下之至文，无以加焉。"他认为要像陶渊明的作品那样，看似平淡，实则本色蕴藉，别有一种风流。如他写家乡荷叶山的散文的风格就与陶渊明的诗文风格接近。

在万历四十三年乙卯(1615)夏天，袁中道觉得自己很长时间在玉泉寺，离别祖坟已经三年了，应该回家看看了。所以，一回到家乡长安里他就和两个弟弟——同父异母的弟弟袁宁道、袁安道一起先到义堂寺边祖坟跪拜，然后回到桂花台边老家房子里休息，老家就在荷叶山的西北边上，周围有很多高大的树木。

那天，云泽、兰泽叔派人来请中道去谈笑饮酒。到了晚上，天气也凉快了不少，于是他就和两个弟弟在荷叶山周边随意散步。

走到一个高岗处，见野草稠密而柔软，中道就坐下来对弟弟说："记得我小时候，大哥、二哥轮流牵着一头大公羊，我骑着它，曾经到过这峪对面的岗地。那时，公羊因骑了一个孩子，不愿走，所以走走停停，两位哥哥又是拉又是推，大声呵斥，弄得满头大汗，也走不多远。后来我想出用一把青草在公羊前边逗引的方法，它才肯走。但我们还是觉得像走了四五十里开外。现在看来，就这么几步路。”

宁道、安道说：“现在大人要我们读书上进，也很少像三位兄长玩得快活啊。”

中道说：“是的，人生难得有几次真快乐啊。你们看，我们家乡荷叶山是块宝地，一眼望去，山冈苍苍的，湖水晶晶的，树林森森的，多么养人的所在啊，我在城市，哪有这么幽静蓊郁的环境啊？”

不觉月色已映白了衣衫，树影像一幅幅的剪纸，或疏或密，有时像细长的竹帘，有时像画上的圆月。那密树森林，月光照不透彻的地方，望去像是千里万里远的一幅水墨画。

忽然中道放声唱起歌来，山冈和峪谷的回声叠传得好远好远，栖息于竹树间过夜的鹤鸟等都惊得“扑腾腾”飞起又落下。

“哈哈，三哥，没想到你的嗓音这么洪亮啊！”宁道说。

“唉，贤弟有所不知，我生于这里，长于这里，游戏于这里，四十多年了，第一次发现这里的景色这样迷人，所以就自然唱起来了啊！”

三兄弟在阡陌上行走谈笑，准备回家时，突然听到有谁也似在唱歌，声音是从东南方传来的，这声音是男人的，粗犷而短促，浑厚而哀怨，如叹如哭，于是中道停步屏息而听，听出似在唱着：

“有了二百二十七哟，农民车水汗直滴哟——有了二百二十八哟，秧田无水就白插哟——有了二百二十九哟，秧苗喝水不用愁哟——有了二百三十个哟，中谷怀胎有粥喝哟——”

中道明白了，这是农民为了抗旱，在夜间车水。这种古老的木水车，通过一个个薄薄的木盘，在车槽筒里呈链状滚动，把湖里堰里的水刮滚托送上高处，再汩汩流到水田里。而车水的农人，两到四人，伏在木制的横木——躺杠上，用脚蹬踏水车梁上的踏拐，带动槽内链状排列的薄薄车盘叶。车水时，日夜不停，所以体力消耗很大。车水时，常有当师傅的或嗓音好的农人唱一种自编顺口的车水歌，内容有即景祈盼下雨的，也有与所见妇女打趣的，也有荤话粗俗消乏的。反正他们一边唱一边数记着车了多少槽筒的水，因为农人知道一亩田需多少槽筒水可灌满。

中道对两位弟弟说：“这是担忧天旱的歌声啊，一个人心里有了感触，就要向外吐发出来。喜悦，就声音欢快；哀愁，就声音凄凉。你们听听，这些农民的歌声，含有酸楚之情，这就是忧禾稼呀。有时沉重而低沉的声音，是他们太劳累了；有时又突然加快节奏，是鼓励伙伴加油。他们的歌词是俚俗的，他们的音乐是随意的，但是同《诗经·大雅·云汉》中写旱季农事的情感是接近的。真诗真在民间啊！”

一阵阵的东南风吹来，那些歌声似乎就在跟前唱着，两个弟弟和中道于是很长时间没说话。

“车了四百五十六哟，种田人儿吃不到肉哟——车了五百五十七哟，穿金戴银的不费力哟——”

故里的车水歌，还在如泣如诉地唱着。

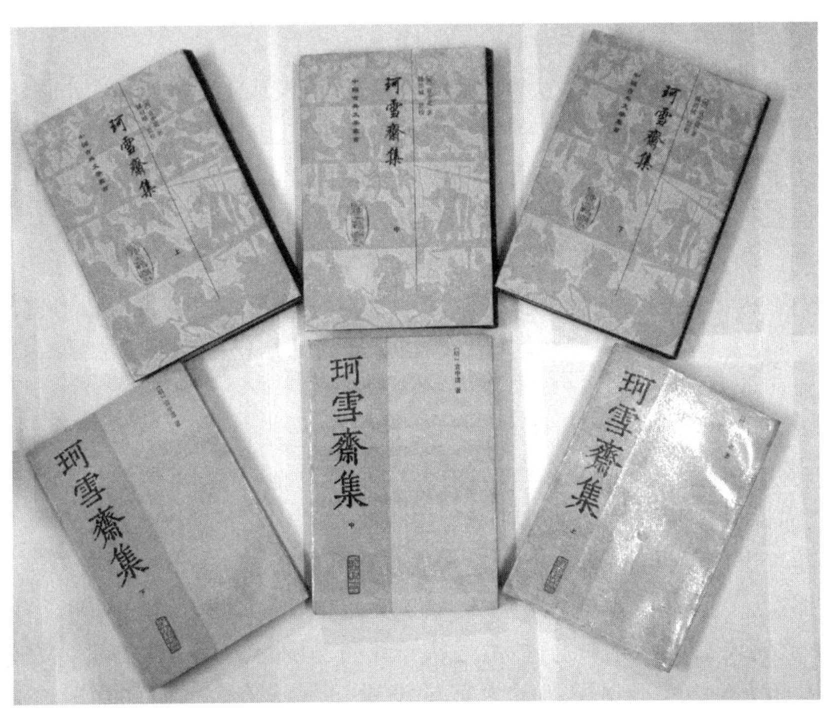

第四十五章

随南北唐医挚友
记死生袁子真情

袁中道在《书唐医册》这篇文章里，写道："予少时失意好游，南走吴越，北走九边，以少泄其雄心。而所之必挟一医以俱，唐医其一也。"

这个唐医生，是江右（江西一带）的人，凭医术在公安县长安里一带谋生。他长得高高瘦瘦，圆圆的眼睛显得亮晶晶的，嘴巴吻部突出，浑身有很多汗毛，乍一看有点像猴子。

中道很喜欢他，出门游历，常常把他带在身边。唐医生除了随中道出门外，就在长安里行医，有闲暇时，就爱跟中道的邻居——两个叔叔在一起谈天说地或饮酒作乐。

中道由于科举不顺，有很多时间在长安里生活。一次，两个叔叔就问中道，唐医生随你出门有什么趣事没有？中道说："他呀，趣事多呢！"

"你说说。"两个叔叔笑眯眯地等待下文。

随着中道的讲述，唐医生的趣事展现在我们眼前：

那次，中道随二哥宏道入京城，取道宛洛方向走，由于天气晴朗，微风和煦，中道建议二哥舍弃乘坐轿子，把轿子让骑马随行的唐医生去坐。兄弟二人一起策马先行，不觉先到了为官员设置的驿站传舍。明朝当时全国有1040个驿站，名义上由兵部掌管，实际上一切费用（过往的官员本人及其随从所需的食物、马匹和船轿挑夫等）全部由地方承担。

邮驿在离城十余里的地方，负责的官员见来了官员的轿子就开始下拜迎接，轿内的唐医生则惊慌失措，不知道怎么解释好，窘得满面通红。而迎接的一方，吹竽击鼓，乐声如沸，伴随着高声传呼："迎接大人入住传舍！"轿夫见状也发人来疯，抬着不知所措的唐生蜂拥而入。先到的中道和宏道出来看时，唐医生正好下轿，他这时脸上不仅没有了惭色，反而有高傲的神情，中道兄弟都忍不住笑出声来。

"别笑！你们的官，我当得好；轿子，我也坐得稳，也不晕！"唐医生面无惭色，大声说道。

中道在梅国祯为官的云中做客时，也带着唐医生。一次，梅国祯在桑干河边大宴宾客，并请几班鼓吹演奏助兴。这一天，各级官员都穿着整齐，甲光向日金鳞开。给中道敬酒的都是万户侯一级有身份的人。

可是，唐医生参加宴会时，无拘无束地喝酒吃菜，醉了。他翻身跃上一匹马，往河边平坦处飞驰一周，远远望去，扬起的尘土像一片红云。大家不知这个精瘦的人是荆州才子袁中道的什么人。梅国祯在酒后嚷着要和中道在马上比赛射一种带响的箭——鸣镝，一时，箭如猫头鹰叫个不停。大家的欢呼声一浪高过一浪。唐医生也骑着马跟随在中道的后面，众人嚷着要唐医生射箭，他不会射，只当没听见。大家又大笑。

在京城，有个新安的商人，在教坊摆酒招待中道，唐医生也在座。因有一事要处理，中道中途就出去了。那个商人先已买了单，热情地留唐医生代中道饮酒，结果他喝醉了，就在那里安歇。唐医生见画阁朱栏，绿窗绣榻，帐床都是锦绣，香清一室，也还惬意。到了晚上，有两个青年女子来服侍他就寝，她俩给唐医生除掉帽子，脱掉长衫，见他露出破了的内衣——里面的粗布短袄，腿上的绑腿缠得乱七八糟的，两个小女子都偷偷笑了。唐医生见她们背过身去笑，也大笑不止。这里一般不是有钱有势的人是不来的，今天唐医生竟然享受了这种招待，好像是樵夫遇到了毛女，渔郎见到了仙媛。唐医生后来讲给中道听，两人又笑了半天。

中道后来几次出游，见唐医生老了，就不再邀他同行了。

万历丁未年，中道从渔阳回到村里，在来寒暄的很多熟人朋友中不见唐医生，就问两个叔叔，叔叔说："唐医生逝世了！"

中道又问其他族人，他们说："他病时，断水浆多日，现在好像死去几月了。"

中道立即哭着说："我心里疼啊，他常常跟着我东奔西走，老是希望我考取功名，沾升斗之润，而今竟了结了！我今后要抚养他的遗孤，不让他们冻饿!”

又过了三年,是辛亥年,中道再回到长安里。那天,下着蒙蒙细雨,昼色惨淡,湖浪暗涌。他把船停于辋湖岸边,正待下船,突然见一人手拿斗笠进到自己的船上,中道抬头一看,竟是唐医生!中道非常吃惊地说:“这一定是鬼!难道是老朋友之魂,听说我回来,对我有所托付吗?”

中道于是按家乡老人所说方法,即鬼怕唾液,急忙向他吐口水。

唐医生连忙躲避口水说:“您年少时好开玩笑,现在年岁大了,还这样吗?”

中道说:“你不是过去同游的唐医生?我前年回来,大家都说你死了,不是鬼是什么呢?”

“您就相信我死了?我死后又活过来了嘛!”唐医生说着,太阳穴青筋凸现。

正相争辩时,中道的两个叔叔来了,就大笑说:“唐医生是个怪,死了装入薄板棺材里了,两天后又活了。”

中道听说了,紧紧攥着唐医生的手说:“都难得,都难得呀!”于是,两人在船里取酒对饮,中道又把自己的衣服脱下来给唐医生穿上,还拿出袋子里的金子给唐医生,说让他将来买副好棺木。

然后,唐医生随中道到了荷叶山老家。唐医生对中道说:“小修啊,我老了,差点死在外乡了。本来这里是我的第二故乡,但我还是要回到吴地去的。”说着他从帽子里取出袁宗道、袁宏道亲笔所写诗文一册,中道看时,只见上面有雨湿烟痕,几乎不能分辨了。而他还把它当作宝贝放在帽子里,难得啊!唐医生说:“我和你交往最久,每次找你写几个字留念,你总说,以后再说,以后再说。再推辞,我姓唐的要入土了!”

中道鼻子一酸,说:“不慌,您的寿还很长啊!依我看,您的医术按古方,即使不能救死扶生伤,可绝不害人,这是益寿的;您家虽贫,可是胸中洒脱无一事,头脑清醒,精神酣畅,这是益寿的;凡是物类,像猿像鹤的,寿命都要千百年。您瘦骨嶙峋,圆眼尖嘴,通身密毛,非常像猿猴,这是益寿的。我今隐居在长安里,筑草堂于湖上,您明年一定再来,我给您写一篇生传。”

唐医生说:“我不知明年能不能再来公安,年老人如风前之灯了。您姑且写几句吧,使后世之人晓得有我这样一个人就足够了。”

于是,中道拿笔写了《题唐医册》给他,并深情嘱咐他明年长安里再聚首。

第四十六章

场屋奔波成进士
风云际会遂平生

万历丙辰(1616)正月初一,中道住在北京铁匠胡同三元庵。一大早,他拜佛后,就再朝家乡湖广公安方向连叩几个头。见外面雪花飘飘,他大踏步出门赏梅,见京城老幼用彩色纸或绢绸制作成蝴蝶点缀在头上,很是喜庆。

十一日,他受东城杨都尉之邀,到他家谈诗论文。正月十五,中道骑马到棋盘街,见士女都用手摸摸西华门上的大铜钉,大约是祈祷今年运气好吧。他也用手摸摸,以图今年进士考试顺利。后遇二哥中郎在陕西主试时录取的一位门生所送书法作品,他想,这个年,虽说,一个人在京城,过得也算雅的。想起自己十六岁考秀才后,考举人,几次落选后才考中,对于考进士,曾有放弃的念头,但想到父亲的希望,两位兄长的期许,他这些年是在咬牙坚持。他想起自己在《阻风登晴川阁,予两度游此,皆以不第归》诗中句子:

"苦向白头浪里行,青山也识旧书生。相逢谁胜黄江夏,不死差强祢正平。天外云山金口驿,雨中杨柳武昌城。汉滨父老今安在?只合依他隐姓名。"这首诗被王夫之赞为"用本色胜人。"明清之际的大思想家王夫之在《明诗评选》里对三袁评价很高,说敢与模拟复古的七子之流论战而创新立派的袁宏道是"廓清之主"。他对中道这首诗很欣赏其颈联,其实首联就在质朴语言中感慨良深了。

当然,今年中道要用喜讯结束那种苦读奔波的生活了!

到了二月初八这天，下大雨，中道想，往年进士考试点名时，考生们争门而入，多有被推挤倒地的，被踩踏呼救的，甚至因身体弱而被踩昏的，一时如万马奔槽，一副先拼体力再说的架势。所以，中道在这天午后，就到点名处所等候。很多人早已坐在屋檐下，各处的人挤在一起，中道的头如果稍微被挤出屋檐边一点儿，就被冷雨滴在鼻尖上了。中道用竹篮提着笔墨纸砚，等到二漏时分，才被吆喝点名经严格检查后放进去。

初九日，考了一整天。一直到初十日鸡叫时，即天快亮时，他才答完题出来。他清了清鼻孔里的灯烛黑灰，呼吸了几口新鲜空气，更感觉头昏脑涨，腹中饥饿。向外一看，门外迎接考生的人拥挤不堪了。他挤不动，只好随着人流推推搡搡地慢慢挪动。老半天，前面的人突然快走几步，中道没有心理准备，一个趔趄，差点倒在泥泞地里。好歹走出来后，他四顾呼喊，又不见等着来接他的仆人，只好自顾徒步在泥泞中，跌跌撞撞，好久才摸回住所。

二月十二日，天放晴，他又参加了第二场考试。

十五日，第三场考试一考完，中道觉得眼皮打架，浑身瘫软无力，疲惫已极。后他又从杨都尉的房子搬到西玄帝庙西边走廊上住，好与二嫂之兄李素心为邻。这三场已全部考完，中道想，不管这进士中与不中，了此一局，或者当官，或者隐居，反正已四十七岁了，再不参加科考了。后面的日子，他就频频接受在京朋友的宴请。

二月廿七日，是放榜的日子，中道和举子们都早早等在那看榜，但皇榜老半天不到。大约八九点钟光景，他终于在榜上看到"湖广公安袁中道"字样了！这犹如阳光穿云而出，令人眼前一亮。中道长叹一声，对随从说："我奔波场屋多年，今年又差点不能承受这种苦楚，到今日才脱科考之债，心里很是爽快！只是一直担心我、鼓励我的老父和两位兄长，都看不见我袁老三中进士了啊!"说罢，双泪长流，浸湿胡须。到中午时，他又到鸿胪寺报名习礼，才知这场的阅卷房师是兵部郎茅先生。一些旧相识都围过来向中道送恭贺。

廿八日，按礼要去谢恩，中道到本房师处报上自己名帖，中午，又到礼部赴宴，只是雨越下越大。晚上李开府请中道看名剧《珊瑚记》，演员中有几个是二哥中郎生前相好，现在却已是头发花白有老态了，中道又是一番感叹。

三月十五日，中道又参加廷试，当事者怕人舞弊，防范很严。那天太阳很大，中道等人暴晒在太阳下，又渴又饿，站累了，就跪下来书写，跪累了又蹲下书写。砚台中墨水容易干，多掺水吧，又怕卷子污渗。到太阳西下时，他的文章才做完。因为中道平时写字多用草书、行书，平时爱写大字，有时找书童代劳誊录。今天廷试，要求作楷书，硬功夫，所以，中道就弄得窘迫万分。

廷试后，中道身体又垮了，而且病了。同科进士考后病的很多。

三月十八日，传胪谢恩，中道在三甲之后。他听了这个消息，笑着说："还了头巾债，就足够了啊！"他摩挲着自己右手指因多年捏笔形成的老茧，心想自己一生大半在为举业耗神费力，如"百战老将，满身箭瘢刀痕"，一时不知向谁倾诉。

当天，同乡官员郑公、何公等人在全楚楼会馆摆盛宴为中道庆贺。他们派车马来接中道，一路上旗帜鲜明，有几百杆旗在飘扬，差不多满街的人出来观看，指指点点，指认新中进士袁中道。后又赴礼部恩荣宴，中道觉得自己的衣裳不甚鲜亮，遂默然一笑。

一路上，见湖水晶莹，几茎新荷已点缀水面，中道的心情又露少有的舒畅。

第四十七章

谈腐败友朋感慨 逐功名病士穷途

万历四十五年(1617),即中道中进士后第二年,他已四十八岁。正月初一,在公安县斗湖堤筼筜谷,他想,我年已四十八岁,才离士而进入官员行列,当好自为之。以后安道、宁道两个同父异母弟弟和侄儿辈轮流请春客,每每特邀中道坐上席,这样,一直到正月十五才告一段落。

不久,中道又到玉泉山会老友无迹和尚,又一起欣赏了公安派作家黄辉平倩先生所题"般舟堂"三个大字,连称好字好字。

他住在灵桂堂,想到去年六月到此,桂花忽开两朵,灿然耀眼,大家都说是吉瑞之兆。今年看来,我已中进士,也真是难为这灵桂提前报瑞了。

后他又回到家乡长安里,拜别祖坟后,于三月二十四日入荆州。同月初六,在荆南出发赴京候补,亲友都来十里长亭相送,祝一路平安、早传捷音。

五月十二日,到达京城,老友周延儒、阮大铖、钱谦益等自带美酒来谈话饮酒。

有一天,阮大铖、谢在杭等几人又来中道处聚会,对中道说:"这次你定会有适宜的官职。"中道说:"你们几位正年轻,好比演戏文的人,从开场到团圆都有时间演。不像我,年近五十了,好比大戏快散了的时候,才插一出,就要下台了啊!"

"这也未必。反正,不要忧愁就好。"大家说道。

中道说:"是的是的。有人和官都不在了的;有官不在了,人活着的;有官和人俱在的，现在大家属于后者，还不快乐吗?”谢在杭几人都笑了。

过了几天，中道出城拜客，先去探望公安籍贡生周霁峰。这个周霁峰正患噎病，即吞食物难以下咽，卧床不起已经很久了，他拉着中道的手，病怏怏地说：“我啊，出贡已经七八年了，我咬咬牙把家里的田都卖了，进京求官，两次进京都没有候到一官半职，现在罹患重病，怕要客死京城了啊，兄弟呀。”

袁中道一边安慰他，一边背过脸去偷偷拭泪，想到老乡的际遇，也想到自己的不容易，虽说中了个进士，也不知官运如何，反正县令之类的官，是不当的。

中道说：“兄长所言极是。现在朝廷在这方面有很多弊病，三十年前，出贡的人，等一二年就可得校官，进入太学；七八年就可选入有关部门任官。现在呢，人多空缺少，拼死拼活读通几本经书，中进士，一直到老到死都没沾一点俸禄的不乏其人。吏政之坏，到了什么程度啊!”

“兄弟，你不像我病卧残阳，你前途一片光明。”周霁峰用手绢擦了擦眼泪说，说完又打了几个嗝。

“多谢兄长鼓励。现在上边在选官上标准不一，早不是任人唯贤了。出来一个空缺，甲也可，乙也可，看你怎样找路子了。有的人早上公布任命了，晚上又将他的官职革去。这样，更加滋长那些蛀虫，对我们大明振兴有什么好处呢?”中道激动地说。

周霁峰说：“正是，正是，我就盼兄弟等栋梁，撑起我大明的一片青天啊!”

直到九月二十三日，周霁峰接到通知，被人搀扶着颤颤巍巍地到吏部去抽签，终得到长沙训导一职。可九月二十五日他竟在住所逝世了！可怜的周霁峰，得这个难以下咽的噎病已是一月有余了，刚刚有点希望，竟去了!中道和友人熊雨亭出钱给他买寿衣、棺椁，联想到周霁峰他出贡七八年，竟然还没机会戴一戴这梦寐以求的进贤冠就走了，中道又流了一会儿泪。

其实，中道自己也不知能候个什么官，搞得不好，走周霁峰的老路也未可知。

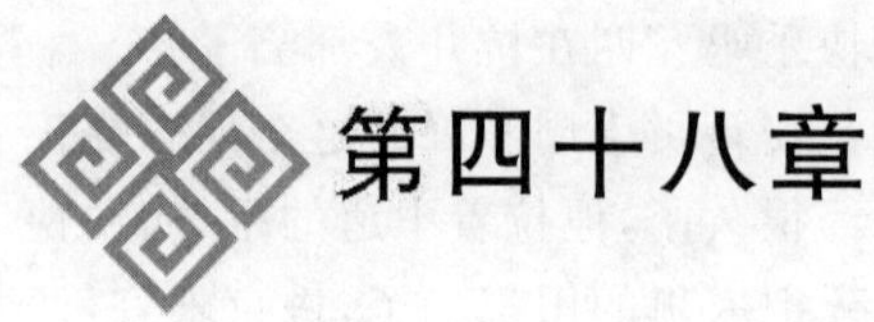

第四十八章

泉钦趵突水生趣
山记岱宗顶见晖

万历四十五年丁巳(1617)年，已四十八岁的中道动身赴任新安校，途中游历了济南、灵岩、泰山，曲阜、峄山各处景点，到采石矶过年。作为散文家的他这一路上又留下了哪些佳作呢？这里仅举他写的一水一山为例，作一管窥。

写水，即游趵突泉。原来，之前中道得到好友山东李开府(开府，大将军，意思是他可开府自选僚属)李梦白的书信："若得南方司校，幸取道济上。"中道即作山东游。在他从南往东的路上，好友李梦白将军，就派人来迎住中道说："我们李将军说了，您本来是官员，但又如同隐士，迂回几十里见一见老朋友吧。"

中道说："好吧。"他就不打算进城，先到了李梦白处，先问他馆舍在哪里。

李梦白说："馆舍在趵突泉上，那里很荒落，只有一勺水来招待你啊。"

中道还是想去，就没吃饭，马上到了泉边。泉水有三处，逆腾而上，从远处看，像三只白鹤在翱翔起舞；像大于车轮的三朵白莲花盛开在水边。从近处看，泉的底下似安设机关，使得泉水跳跃高过人的额头；像有洪炉，日夜在烹煮烘炼，使泉水快速地沸腾奔涌，声音在几里外可以听到。水边有一种草，像是蒲草，时令已入腊月，可这草却秀碧可餐。中道感到奇怪，有人说："这是温泉，所以草不枯萎。"中道说："从书里看到一种说法：这水是从泰山之北，齐国东南诸谷流来，汇于黑水湾，到了渴马崖就隐匿不见了，其间五十多里，又在这儿涌出来。古人曾有把糠抛在黑水湾，后在这里发现了水中的糠。这还是上游，过去说这水向北流入城，成为大明湖。大明湖的水往东北流入华不注山下，汇为鹊湖等。”

大家觉得他不是本地人却对此如数家珍，很佩服。

至于中道在山东所游之山，就选他游泰山谈谈吧。从他作的《游岱宗记》一文中，可见他的收获之大。他说，岱宗，从远处看像云气生动的样子。从山的脚边，过高老桥，涧水声汩汩传来。往上走是水帘洞，有块巨石侧歪在洞腹处，水注在巨石上，像是织线一般。又往上处是歇马崖，有块大石，大约几亩面积。中峰各路泉水注在大石上，声音像旱天大雷。……

中道感到走出大小龙峪，登盘道最险。盘道在中峰与丈人峰之间。“一缕上萦，磴道直悬”是应仲远所说的：“后面的人见前面的人的鞋，前面的人见后面的人的脑壳，像画画时画重了的人”。今天却不是这样，轿子被人用绳子往上拉，人的头向下，脚向上；后面人的脚挨到前面人的头，前面人顶住后面人的脚，像倒悬的重累人物画。那可算是恐怖极了。到石台阶完了时，就是天门，直称岳祠，原来人已到达针锋上了。

……往西去是孔子庙，是西天门。转身又往东，上面是玉皇顶。……从日观峰俯瞰徂徕山、汶水，很是壮观。

夜宿泰山是一种新奇体验，但在这个季节，冷得很。鸡叫三遍时，中道更睡不着了，就手执火把，身披厚皮衣，登上日观峰，去等候日出。过了很久，他企望东方，只见东天下面是昏黑的，上面已经亮些了，又过很久，就清清楚楚看得见山崖上刻的大字了。太阳一缕正从海波间出来，已渐渐像半圆，抛掷不定的样子，刚浮着又像刚要沉下去的样子。海水像绫罗上皱褶纹路，跳动着碧色。开始时蒙蔽物太厚，看不见日出，现在日出速度快多了。于是，中道就慢慢下山了，免得待会儿因下山人多而拥挤。

下山后，中道对朋友们说：“这次游泰山，有几点遗憾：泰山以泉水胜，平时远见瀑流，近闻水声，可是现在泉水凝结成坚冰，这是遗憾一；我未见石经峪那里的在石头上用八分书刻成的《金刚经》，听说其字在水流波磔间更奇，李斯篆书也未看见，这是遗憾二；黄花洞在山后，‘其峰峦洞壑，至幻至邃’，可是路被冰雪封住，这是遗憾三。然而我也有极其高兴的方面：穷冬奇寒季节，雪雨后晴了，宛如初春，很快乐啊！凡想看泰山日出的人，多遇到阴晦天气，而我一到就看到日出了，又非常快乐！自从在济上和大家一番长谈后，我在轿子上忽有所悟，胸中各种疑惑，在登山过程中，如冰消雪化。所以此番登山就只是登山，更无别想。那么，这又生出一大快乐了！”

大家都说泰山格外垂青他这位远来的贵客。

第四十九章

上仕途为官廉洁
忧时弊尽职忠诚

中道在北京候选的日子，常和阮大铖、钱谦益、钱士升（状元）等朋友饮酒唱和，他曾向他们说自己的性情不适合做县官之类，结果，他得了个徽州府教授（近似于今之教育厅长）的清雅官职。

十月初十日，他离京赴任，想到自己年近五旬，终得朝廷所用，心情大好，吟兴很高，有《将赴新安任，出都门》为证："喧极翻成静，悠然出帝畿。人因南去喜，春在腊前归。风软貂犹谢，晴酣羽尚挥。不须吹玉律，到眼尽芳菲。"诗文抒发了苦尽甘来、满怀憧憬的情怀。一路上他游济南、灵岩、泰山、曲阜、峄山等名胜，游山水，写诗文，好不风雅。

他在第二年二月二十日，到达徽州，二十九日正式到府学上任。一路上，他觉得满意的有《由徽州入新安道中》诗："春水平田鹭一群，黄花陌上野香熏。若为雨霁犹屯雾，总以松多易染云。洞拂古莎来鹿女，原留新迹过山君。马蹄闲踏萧森影，夜月朝曦两不分。"此诗写中道清晨驰马赶路赴任途中所见优美景色与愉悦心情。

到了学斋，他受二哥中郎影响，把学斋料理摆布得很像样，把家属安顿下来了，再受知府之邀游览名胜，了解当地民情之类。后中道每天认真处理有关公事，极少出门应酬。

有朋友邀他赴宴饮酒，他推辞说："我脾中不适，不能饮酒，午后不宜食肉，只清坐饮茶就好。"以此开始自己清廉的官宦生活，其间他受到不少朋友或自己及两位兄长的门生的邀请，他也大多婉言谢绝。

即使是五月初七，他生日那天，他也不铺张浪费，只坐游船到河西放生，并食素一天。后他抽空游绩溪，饮了一种砂糖颜色的蜜酒，觉得很好，写进《游居柿录》这本日记著作中了。

九月初九重阳那天，中道反复摩挲在徽州刻成的《珂雪斋近集》，总共二十四卷，刻工很精（珂雪斋，是由他在安徽做官时书房名“卧雪斋”变化而成，珂雪，即白雪，比喻如玉般洁白，也指佛教圣洁境界。中道在《答钱受之》中说：“名为《珂雪斋集》，盖弟有斋名珂雪，取《观经》‘观如来白毫相如珂雪’意也。”）。他微笑着想：人一生留下文字，如过雁一唳，现已完成，以后任意挥洒也可以了。

不久，中道按承诺，把宜都好友刘玄度的诗集整理刻印了。刘玄度名叫刘芳节，字玄度，一字圣达，宜都人，生于嘉靖四十五年丙寅(1566)，万历丁酉乡试第二名，之后会试屡败屡试。宜都县志载刘玄度在1613年“癸丑会试，策条陈时政，为主司所抑”，袁中道的序文指明“以答抡相策内极口张江陵相业，而讥讽今之执政，多危语，遂置之乙榜中”。当时张居正尚未平反，刘玄度在会试策文中居然称赞张居正为相的功业，讥讽当时执政，得罪了“抡相”（主考阁老），因而落第。刘玄度后娶雷思霈的妹妹为妻，因无子，万历四十三年乙卯(1615)八月赴沙市买妾，于当地突发病亡，卒年五十岁。著有《云在堂集》。

刘玄度后来得以在晚明文坛占有一席之地，一是其人本身的文学修养颇高，但最主要还是其至交好友袁中道的鼓励和推举。袁中道曾为其七十首闺情集句诗作序（《刘玄度集句诗序》），集句诗是集合前人诗文中句子而为诗，作者必须博闻强记，对原诗句融会贯通，即使平仄格律也要如出一体，方能集腋成裘，另成一种境界。袁中道在序中赏叹：“此苏子瞻、王介甫所难者也。予与玄度交二十余年，而知玄度不尽乎！”万历年间，刘芳节赴北京参加会试，曾从袁中道与当时文坛领袖钱谦益交游，得到钱氏赏识。刘氏殁后，袁中道又为其整理遗稿《云在堂集》，并在新安帮助刊刻问世。钱谦益后来编纂有明一代诗集《列朝诗集》时，选录其集句诗四首。

那天，袁中道邀同僚在斗山文昌阁小聚，他打开毛县令所赠一包当地蕉干，甜甜的，像皂角样子，大家就用它下酒。当时，有人戏说：“你该不是受的毛县令的贿吧？”

中道说：“这包东西如果算得上是贿，各位都品尝了，都要担责哟！”众闻之皆大笑。

十月初，中道游黄山后就忙起来了，他主持应天武举乡试，有很多事要亲力亲为。在十九、二十两日阅卷，这前后他都不和朋友交往，因为要避嫌，要公正地为朝廷选人才。有人要宴请，他拒绝。他甚至住在考场内一间房子里，不与外人联系。到了二十一日四鼓时分，他就起床，梳洗后，跟按台一起拆卷，依号填榜公布。照说这该可赴宴了吧，不，他还要做《乡试录》的序文，所以，中道是认真履职的。

后他升国子监博士，又于万历四十八年(1620)调任南京礼部主事，后任南京吏部郎中。

这期间，他除整理自己著作外，还花很多精力整理刊印了大哥宗道和二哥宏道的著作，还通过表策、序跋及书信往来阐述为官理念或文学观点。如他在给朝廷所上的救灾表中写道："臣等有志忧时，殊惭报国。恨为肉食者鄙，莫救菜色之民。上恩实深，臣忠未效。敢不如杨震之洁，夜辞黄金；第五之廉，岁支赤米。益守素节，共济时艰。"

可见，他为官正而守廉、闲而有为。

第五十章

官雅遂心登碧顶
笔奇泼墨写黄山

在万历四十六年戊午(1618)十月，袁中道在编就了《珂雪斋集》后，心情大好，就在负责武举科考之前放松一下，去游安徽境内早就向往的黄山。一是这山景色奇、名气大，二是这山与他家乡公安县长安里南边湘鄂交界的一座山同名。他十一二岁时，就登家乡的黄山，写过《黄山赋》，所以他很想登上安徽这座黄山，而且，关于这座黄山的游记，已经有不少名人写过，中道在笔下要有自己的眼光，自己的机杼，自己的感悟。

那天，中道沿着歙浦走了一里多路，就看见了黄山的云门峰，此峰锷的确很尖利的样子，已和其他的山有仙凡的差异了。中道一见它，就觉得像是山灵派来的一个特使迎接客人的。当然，已有朋友在这儿迎候了。在这儿，他看到了自己久闻其名的大溪，大溪水流声很宏大。其前面有三座峰，壁立千仞，像是美丈夫，长长的，较瘦削。色如浓烟的，那是紫石峰、朱砂峰、老人峰，它们像是大雁排成行按次序在等着招待客人。汤寺，也看见了，不过隔着溪水。中道走过溪水，走到朱砂峰山脚下，发现了汤泉，它又香又洁净，是所见温泉中最好的。中道在温泉里沐浴一番后，靠着崖壁继续走，经过了三叠瀑布。他又越过溪水，在莲花庵歇息，再回望各个山峰，都渐渐在雾气里隐蚀了。他又走溪中，看药铫——黄帝所烹炼过药物的罐子状物件。在看到白龙潭时，听到水和石头相磨而发出的嗄嗄声，中道侧耳微笑细听，觉得很有味。离开溪水后，他向老人峰下走去，过虎头岩，又赏鸣弦泉：这泉，从峰顶上往下流到溪水里，在石壁中部离开，瀑布悬空，淙淙有声，让人听了很愉快。

中道对随从说："你们发现没有？这山溪间，整个一曲水的音乐，当宾客刚来时，就用丝竹声迎接。已经登山了，朱砂峰在右边，老人峰在左边，一左一右像在介绍在引导客人。"

随从说："真的，您一说，我们也看出新味道了。"

接着，中道沿着朱砂泉到朱砂庵，这时雾气很深，只能看见山顶一点点的树木。到朱砂岩稍微休息一下，有当地游人对中道说："每次到这里，就可以看见天都峰了，今天它被雾气蒙住了。"

中道说："好坏呀，这个雾，遮住了峰峦，竟为害到这个程度吗？"

不久，一个老人说："快看啦，太阳出来了！"

中道一看，也不像太阳的样子，就说："微弱的阳光不能破除厚积的大雾呀。"

他的话刚说完，满山的大雾忽然下坠，日轮当空。天都峰，像一幅一下张开的图画，就像主人藏匿屏息了很久才出来见客似的。中道和游客都拍掌大叫。

既见天都峰，大家就尽力登攀起来。不想中道腿肚子以下部位突然痉挛，很疼，于是只好坐在草间，用手揉搓，不过还是注视着天都峰不转眼。中道喃喃评说天都峰："你亭亭玉立在天空，刚健的骨骼崚嶒不凡，你的格调奇异；清风淡墨，着披云烟服装，你的颜色奇异；你的石头植被，像碧玉般温滑润泽，可以用手捧可以品尝，你的皮肤奇异；在咫尺之间，却波折万端，处处是景，你的姿态奇异；在陡峭的岩石之间，凭着丁点泥巴，却生出了短松像翠羽，你的装饰也奇异啊！唐代著名画家吴道子、王陁子擅长山水，都是描画我们所常见的景致罢了。如果要他们画这里的景致，可能反觉太奇幻，只怕画得不像是山了。"

中道说了一会儿，脚上好像好多了，仍谢绝随从搀扶，自己又登攀起来。只见雾气消散了，各处山峰都露出来了。莲花峰依稀和天都峰相似，可是妖娆美丽还要超过天都峰。不过，天都峰尊贵持重，莲花峰美丽生动。

中道极力登天都峰，一直攀到文殊院前，有一个大的石头屏风，是天都峰和莲花峰相纫接的地方。往下到了莲花洞，中道观看丞相源等山峰后在一庙里歇息。他环顾四周，见左边是天都峰，桃花诸峰在其肩下边跟着；右边是莲花峰，青鸾诸峰又在其肩下边跟着，好像客人刚刚坐上客席，正与主人相应酬着。峰前坠落的大雾，已变化得像大海在波动了，各个山峰点缀在大海上。

中道大声说：“快哉，大雾啊！不能不叫它海呀！”

后来，中道又登上了莲花峰之顶。那些登莲花峰顶的人，像蚂蚁旋转在花瓣上。上面风很大，不能久站，于是他就下来。……两山微合，眼睛就难以看到天了。游人有的靠绳子提升上去，有的用绳子拴着放下来，有的用梯子搭着爬出来，有的用手摸着走过去；有的像在空中游动的鱼，有的像四肢着地的狗，甚至还担心将要成为鬼。不过经过这一段后，就没有什么险了。中道想，一棵树奇奇怪怪，一块石头惟妙惟肖，都闭目不看，重视黄山的原因是从平常中发现了奇异。

往北走，上了光明台。在那儿，所谓黄山三十六峰都可看见，像登上了广漠的庭院，主人都拿出所有和客人畅饮。……三海诸峰像一缕丝，石笋像雕琢的精品；三海像钟鼎，石峰像剑戟。总之，它们特别奇妙，特别虚幻，特别灵性，特别生动。“态穷百物，体具七情”，像诸大士当主人，演示各种神通变化来娱乐客人似的。中道边游边想：松谷庵凭泉水而取胜，借石笋而增色。我们取道从丞相原、圣灯庵等处出来，都觉得像在密室里小阅经卷，让客人小憩。将要出山时，九龙泉从山下发出雄壮的天籁之音，又像宾客离去时主人用鼓角相送。

中道等人循着旧路出山，先前来迎接的朋友又送到歙浦才拱手告别。

在写黄山时，中道变化笔墨，用拟人手法，让景与人互动，写得别有情致。

第五十一章

情寄新文怀士藻
泪飞旧宅哭伯修

袁中道在北京计偕(参加进士科考)期间,多次想到了当年结蒲桃社的崇国寺,想起那时两兄还在,和很多同道的文友谈笑吟诗的情景,不觉又想到逝世不久的老友潘去华的音容笑貌。他心里堵得慌,只好拿起笔来,点点滴滴地回忆与潘去华交往的一幕幕……

这个潘去华,名字叫士藻,是安徽婺源的人。他年轻时就以文章出名,考上举人以后,很长时间停滞在这个功名上,可以说也是久困场屋的"复读生"了。快近五十岁时,他才考中进士,出任金华的理官(掌管司法的官),凭高风亮节闻名一方,后升为御史,因抗疏,即敢于表达和皇帝不同的意见,被贬谪为广东的幕官,职位徘徊在郎署之间,后又任尚宝卿。

潘士藻很孝顺,他母亲八十多了,双眼失明,其生活起居一定由潘士藻亲自动手侍奉。他时常在母亲面前蹦蹦跳跳,像小儿一样,逗母亲高兴。几乎每天晚上他都到母亲房里,坐在母亲的床边,说白天的事情给母亲听,喃喃不停。母亲就面露笑容听着,享受着,并把这种形式当作常事了。他与人为善,喜欢说人家的好话,和人讲话,多根据善恶惩应来调整。

自从当了尚宝卿,官署中没有事时,他就潜心研究《易经》,每十多天就卜一卦玩玩,对卦象,或在家里静静思考,或在拜客途中的马背上慢慢揣度。不管是闲还是忙,是白天还是夜晚,他总想穷究其中奥妙。每次得一吉爻,他就高兴得跳起舞来,高呼:"拿笔来,我写!"

多少年来，潘士藻穿着青布袍子，骑在瘦马上，在尘市里出入，纡纡徐徐地走着，似乎都忘记了自己的年纪了。

他和蔼平易，特别爱与朋友交往。所交往的都是一时的名士，如焦弱侯(焦竑)、李龙湖(李贽)等大家，都和他成了"世外之契"。后来他又交往伯修、中郎和小修。有人问潘士藻："你怎样评价中郎？"

他说："像他这样的人呀，可以同他谈论天人之际的高深道理。"

他常常说："学问呀，要消化，消化不尽的话，就会成为见闻的痞结。一切骄矜之色，都是从这个痞结上产生的，所以，对此难道可以不慎重吗？"

他还爱好给人看相以鉴别吉凶祸福。有一个读书人，很聪明，潘士藻说："你的妙处在于面相，没凝于道器上。"

有一次，他听说中郎在著书，说："一个人有所见解，不必拈弄笔砚写出来，姑且自己蕴藏心内就够了。见解确定，自身悠闲最好。当然不得已说一说也是可以的。"

潘士藻爱好关注成仙的事。有一次，有人在他家里扶鸾请仙，说乩仙降临了，围着的人各问其事，都中己意。乩仙写出的字有时像当时的篆体字之类的符号，意思大概是："武陵八百地仙的日期已近，您也是其中一个。"那人又写出海内名士某某，都已经上了神仙簿子。潘士藻见了，就更加相信了。

后来，他把这件事讲给三袁兄弟听，特别是中道委婉地劝他不要把精力花在这些虚无缥缈的事上，而要多多研究性命之学。潘士藻后来不再那么相信神仙了，只是专心研究《易经》如故。

潘士藻喜欢给人相面，那么，他自己的相长得如何呢？

他长长的个子，瘦瘦的，很骨感的样子，不过眼睛像炬光闪烁，讲话直爽，开口见舌，潇然自得，大有神仙韵致。

中道想，说到潘士藻的忠孝大节，无愧于古代所说的真君子。不知为什么，他到后来，置身于丹台紫府的道家生活中，这不是怪吗？唐朝白乐天被贬谪九江时，做了庐山草堂，穿着飞云履，炼熬并服用丹药，据说差点成功了，不过后来还是失败了。古今的聪明人，都想超出生死，可是找不到路径，更多的是爱好者。有人说，这是从娘胎里带来的清胜卓绝的习气，和凡俗之人是不同的。然而，白乐天晚年大悟禅理，而潘士藻也埋头于《易经》中了，才知道先前他所追求的不过是一种寄托罢了。

中道又想起当年，大哥伯修在京城任从官时，善于聚集有名的士大夫，在崇国寺的蒲桃林下论学，好不欢畅啊！其中就有潘士藻。到了入社的日子，寺里轮流安排一个人给大家准备饭菜，虽是素菜之类，面对这些美食家们的挑剔，总之，要做得像样才好。潘士藻值日那天做的饭菜味道有点怪，就被大家笑话过，虽然都是“伊浦之食”——菜蔬一类。

当时，在蒲桃林，大家或游水边，或览贝叶（经书），或问人竟日所见，或静静地坐在禅榻上，或作诗。到太阳下山时，大家才散了归家。可是这种美好的聚会，时间没超过一年。后来，伯修逝世了。再后来，潘士藻也辞世了。其余活着的志同道合者，也多分散了！

中道去年来京参考，连那匹老马儿也似认识路，马儿竟不知不觉走到长安街边上，到了大哥伯修的旧房子前了。中道忽然想起，大哥在世时，自己总是翻身下马，几步进门，高门大嗓地喊：“大哥在家吗？”四合院子里还传出回声。那时，大哥就笑容满面地迎出来，手里不是拿着一卷线装书，就是捏着一支毛笔……唉，现在，中道不觉又想喊，可眼泪如雨点般落下来了，哽咽半天不能讲话。

中道又走到手帕市，那里是潘士藻住过的房子，也是空空的。他又哭了一会儿，心里的难过不亚于在伯修旧居时。

后又到崇国寺蒲桃林，那里还是绿叶碧实如故，可是同道诸友，没有一个还在那儿，只有中道独自犹如在那空旷的舞台上作碎步上场，作哭科，或强打精神。

唉，岁月如驶，寿命不常，中道眼泪又涔涔而下了。

中道想，潘士藻逝世在秣陵（宜昌），当时他母亲还在。他平时就是孝子，死时总不瞑目，或许因为母亲还在吧？他所著的书，我袁小修还没读到呢，不知已付梓没有，等到了南都南京，当找潘士藻的儿子去索取。

潘士藻逝世后第二周年时，中道和宏道曾在公安县柳浪湖一个房间里专门祭祀过潘士藻和伯修。

又过了些年，中道含泪写下了《潘去华尚宝传》。

第五十二章

淳朴徽商诚作本 性灵楚子赞当歌

中道为新安校期间，为了深入了解社会，他广泛地接触各种人，连当时一些官场人物和高雅贤士不屑于交往的商人，他也交往，甚至热情为之作“生传”，这不是肉麻地为某“企业家”唱赞歌，而是借此弘扬其美德。

他热心为之作生传的商人叫吴文明，字诚之，别号龙田。说来也巧，吴文明字诚之，一生以诚而亨达，所以，中道就扣住一个“诚”字赞扬他。

吴文明小时候就穷，没有什么依靠。父亲长年在外，没怎么回家。他有个弟弟年幼，只有母亲是自己劳作的帮手。他只有十三岁时，因交不起学费，还要养家糊口，就只好辍学，学做生意了。当时口袋里没有几枚钱，他就在江湖上奔波辗转，冒着严霜冷露，有几回差点被虎狼吃掉，不过他后来生意竟然次次如愿顺利。

他这个人，为人淳朴厚道，圆脸厚嘴唇，看上去就是朴拙的那种人。做生意时，有人往往搞他的鬼。如在广陵（扬州）和人合伙做生意，合伙人竟然全吞了所有收入，谎说亏了本，吴文明居然不和他争执，默默地离开了。再凑钱开张时，又常常被地方上的强讨恶要的家伙搞得血本无归，他也不和他们争，竟然始终以诚待人，人们多为他惋惜。不久，他却生意大振，门庭若市。

吴文明在年近三十岁时，才在广陵找了个老婆结了婚，就在广陵定居下来了。

有一段时间，皇帝近侍太监出来在民间搜刮财物，依附顺从他的人，可以当官戴进贤冠。一时间，那太监索取黄金像捡瓦砾一般容易。

有人劝吴文明说："你读过诗书，又有钱，送几个给那个公公，买个官，当官多荣耀呀！"

吴文明说："这好比是雪中藏着的狻猊，不会持久的。这样搞，不怕羲和（太阳）出来吗？"他竟然关起门来谢绝说客。果不其然，以后，那些买官的声势赫赫者都败了，人们凭这些更加佩服吴文明的大智若愚和远见卓识。

他是个商人，可是骨子里却是个读书人，懂仁义、孝道等。他的父亲年轻时奔走四方，不管家里，命运又不好，后来两手空空回来，落下一身病痛。儿子吴文明对父亲也不责怪，还乐意让父亲回来坐拥丰腴的生活，和他母亲一起悠然自得以度晚年，吴文明每天孝顺地对待父亲。后来双亲相继逝世，他很哀伤。他体悟大人逝世时所交代的话，抚育年幼的弟弟，让他读书。后来他给弟弟资金做生意，可是弟弟多次搞得空手而归。吴文明没有摆出些微的发火脸色给弟弟看，对待弟弟仍像先前一样。

他弟弟的妻子很难怀上孩子，怀上了又小产了。吴文明很着急，他到庙里菩萨面前祷告说："请菩萨保佑我弟媳生养宝宝。如果让我的妻子肚子里的孩子转到弟媳肚子里也行啊！"后来弟弟果然生了一个儿子，可是吴文明自己妻子生的儿子竟然没养活。

他有个堂弟说想学哥哥做生意，吴文明也资助他，哪知这堂弟也是本钱都搞没了，吴文明还是怡然不以为意。他的妹夫穷得没有换洗的衣服，常找他借钱，又不还，他从不提起；妹夫死后，养寡妹终身，到头发白了也没有闹过矛盾。

吴文明四十岁时，一连生了两个儿子。待儿子长大些时，他就选择名师而教之，两个孩子都精于举子业，相继进了庠校。

他虽然定居在广陵，却不忘家乡安徽新安（徽州），毅然回到新安，恢复祖业。家乡有些儿时同伴原先富贵的，都衰落了。可是吴文明却从赤贫发起来了，做的房子像伏川，买的田是好畴。伯伯、叔叔的孩子，都成了博士弟子，都诚实和蔼、安详文雅，出出进进，光耀一方。

中道说，别人不以吴文明的才华为奇异，主要推崇他的德行。这是他一生淳朴诚实的报答啊！从这点看来，他是有机巧呢，还是朴拙呢？

中道对朋友说："我任新安校，看了本城的户口资料，又到处转了转，看见那些富人多骄矜之气，偶一遭挫受辱，那么就倾家荡产来求得翻身，大致上是这样把家业弄败的。再看吴文明，别人冒犯自己，他也不计较，实在是全城的人中之瑞啊！他表面朴拙，可是胸中清清楚楚明明白白。”

有客问：“他与袁公有交往吗？”

中道说：“有啊，且早着呢！那回，我二哥中郎游广陵，吴文明乐意与之亲近，说：‘我虽然在外经商，可是一见海内文士，只恨自己不能拿着马鞭跟着他。’中郎也爱他的淳朴真情，说他有先民风范，和他交往很愉快。他向中郎索要墨宝，每次一得到，总是重重包裹珍藏起来。我在广陵，他像待中郎一样待我，安排两个儿子出资陪着我游。这次我到新安来任职，才知道他的大儿子竟然已入新安校了。有一天，他被人欠账几千金，夜晚饮酒时，悄悄告诉我，我说：‘过去我家也是富裕，以后我们几弟兄凭经书起家，在财产方面反而渐渐少了。唉，那富于文藻与富于资财，常常不会同时存在。世上本来就少扬州鹤（传说有人希望腰缠万贯又骑着鹤到扬州当官）呀！’吴文明大笑，拍着我的手直点头。然后，他自酌三大杯酒一饮而尽，接着向我拱手致谢。”

一天，吴文明笑着拉住中道说：“请你给我写几句话以作留念。再说，我已失去中郎了，难道可再失去你小修吗？”

“好，我写。”中道听了他这么动情的话，眼泪差点流下来了。

中道想，我见他凭借拙和诚使家道昌盛了，这才明白司马迁在《货殖列传》里写的巧拙之语的深意，写这篇“生传”，给世间的浮嚣者一点儿启示吧。

第五十三章

李贽童心开一派
温陵传记启千秋

袁中道的散文，包括一些精彩的传记，从中年以后，也开始注重含蓄蕴藉的风格，从而避免有些文章发泄太尽、缺少余味的问题。他在《淡成集序》中说："天下之文，莫妙于言有尽而意无穷，其次则能言其意之所欲言。《左传》、《檀弓》、《史记》之文，一唱三叹，言外之旨蔼如也。……楚人之文，发挥有余，蕴藉不足。然直抒胸臆处，奇奇怪怪，几与潇湘九派同其吞吐。……安能嗫嗫嚅嚅，如三日新妇为也。不为中行，则为狂狷，效颦学步，是为乡愿耳。"他这种直抒胸臆中带含蓄的文字在《李温陵传》中可见一斑。

李贽是当时杰出的思想家和文学家，号卓吾，又号宏甫，别号温陵居士，泉州晋江（今福建晋江）人，任过河南辉县教谕、云南姚安知府等官。他在五十四岁时辞官，在湖广黄州、麻城从事讲学著述活动。在文学上，他反对复古模拟，提倡"童心说"。三袁兄弟多次拜访李贽，对他们形成"不拘格套，独抒性灵"主张有不小的影响。当然，公安派的"性灵说"的渊源，或者说追溯起源，有不少研究者认为三袁兄弟，甚至李贽，又都受了王阳明心学的影响。如王阳明就说："圣人何能拘得死格！大要出于良知同，便各为说何害？"他还说："人者，天地万物之心也；心者，天地万物之主也。心即天，言心则天地万物皆举止也。"王学的这些解放思想、张扬个性的观点对于当时的思想界、文坛的影响是不可低估的。不过，最直接影响三袁兄弟确立并实践"不拘格套，独抒性灵"主张的，还数李贽。其中，袁中道在万历二十年在武昌还单独拜访过李贽一次。

中道在单独见李贽之前，给他写了一封短信。信中写道："秋初有丈夫紫髯如戟，鼓棹飞涛，而访先生湖上者，此即袁生也。"这里既写了自己外貌特征，又写出了自己不畏风浪，急切见师长的豪爽与潇洒。中道不仅先写出了有关李贽的《柞林记谭》，后来还写了有名的《李温陵传》。为了写好后文，中道作了不少细致艰辛的采访、了解工作。

他每次与李贽见面，总是细细观察这位"异人"的外貌，揣摩其性情，他在传记中写道：他（李贽）内心热情，外表冷漠；人很瘦，粗大的骨节嶙嶙可见；性子很急，喜欢当面指责别人的过错。

中道那次趁李贽在竹躺椅上午睡时，到厨房问过他家人，知道他中年时生过几个儿子，可惜都没有活下来。他由于钻研学问，清廉为官，后又勤于讲学，所以身体消瘦。他淡于声色，又有洁癖，厌恶与妇人亲近，更不用说像有些所谓名士那样与美童睡在一起了。虽然老伴年纪大了，他坚决不要妾婢。他在黄安时，老伴和女儿说思念老家福建晋江，他就催她们快走，而怡然自称"流寓客子"。

李贽后来到麻城龙潭湖上住，与和尚无迹、丘长孺等以畅谈读书为乐。中道见他爱扫地，屋内屋外扫个不停，就要帮他扫，而李贽总要自己扫。扫得勤，扫帚就容易烂，扎扫帚的人还供不上。他一天换几遍衣服，很讲鲜洁，有时用湿巾擦脸或衣服，弄得像是从水里浸泡过似的。中道总是如婴儿般好奇地望着这位奇人。

有一回，中道见一个客人没经过预约就来了，还进门就说些"送恭贺"、"先生仙风道骨"之类的客套话，李贽皱了皱眉，大声说："你远些坐，你身上像有臭秽之气！"那客人尴尬万分。而李贽与三袁兄弟却整日谈笑不倦，有时还做些滑稽样子，东方秘语，西方灵文，马、班之篇，陶、杜之诗，稗官小说，宋元词曲，随意品评，触处生趣。

一次，中道请他写书法作品，他动作夸张，虎虎作势，伸纸于案，然后解衣大叫，在堂上做出像兔子蹦起、鹘鸟落下的动作，再挥毫成字，中道一看，其字如其人：瘦劲险绝，铁腕万钧。

有几天，李贽头痒难耐，他又懒得梳洗，就干脆剃了个光头，只留胡须，一般人以为他是和尚。中道细细地问过与李贽友善的黄安人耿子庸，了解到李贽平时遇到社会上的弊端、异端，他就突然神色俱厉，大声斥责。与人辩论，言不尽意时，他就写成万来字的文章。有人把他的这些言论整理成专著:《焚书》、《藏书》。很多人“高其识,钦其才,畏其笔。”他写信给地方执政者提建议,执政者常驱赶他出境,有时还派人焚烧他住的小庙宇。据《明神宗实录》载:“乙卯,礼科给事中张问达上疏劾:壮岁为官,晚年削发,近又刻《藏书》、《焚书》、《卓吾大德》等书,流传海内,蛊惑人心。”大致是说李贽把麻城等地搞得乌七八糟,罪大恶极。于是朝廷批示由锦衣卫将其捉拿归案,著作一律销毁。

中道又向几个锦衣卫的熟人打听当时逮捕李贽的情况,得知官兵捉他时,他病得很厉害,他还大声说:“是来抓我的,快取门板来抬我!”

第二天,大金吾审讯他,李贽被人抬去放在台阶上,大金吾问:“你为什么著邪书?”

李贽头一摆,鬓须飘飘,说:“我的书很多,却都对圣教有益,不是邪书!”镇抚司大金吾(锦衣卫官员)见他病成这个样子,还如此倔强,忍不住笑了,真不好判决,拟判他回原籍算了,但报上去等了很久,旨未下,李贽仍在狱中大声诵书咏诗。中道听了很感动。

中道又请一个老狱卒在一处偏僻酒馆饮酒,探问李贽最后光景。老狱卒说,那天,李贽喊头痒,要剃头。剃头师傅给他剃了几刀,发现他头发很粗硬,就出来找石头再进去磨剃刀,不曾想,李贽竟拿剃刀自割其喉,血流满地,气不绝有两天。老狱卒问他:“和尚,你痛吗?”李贽用手指在他掌心写“不痛”。老狱卒又问:“和尚,你为什么自割?”他又在老狱卒手心写道:“七十老翁何所求?”(其实他这是用的唐朝王维的诗《夷门歌》中“向风刎颈送公子,七十老翁何所求”的句子)于是气绝。可是,锦衣卫写给皇帝的报告却含混其词,说李贽是“不食而死”。

中道听了,泪流满面,捏碎酒盅,指尖血出。后来他冒着风险撰写《李温陵传》时,亦常常哽咽不能自已。

值得注意的是,中道在文章结尾处写到对李贽哪些不能学,哪些不愿学,就含蓄蕴藉,有的是愤激的反语,其不能学、不愿学的地方,有些恰是李贽身上的独特的闪光之处。

袁中道在《答须水部日华》中明确评价李贽是对自己影响最大的两个人之一:“本朝数百年来,出两异人,识力胆力,迥超世外,龙湖、中郎非欤?然龙湖之后,不能复有龙湖也。中郎之后,不能复有中郎也。”文中对李贽的钦佩、怀念之情溢于笔端。

第五十四章

擎旗发论性灵续
激浊扬清卓见传

中道考中进士后，终于了却了二十多年的场屋拼搏之苦。他在给师友王以明的书信中说："卑卑一第，聊了书债。"诚然，他的年龄已有四十多岁，于是他一方面编印自己的《珂雪斋集》等，一方面自觉地擎起了"公安派""不拘格套、独抒性灵"的大旗，对三袁及海内公安派的主张与实践予以肯定与维护，对其缺失也自觉批评与纠正。

有些日子，中道住在公安县斗湖堤的筼筜谷，有个朋友告诉他一件事：石首人王天根（也是三袁的朋友著名剧作家汤显祖的门生）在省城参加考试时，遇到几个词客，在议论三袁，他们说："现在大家都说袁中郎的诗文如何了得，倡引天下，在我们看来，不过如此，要么浅显俚俗，要么不合格套，只逞才气。"

王天根听了，鼻子里哼了一声，也不作争辩，马上在会馆里抄了中郎诗中最像唐诗的若干首，夹在唐诗中，拿给那几个词客看，说："你们看，这些诗，是哪个朝代人作的？"那几个词客围上来，反复吟咏、品评，窃窃私语，然后说："这些诗的作者，上是盛唐，下不迟于中晚唐，反正是唐朝无疑！"于是，王天根大笑说："这就是袁中郎的诗！你们读了几首袁中郎的诗，就乱说他的毛病？其实他的诗最像唐诗的还很多呢！他也是讲究言有尽而意无穷的。"那几个词客面色通红，说："在下孤陋寡闻，信口开河，惭愧惭愧！"

中道听了这件事很高兴，觉得是对公安派声誉的维护，他于是提笔写文章将这件事让更多的人知道，得到大家好评。为什么他们当年这些倡导独抒性灵，不拘格套的风云人物，此时反以自己的作品似唐人而自豪呢？原来这是中道为维护本派的名声，为了文学主张不至于被妖魔化、被误解而做出的大胆纠偏与正本清源之举。他在《王天根文序》中引述王天根对宏道诗的评价："肖唐人之神骨者最多，遍读而深入之自见。"并不是像有些词客讥讽中郎的诗作是俚俗无根的，甚至中道还反对宏道的"粉丝"们盲目地效法宏道前期一些矫枉过正的作品。中道在《袁中郎先生全集序》中说："中郎浚无师之慧，而人人欲师慧于中郎，余恐其不无邯郸学步，西子之效也。"他认为不能在"不拘格套，独抒性灵"的旗帜下，创作了那么多的清新俊朗、真趣盎然的作品后，又陷入新的格套中，作为对二哥这样崇拜、这样怀念的中道是多么难能可贵啊！

有一天，在老家长安里桂花台，侄儿袁彭年问中道："三叔，有不少朋友问我，公安派的文学主张到底怎么回事，我也一下说不清，您是怎么看的呢？"

中道说："我们大明朝早些年，有何景明、李梦阳变宋元之习，渐渐接近唐朝；隆、万年间，七子辈又效法唐朝一二子，渐渐成了格套，真可厌恶！那年，你父亲在给我的诗写的序中说：大都独抒性灵，不拘格套，非从自己胸臆流出，不肯下笔，"他顿了顿，又说，"即使是有毛病的诗句也是本色独造语，我极其喜欢本色独造语。这是你父亲的话。"

"你父亲特别讨厌粉饰蹈袭，他写这序时，我才二十六岁，一晃二十年过去了，真是白驹过隙呀！"中道说。

"是的，后来，海内文人大都认可这些观点了，可是现在……"彭年的话似不便说完。

"当然，后来，我们湖广老乡，竟陵的两位朋友钟惺、谭元春跟我们诗文交往其实很密切，他俩想把诗文弄得深幽孤峭一些，来纠正太俚俗的毛病，结果本朝名士钱谦益等就不以为然。"

叔侄两人边走边谈，不觉来到荷叶山边，稻田田埂上，彭年见有鲫鱼迎着浅浅的田水而上游，就想俯身去捉，却发现水中浮有农人洒的粪水，就讪讪一笑。中道见了，说："彭年，你看，百花开，荆棘之花也开；泉水流，而粪壤之水也流，现在你伯伯、父亲等人倡导的主张仍然如百花盛开，清泉涌流，但也免不了有荆棘杂生、粪水混流啊！”

彭年说：“三叔，您把这些话写成文章吧，现在只有您的文章才有影响啊。”

“会写的，会写的。”中道健步跨过一个沟坎，朗声回答侄儿彭年。

第五十五章

回忆新诗沧海色
弘扬本派性灵风

在不长的时间里，在晚明文坛叱咤风云的公安派人物相继逝世，如公安派领袖人物袁宗道卒于万历二十八年，江盈科卒于万历三十三年，陶望龄卒于万历三十七年，雷思霈卒于万历三十九年，主帅袁宏道卒于万历三十八年，黄辉卒于万历四十年，还有丘长孺等也辞世了。很长时间，袁中道有一种四顾无人心茫然的惆怅感，常常陷入对往事的回忆中。

他忆起当年，即万历二十二年期间，大哥伯修看见自己的新诗集《南游稿》后，欣喜异常，写了《读小修南游稿志喜》：

"怪尔新诗好，居然下里稀。眉端沧海色，江上白云衣。鼓楫三湘去，携图五岳归。能令名利客，一倍宦情微。"大哥说三弟的诗是好诗，是《下里巴人》中的稀世之珍，是接地气的诗，是从大自然中来的，从风浪中来的好作品。"其三"里还说："吾家二三子，如君定白眉。"二哥袁宏道也在《忆弟》中写道："独我能青眼，因君是白眉"。两位兄长都称赞中道是三袁兄弟中最优秀的。因为三国时马良兄弟五人，都有才名，乡里为谚曰"马氏五常，白眉最良"，意思是长了白眉毛的马良最优秀。伯修以此鼓励三弟，说中道是三袁中的"白眉"。

这也不是兄弟间的溢美之词，有评者说中道早期诗歌是公安派的发轫之作，可代表三袁当时独抒性灵的创作成果。他们说的就是万历二十一年夏天，中道到麻城访李贽后逗留武昌，和安徽来的好友潘之恒等结成五咏诗社期间，以及到秋天后，中道和丘长孺、僧无念等从武昌出发，顺长江向东南游金陵、苏州、虎丘、钱塘等地期间写的诗作，极有特点，连二哥袁宏道也写了《叙小修诗》，并在序里第一次亮出了公安派振聋发聩的文学主张："不拘格套，独抒性灵"。

那么，中道那时的诗作主要有哪些特色呢？

求新求变，本色独造。宏道也说小修诗"多独造本色语"。他自己也在《成元岳文序》中说："古人云：'一一从自己胸中流出，自然盖天盖地。'真得文字三昧。盖剪彩作花，与出水芙蓉，一见便知，不待摸索也。"对于模拟复古派的作品，他斥之为如"三日新妇，处处拘束不得自由。"所以袁中道此时的作品力避陈腐套话、时髦大话、矫情假话，而是清新自然地表达，像一个刚发现大自然和社会的孩子的语言，如《春游》："野草香沾屐，修篁翠湿衣"。

破胆惊魂，豪放不羁。中道自己评其诗有"破胆惊魂之句"。他在《蔡不瑕诗序》中说："仆束发即知学诗，即不喜近代七子之诗，然破胆惊魂之句，自谓不少。"如《江上示长孺》中："万里长江一叶舟，历尽楚尾与吴头。八分山下八分院，九层峰前九层楼……"豪放畅达。中郎在《喜逢梅季豹》中也赞道："宾也旷荡士，快若水东注。……立意出新机，自冶自陶铸。"这里所说的"宾"，就是中道的小名(中郎在诗后作了注)。看来这首诗里，中郎肯定了中道和其志同道合者的文学革新实践。

真诚袒露，情感充沛。中道除了擅长五律、七绝等短诗外，还创作了不少长诗，有的甚至达到700言，如中郎所说："顷刻千言，如水东注"，也像他饮酒一样，一喝一长口，豪放直爽(袁宏道在《觞政》里写中道喝酒"袁小修如狄青破昆仑关，以奇服众。")。同时，他还注意吸收民间真诗营养。如他在《游荷叶山记》一文中就倾情聆听农人车水的歌谣。这一点反映在他的诗歌创作中，就真情流露，不故作高深，不故作含蓄。如他在《阻风登晴川阁，予两度游此，曾以不第归》中写道："苦向白头浪里行，青山也识旧书生。"它就有这个特点。

以后，中道一边承受漫长科考不济的痛苦，一边在游历中模山写水，留下了大量性灵风格的诗文，就是《游居柿录》里的日记体文字，也真情实感，简练生动。

当然，后来他的诗文风格出现了一些变化。

冲夷平淡，意境闲远。中道其实也注意吸取古人笔意，熔铸自己的富有特色的语言。只是他不故作高深，而是表现得很口语化，然而却有意趣。如他的《月夜同中郎至柳浪》：

> 清极转萧条，朱门傍曲桥。月溪千亩静，风柳一湖摇。
> 鸟语歌中乱，莲香笑里飘。老僧眠复起，披衲走茶寮。

如他的写家乡孟家溪的《入村》诗，就颇有水墨画韵致：

> 出郭方知雾，登舟始辨风。水生虾眼赤，霞过雁翎红。
> 浣渚喧游女，芦洲息钓翁。人家苍翠里，鲜艳一枝枫。

这些诗，貌似随意口占，其实很有意蕴。这也说明他用创作实践对自己以及公安派早期的诗文风格进行了调适，或者说，对于早就出现了的这种风格有意地进行了拓展。

自然朴素，恬澹清雅。中道的后来的诗渐渐带有凄美清雅的特点，如他在《于少府诗序》中说："近日文藻日繁，所少者非绘也，素也。"即他赞扬于少府的诗像陶渊明那样，不用华丽辞藻，而是将万千才华、万种风情用素淡的、内敛的笔墨表现出来。他在《程晋侯诗序》中说："今晋侯迹大类于陶，皆得恬澹之趣者也。"他自己也是这样写诗的，如他的《湖上》诗：

> 十里丹楼似落霞，一湖寒雪浸人家。
> 芙蓉断处清风过，尽写徐家没骨花。

作者写美丽的荷花，不用艳俗的词语，落笔似平常话，却在尾句用"徐家没骨花"拓展想象空间，尽显风流。这"徐家"，应该是说的北宋徐崇嗣，他画花卉，仅用彩色描绘，不加勾勒，谓之"没骨花"。当然以后三袁兄弟佩服的徐渭也画过没骨花。

主张陶炼，含蓄蕴藉。后来袁中道觉得自己和本派有些诗"发抒有余，陶炼不足"，还说："不效七子诗，亦不效袁氏少年未定诗。"(《蔡不瑕诗序》)如他的《病中漫兴》风格就不一样：

> 绿琴入匣任尘封，老去逃人兴转浓。
> 马氏由来讥画虎，叶公原不爱真龙。
> 闲听谷口悬雷瀑，细数山南破墨峰。
> 知己可怜凋丧尽，盘桓空对一株松。

这里他用了典故，用了比喻，讲究意境、讲究锤炼字等都是值得肯定的。他的创作实践是如此魅力十足，那么他的文学评论，特别是对公安派的呵护又是怎样的呢？

如在万历四十七年(1619)仲夏，在新安校任上的袁中道刻印了《袁中郎先生全集》，并写了著名的《中郎先生全集序》，再一次阐发了自己的文学观点，并以此回答人们悬望的公安派怎么继续发展的问题。他写道："先生诗文如《锦帆》、《解脱》，意在破人之执缚，故时有游戏语；亦其才高胆大，无心于世之毁誉，聊以抒其意所欲言耳。……然先生立言，虽不逐世之颦笑，而逸趣仙才，自非世匠所及。即少年所作，或快爽之极，浮而不沉，情景大真，近而不远，而出自灵窍，吐于慧舌，写于铦颖，萧萧冷冷，皆足以荡涤尘情，消除热恼。况学以年变，笔随岁老，故自《破砚》以后，无一字无来历，无一语不生动，无一篇不警策。健若没石之羽，秀若出水之花。其中有摩诘，有杜陵，有昌黎，有长吉，有元白，而又自有中郎。意有所喜，笔与之会。"这里中道写出了先前中郎矫枉过正，是为情势所迫与时代需要，真实地写出了后来中郎所作的调整与实践。从他所列举的前人中，我们可以看出中郎的借鉴与吸收的对象，都是很有个性的。像韩愈，就是"文起八代之衰"的大家，也是一代文坛开山者之一。当然，这也是中道此时的思想与主张，这也回答了那些攻击公安派作品粗率俚俗的人。

他又说："自宋元以来，诗文芜烂，鄙俚杂沓。本朝诸君子，出而矫之，文准秦汉，诗则盛唐，人始知有古法。及其后也，剽窃雷同，如赝鼎伪觚，徒取形似，无关神骨。先生出而振之，甫乃以意役法，不以法役意，一洗应酬格套之习，而诗文之精光始出。如名卉为寒风所勒，索然枯槁，而杲日一照，竞皆鲜敷。如流泉壅闭，日归腐败，而一加疏瀹，波澜掀舞，淋漓秀润。至于今天下之慧人才士，始知心灵无涯，搜之愈出；相与各呈其奇，而互穷其变，然后，人人有一段真面目溢露于楮墨之间。即方圆黑白相反，纯疵错出，而皆各有所长，以垂之不朽，则先生之功于斯为大矣。诸文人学子泥旧习者，或毛举先生少年时二三游戏之语，执为定案，遂谓蔑法自先生始。彼未全读其书，又为赝书所荧，无足怪耳。"中道用生动深情的语言回顾了中郎反模拟、开新派的历史背景与对文坛甚至对人心的蛰醒作用。

他还说："至于一二学语者流，粗知趋向，又取先生少时偶尔率易之语，效颦学步。其究为俚俗，为纤巧，为莽荡，譬之百花开，而荆棘之花亦开；泉水流，而粪壤之水亦流。乌焉三写，必至之弊耳，岂先生之本意哉！"这里，中道作为公安派后期的擎旗人和掌门人又用激奋而富有三袁个性的语言驳斥了一些没读懂中郎的人对中郎的诬蔑和不实之词，有力地维护了公安派的声誉,对公安派的继续弘扬具有不可低估的影响。

看来,中道是一个与时俱进的人,他认为中郎生前一开始就纠正一些做法,现在中道也在纠正"为俚俗,为纤巧,为莽荡"等流弊,思考以性灵为中心,兼重格套的理论,难怪有学者根据中道此时的思想,概括出他所掌门的公安派的主张可用新的八个字概括:"续抒性灵,不废格套。"

这也是晚明公安派的旗帜不倒,性灵说影响深远的生命力之所在吧。

第五十六章

严规子侄顶梁柱
再灿桂兰浇水人

由于大哥宗道、二哥宏道都是英年早逝，所以，袁中道作为袁家这辈仅存的一根举足轻重的顶梁柱，他感到要教育好子侄辈，所以他时时处处对他们严格要求，劝勉他们立志成才，支撑门户，光宗耀祖。

中郎在沙市遽然逝世后，中道担心二哥宏道的长子袁彭年年少，受环境影响人品和学业，他在长篇日记体小品文集《游居柿录》中写道："予念沙市地繁华，非侄子少年辈所宜居，且不忍使其独居沙头，予乃复退居于园。"就是说，中道为了陪伴、督促侄子励志图强，就把侄子彭年从沙市接到公安位于公安油河畔的筼筜谷中。

事实上，袁彭年当时是青年，父亲宏道逝世，他住在沙市，也许是因为心情不好，也曾有过不合规范的行为。

袁彭年那时不到二十岁，和一些青年人一起穿着绣了花的新潮衣服，在一起喝得歪歪倒倒，到沙市青楼酒肆嬉戏，还自称有杜牧遗风。他三叔中道知道后，心急如焚，就想了个办法来教育侄子。他悄悄给江陵县知县讲，要他们帮助借机抓住袁彭年，给以适当处罚。果然，他们在青楼抓住了袁彭年，以"儒生擅入青楼滋事"为名，把他责打一顿，令其写伏辩具保放回，中道又请医生为侄儿敷药疗伤，然后晓之以理，令袁彭年羞愧难当，表示痛改前非，他哪知是三叔一片苦心呢？

后袁彭年发愤读书，想起父亲中郎当年见自己十岁时所和的庐山诗，曾大加赞赏："此子律度，似将来知诗者。中郎儿可不科第，可不诗乎？"他又想到三叔对自己的严格要求，不觉潸然泪下。从此闭门攻书，于万历甲子年中举，甲戌年中了进士，授淮安府推官，后升礼部主事，也著有多部著作。

中道对侄子严格要求，对自己儿子袁祈年也言传身教。他教育儿子讲孝道，祈年很争气。志书称袁祈年"孝行纯笃，内外无间"，这是因为袁宗道四十一岁逝世于北京，儿女早亡。光宗继位，御赐祭葬，于是中道就将袁祈年过嗣给大哥宗道做儿子，祈年对自己的生母及嗣母都十分孝顺。

中道教育儿子要对人和善。祈年十五岁入乡校，"诗文疏快可喜。"为人开朗大度，"遇人皆欢颜好语"，亲友四邻都喜欢他，称之为"袁氏佳弟子也"。

中道像当年大人袁士瑜对三袁的要求一样，也要祈年不辍进取。那年，袁祈年参加省试，中道写诗送他，如："风静江如拭，行行黄鹄船。两家惟一子，荣别也凄然。""造物酬阴德，朝廷急异才。捷音吾久得，五月桂花开。"殷殷期盼，感人至深。

祈年的诗文被人评为三袁后人中最好的。可惜，他科考不太顺利，天启甲子年中了顺天乡试，辛未年参加会试，因为文章中有字句犯了皇上名讳，到底取与不取，考官有争议，后来还是未录袁祈年。甲戌年，他的文章中又被指"犯七夫"，不被录取，但这篇文章却在当时广为流传。他也有《梅花奥集》等五卷诗文传世。

中道就在决定隐居当阳玉泉寺后，也常常写信给子侄。他在《寄祈年》中写道："汝年正少，自当向学，支持门户，使我得心安为世外闲人，即汝至孝。"

中道还在《寄六侄》信中说："海内第一知己即去，复何心世缘？"后他又对这位堂侄说："想已入社矣，酌宽严之中以处家，酌丰俭之中以理财，寡欲养身，修名通礼，是所望也。"

中道对子侄的殷殷劝勉之情，溢于字里行间。这不仅仅是起了一个家族尊长的榜样作用，而且还是一种家风与文风等方面的良好传承。

第五十七章

夕照朝中升职位
芝麻营里殒文星

万历四十七年己未(1619),袁中道在新安刻印了《中郎先生全集》。他觉得无论从兄弟之情,还是从师友之情,还是从公安派的志同道合者之情,这都是一件值得称道的大事,特别是他精心写成的《中郎先生全集序》,从一个公安派后期的擎旗手和掌门人的角度,说话举足轻重,他觉得自己做了一件有意义的大事,心情显少有的轻松。

不久,得到消息,朝廷要他赴任北京国子监博士("己未,予以新安授迁太学国子博士",见《户部郎中张公墓志铭》)。看来,虽然中道得官迟,但是官还是在慢慢地升着。这虽然是个从六品,也是个教职,但毕竟是比新安校从七品高了。他在给好友钱谦益(字受之)的信里说:"且今日世局,避嫌之意多,怜才之意少,正恐不得耳。"这足以说明哪怕是闲职,得到的过程也有风险,当时的士人可谓朝不保夕。

为什么明朝的中央机构当时有两套班子呢?原来明太祖朱元璋是看中了南京这虎踞龙盘的地方,定为国都。他逝世前,把皇位传给孙子朱允炆,是为建文帝。可是朱元璋那个受封于北京为燕王的第四子朱棣想从懦弱而欲削藩的侄儿手中夺得大位,于是发动靖难之役,后朱允炆不知所终。朱棣成功后,一方面由于他要有效地控制北方,一方面由于他不适宜南方的生活等原因,他就定都北京,称为京师,而把应天府南京朝廷的六部等建制也保留了下来,所以南京的各部官员没有多大实权,当然也协助管理南方的户口和军队，还协助北京的各部处理些公务。袁中道能够从偏远的安徽调到中央机构所在地南京去当官，也是不简单的事。

夏天，中道离新安北上去赴任，走到南京，和从家乡来看望父亲的儿子祈年偶遇，他又是喜，又是忧：喜的是，自己在升官，并且离开偏僻之地，升到京畿之地，特别是父子相见；忧的是国家形势危急。在万历四十六年(1618)，后金的军队，已杀入辽东抚顺一带，直接威胁着北京，明朝支援辽东的军队主力被消灭，总兵张承胤战死；万历四十七年(1619)，神宗以杨镐为经略率领十万大军，分四路支援辽东。与后金的军队一交战，三路大败，一路逃回。其中两路总兵杜松、刘挺战死。朝廷上下笼罩着不祥的气氛。当然在这种背景下，中道与儿子相见，还是喜上心头，他写了题为《池阳宛陵参谒回将北发，偶见儿子祈年自楚来省，同日会于长干里，喜而有作》，题下有句"时辽阳边报甚紧，京师戒严"。其诗写道："奔星逐月为微官，山上红尘水上澜。千里楚吴悲异地，一朝父子聚长干。欲行欲住身谋拙，无饷无兵国步艰。得汝故园将母去，小臣恋阙敢偷安。"

这首诗，除了写出中道对形势的担忧外，还让我们看到了他对妻子的关心，即"得汝故园将母去"句，让我们看到他交代儿子好好地把母亲带回故乡，免得她在这儿担惊受吓。其实在中道的作品里，他的妻子应该是早就露面了的。据袁氏族谱记载，中道的妻子即袁祈年的母亲姓罗，而且族谱上只记了这个"罗氏"。其实中道曾通过自己的作品表达过对于妻子的歉疚之情。如他在《内寄》一诗中借妻子之口说道："君家妇难为，难为复难诉。一旦出门去，去去如脱兔。饥寒与存亡，弃掷不复顾。如彼敝芒履，着破弃道路。零落被人讥，勉强支门户。家无健男儿，百事费置厝。五月王使归，开箴见尺牍。贺君得佳偶，殷勤图好住。……儿女渐成人，终日相思慕。"这里写出了中道这个以豪杰自命，又放逐山水的男人，很多时候是说走就走，对妻儿只怕常常是不管不顾的，而且在外还有侍妾。而贤惠的妻子也没生怨气，还在一边思念丈夫，一边把家庭的重担扛在自己肩上。当然，作者这样写，表达了对妻子的理解与愧疚。接下来，中道又写了《答》这首诗给妻子，诗中写道："结发为夫妻，相爱两相知。年少逐功名，别子向天涯。悲哉我命薄，迍邅无达时。譬彼秋来草，零落少光辉。含泪出门去，逶迤到京畿。北走云中塞，南浮过泗沂。贫穷只一身，千里觅相识。……百尔费经营，那能不相忆。因我衣裳单，忆卿十指尖。因我无中衣，忆卿机上丝。因我瘦入骨，忆卿刀头肉。……留滞非我意，我意愿早归。……迟则腊月初，定不到明春。……”这里中道真人真性，其回答感人肺腑，写出了自己多年参加科考大多不顺，连累了在老家留守的妻子，心怀惭愧。同时他也赞美了妻子心灵手巧，勤劳智慧。而且，写给妻子的诗，语言晓畅，有民歌风格。对于妻子没有跟着袁中道享什么福，反而年轻时吃苦，年老时为丈夫担心之事，他深感歉疚。所以，中道叮嘱儿子祈年好好护送母亲回公安老家去过安稳的日子。

后他又写了《舟次宿迁，闻辽左信，送眷属南归，示儿子祈年二首》：

北风吹水撼孤城，送子南归百感生。
白首登朝逢祸乱，黑头失意过清贫。
尔冲涛浪还湘浦，我逐干戈走帝京。
千古袁家称大族，只缘历代有忠贞。
牵衣念汝拜频频，骨肉纷飞泪满巾。
家值萍飘须长子，时当板荡要忠臣。
驶波欲渡南归客，寒雁犹怜北去人。
不似大苏迁谪日，斜川尚得侍昏晨。

这里中道对儿子祈年依依不舍，谆谆教导，尽显尽忠尽孝之意。作为像大哥袁宗道一样佩服苏轼的中道，这时想到当年苏轼在被贬谪远方时也是谆谆交代长子苏迈的，也是这般细腻深情。

中道任官于太学一年三个月，后听闻可升南京礼部职务，心里忐忑，不知是喜是忧，他在《答德州首府谢容城》的信中写道：“弟入太学一年三个月矣，去年十月中，与胡汉涵先后进。……今闻可升，又未知若何也。然弟聊处仕隐之间，本无大志，得一转即飘然矣。”意思是得到那个官就飘然隐退。

看来他虽然得官迟，从儒家进取精神来看，想抓紧为国出力，但当时形势又使他有所迟疑，总在仕、隐之间挣扎着。

万历四十八年庚申(1620)，神宗于八月死去，太子朱常洛于同月丙午日继位，是为光宗。这朱常洛就是袁宗道当年的学生，他改元泰昌元年。不过，他继位不到一个月，因病，鸿胪寺丞李可灼呈进二丸红色的仙丹，朱常洛服用后于次日晨也死去。其子朱由校继位，是为熹宗，改元天启。

光宗在位时间极短，却不忘老师袁宗道，“以东宫讲读，晋詹事(太子官属之长)。赠礼部右侍郎予祭葬，荫一子。”(见《公安县县志》)(袁中道逝世后葬于大哥袁宗道墓之右)朝廷后立“御赐祭葬”丰碑于长安里荷叶山袁宗道、袁中道墓前，碑文为状元钱士升（浙江嘉善人）所写。

这之后，中道改官南京礼部仪制司主事（正六品），这礼部仪制司是干什么的，有一副礼部仪制司堂联能说明问题：

在官言官议事以制；
隆礼由礼慎乃攸司。

中道在一首题为《南赴礼曹任，步须日华韵》的诗里写出了此时的心情："烽火三韩恨未休，东风先洗哭时忧。浮家泛宅真吾事，调马书眉不解愁。道侣旧推莲社长，老来新拜醉乡侯。也知仕隐非忘世，胜季陶唐有许由。"中道对明朝外有战乱，内有党争及严重的腐败，是心存惴惴的，是时刻准备隐退的。

他在南京礼部任上，回到过家乡公安县一次。在熹宗天启元年辛酉（1621）正月回到南京。三月初九，他年仅十七岁的宠妾因难产于三月十四夜母子双亡。中道回想万历二十八年，自己到应天应乡试不第归乡，四岁的儿子袁海患天花夭亡。长子虽不错，毕竟又过继给大哥袁宗道了。如果这小儿子和其母在，岂不甚慰其怀？他提笔写了《祭亡妻周氏文》："维汝之貌，如花如月。维汝之心，如冰如雪。……"这无疑又给五十二岁的中道以沉重的打击。

天启四年甲子（1624），五十五岁的袁中道升任南京吏部郎中（正四品）。这也就是后来三袁家乡公安县百姓所说的"一母三进士，南北两天官"的根据，因为他二哥袁宏道以前也任过北京吏部的官，其家乡公安县的群众称他们为"袁天官"。

这一年的八月，他的长子袁祈年和侄儿袁彭年应天乡试，双双中举了，中道非常高兴，觉得袁家又看到了振兴的曙光。他高兴地对朋友说："我可以隐居了啊！"于是，他以身体多病为由，向朝廷递上请辞的报告。第二年，即天启五年（1625），他如愿辞去吏部郎中一职，寓居在南京芝麻营，整天领悟佛教经典，并出资建石头庵，作为自己终老的场所。说到芝麻营，这个地名有传说，这就要先从朱元璋的发妻马娘娘说起。

马娘娘是朱元璋的发妻，有胆有识，聪明贤惠，对其夫君朱元璋更是一片忠心，鼎力相助，二人举案齐眉。据说马娘娘长相并不好看，一副马脸，且头发稀少，又有一双大脚板，在古代并不算美女，甚至有些丑。但是她上得厅堂，下得厨房，无论是对家庭生活的安排，还是对于各种人际关系的处理，

附录一

我为什么要为袁中道立传

——《袁中道传》后记

王书文

在一个大转型、大变革的社会里，在一个紧张纷繁的生存环境中，有人会从偏僻的乡野立志走向大都市，走向京城，走向成功吗？有人会在名利场上做一个清醒者、儒释道兼修以给心灵一片净土吗？有人会在琐细的日子里发现并坚持记录美，留下优秀的诗文日记吗？有人会不惧挫折困顿最终如愿吗？有人会直面悲苦，挺直腰杆力振家声吗？有人会开宗立派、敢擎大旗、勇当掌门吗？有人会身居高位，关注草根，心存忧乐吗？有人会不戴面具，独抒性灵，感动千古吗？

有的，他们就是“三袁”，即晚明文坛“公安派”的代表人物袁宗道、袁宏道和袁中道昆仲！其实，三袁中的袁中道就是其中的典型代表。

在海内外日渐热络的三袁研究者中，有专家学者，有名人宿儒，也有普通的三袁爱好者。我是三袁故里的一位中学高级教师，中国楹联学会会员，湖北省作家协会会员，也是三袁研究院院务委员。我读了公安县孟家溪出生的国家一级作家、中国作家协会会员、三袁研究专家李寿和先生在1991年出版的《三袁传》，又读了在三袁故里西边只隔两条河的牛浪湖畔出生的国家一级作家、中国作家协会会员曾纪鑫先生在2012年出版的《晚明风骨·袁宏道传》，我想应该试着为袁中道作传，以便从多侧面来介绍三袁。

袁中道为什么值得越来越多的人去很关注，去研究呢？三袁的原著会告诉我们答案，这本《袁中道传》应会以它的文本面貌告诉我们鲜活的答案。

袁中道(1570—1626)，字小修。他出生时，爱做梦的祖母，没像两个哥哥出生时做神奇的梦，这也许就注定了他从一落地就不带奇幻色彩，而更多的是兆示他有接地气、性情更平民化的经历。虽然也很聪明，但是他多少年久困科场郁郁不得志而又时时不辍笔，万历三十一年始举于乡，万历四十四年中进士，万历四十五年授徽州府教授，后升南京吏部郎中。天启六年他病逝于南京，终年五十七岁(一说五十五岁)。中道少年聪慧，十余岁即作《黄山》、《雪》二赋，洋洋五千余言。中道早期诗集《南游稿》、《小修诗》所收录诗歌是公安派文学发轫之作，是公安派"独抒性灵，不拘格套"创作土壤上开出的绚烂桂花，为袁宏道性灵说理论提供了一个较有说服力的样本。万历后期，公安派主要成员纷纷谢世，中道成为公安派理论激浊扬清的集大成者、不惧毁誉的擎旗手和再续光荣的最后掌门人。他在诗文创作和尺牍序跋中，批评了性灵文学创作末流之弊病，在万历末年七子派和公安派的融合趋势中做出了贡献。中道多才多艺，精于书法绘画鉴赏，是一位多产的作家，现存诗文近四十卷，达六十万余言，主要有《珂雪斋前集》《珂雪斋近集》《珂雪斋集选》以及日记体散文《游居柿录》，这是一笔丰富的优秀的古代文化遗产。

那么，深入阅读袁中道的原著或读这本有关他的传记文学《袁中道传》，一个较为模糊的袁中道形象就会变得更加清晰起来。

袁中道是"公安派"文学活动的积极实践者。大家知道，袁宗道、袁宏道和袁中道三兄弟是晚明文坛"公安派"的主将，虽说一般观点认为袁宏道是主帅，但是袁中道一直追随二哥袁宏道，很长时间形影不离，受其影响很深，在很大程度上被袁宏道的光芒所笼盖，在文学上的成就至少应该说仅次于袁宏道，如著名学者钱伯城说："只是他过去的文名为其兄中郎所掩，受人重视不够。其实他是可以与中郎相颉颃的，至少文学见解方面不弱于中郎。"

这是很公允的评价，如小修在万历二十二年(1594)，年仅二十五岁，就写出《南游稿》，受到两位兄长的高度评价。这也是三袁早期推出的有分量的"性灵派"诗集。第二年，梅国祯等读《南游稿》，甚激赏。有名的"独抒性灵，不拘格套"八个字，也是袁宏道在万历二十四年(1596)《叙小修诗》中提出来的。袁中道在以后的创作实践与理论的继承与发扬中，更是功勋卓著。所以说，袁中道首先是一位有个性的有魅力的作家。

袁中道是不向命运低头的成功的拼搏者。袁中道在万历十三年(1585)十六岁时就考中秀才，可是直到万历四十四年(1616)四十七岁时才考中了进士！中间苦熬了三十一年！而其大哥袁宗道在二十七岁时就考中进士，而且是会元，殿试二甲第一。二哥袁宏道在二十五岁时也考中进士。袁中道这个十岁出头就写出《黄山》、《雪》二赋的才子竟奔波场屋这么多年，一次次的应试下第，虽说这个少年有奇气的青年才俊有块垒难平，但也没有磨损他的进取之锐气。他利用这几十年时间，读书、出游，交友、拜师、写作，得到了很好的历练。这期间，两个哥哥逝世，后来他的父亲逝世，他悲痛欲绝，运灵柩、操办安葬事宜，身心俱疲，旧病复发，几致不保。其间几多师友辞世，也使他对人生及前途产生过迷惘，但是他还是挺过来了，不仅保住了身体，而且终于在四十七岁时不负众望，考中了那个当时体现某种人生价值的进士！

袁中道是"公安派"后期的擎旗手与掌门人。当两位兄长逝世后，袁中道一面强忍悲痛，疗心灵创伤，一面不断与文朋诗友交往，通过给兄长、文友编集子、写书序、发书信等多种活动让更多的人了解袁宗道和袁宏道及追随他们的一批作家，继续高举性灵派的旗帜，实际上成了这一派的掌门人。如他在万历四十七年(1619)，在徽州府学任上，刻印了《袁中郎先生全集》，并写了有名的《中郎先生全集序》，序中除了维护以往的观点主张外，也对渐渐显露的弊端作了公正的评价，对中郎在前期的矫枉过正后在创作中显露出的丰富特色与本来面目予以澄清，这不是仅仅基于兄弟之情，更多的是对文学与历史的负责。应该说，以袁中道的声望、身份做这种工作，是很恰当的，是有激浊扬清、推波助澜的积极影响的。

他除在理论上有所建树外，还在心情、生活很不稳定中写下了六十多万字的诗文作品，甚至还包括一部难得的日记体自传《游居柿录》，这是可以和黄庭坚的《宜州家乘》、陆游的《入蜀记》相提并论的具有史料价值、文学价值的优秀散文。

袁中道是著名的旅游家与散文家。他的二哥袁宏道常常被后世评为八大散文家、十大散文家之列，其实中道也是直追中郎的散文家。而他的散文又以写景叙事的游记散文(小品文)见长。如大家耳熟能详的《清荫台记》、《远帆楼记》、《杜园记》、《荷叶山房消夏记》、《游荷叶山记》、《游西山十记》

《游石首绣林山记》、《游岳阳楼记》，等等，又无一不是在全身心地游山玩水中写成的。他时而在家乡留恋风景，时而到北方感受风沙，时而到南方领略风情，时而到东边寻找知音。他常常乘着自己的汎凫之舟，在风波中祛除郁结，激活能量，磨炼胆识，寻求灵感，陶冶性情，开阔胸襟，所以他的视野很开阔，文笔很优美。特别是由于他多年科考偃蹇，对家乡公安县涉墨多，其中又以家乡孟溪长安里一带景物描写为最多，所以，他的游记散文格外灵动可爱。当然，他的散文（小品文）还包括他富有个性的亲友尺牍、人物传记，日记散文、序引文字，应该说他和两个兄长是一个整体，是一个被文学史记载的"三袁组合"，三兄弟的散文已有不少专家置评，应该说各有千秋。

袁中道是儒释道兼修的著名学者。袁中道从小受父亲袁士瑜和两个兄长的家庭教育，加私塾学堂里有万二酉、王以明、呙邦永、刘福井等老师的学校教育，还有舅家外祖父龚大器、舅舅龚惟学的家庭熏陶及课外补习式教育，以及后来受李贽、焦竑等的深造点化进修式教育，使得他在儒学方面可以写一手好文章以博取功名；在佛教方面，写了很有见地的佛学理论文章《心律》等；道教方面，他和二哥中郎一起写了《导庄》这样的论文，再加上他热爱山水，与大自然融为一体，本身就是对道家理论的亲身实践。他甚至尝试着接触西方传教士利玛窦之类人物，当然囿于其局限性，他没能探求更远。总之，可以说，他是多种文化、多种理论兼收并蓄并学有所成的学者。

袁中道是清廉自守的末世官员。袁中道所处的时代，是晚明政治腐败、矛盾激化、大厦将倾的特殊时期，但是那些从小就胸怀大志，想在修齐治平方面一试身手的人们处于进退两难的境地。袁中道的两个哥哥袁宗道、袁宏道洁身自好，作为清官对袁中道是有很好的示范作用的。所以，他在四十七岁得了个徽州府学官后，还是很爱惜自己的羽毛的，平时交往，谢绝不当的吃请等"公费消费"，参与主持科考，严格按规矩办事，闭门干他的案头文字工作，稳妥规范。后知道升任南京吏部郎中，他仍然清正廉洁，官声清越。虽然没有多少很具体的政绩故事，但是从他留下的上表之类文字，和他没有遭到常见官场倾轧诋毁等情况看，已可知道他为官的无懈可击了。

袁中道是热爱家乡、热爱自然、率真爽直的真名士。在那个以功名求官施展才华的封建社会，读书人讲究温良恭俭让，有的搞得未老先衰，失去了个性，磨平了棱角，以为循规蹈矩才像一个标准的读书人，才像一个官员。而袁中道却很有个性，年轻时"的然以豪杰自命，而欲与一世之豪杰为友。其视妻子之相聚，如鹿豕之与群而不相属也；其视乡里小儿，如牛马之尾行而不可一日居也。泛舟西陵,走马塞上,穷览燕、赵、齐、鲁、吴、越之地,足迹所至,几半天下。"这种豪侠名士之风,在两个兄长身上似乎不明显,至少大哥袁宗道是没有这样的风格的。

对于自己在较长的时间跨度里和较大的空间领域里的漫游、交友、饮酒等方面的得失,袁中道其实是很直率地检讨的,如他给好友钱谦益的信里说:"自念平生,无一事不被酒误。学道不成,读书不多,名行不立,皆此物之为祟也。甚者,乘兴大饮后,兼之纵欲,因而发病,几不保躯命。"虽然当时的社会,有一定地位的人的生活就是这样,但有几人像他这样坦诚写出呢?这才是真性情之名士。这才是他在这种状态中挣扎、力求有更佳生活的方式。

在袁中道的诗文日记中,看不到他写多少俗事,看不到他写吃吃喝喝、吹吹拍拍,看不到他在那里刻意臧否人物,怨天尤人,有的是一派超然的真情雅趣。他甚至不是一味从俗地去写名山大川、皇家林苑,而是把很多笔墨用来写家乡的一草一木、一山一水,不以黄茅白苇偏僻的荆南之地为讳,反而深情描写,昂然讴歌。

中道还很推崇唐朝的张志和与陶岘,他也效法他们陶醉于大自然的怀抱里,流连忘返。袁中道就是像他们一样浮家泛宅,作南北漫游的。张志和就是那个写《渔歌子》的高士,他的"西塞山前白鹭飞,桃花流水鳜鱼肥。青箬笠,绿蓑衣,斜风细雨不须归"的吟唱迷倒了袁中道,所以他也驾汎凫之舟,冲浪远游了。陶岘是唐开元时人,是名士,本来可有大作为,却认为生不逢时,过着淡泊功名、酷爱旅游的浪漫生活。他说:"某尝慕谢康乐之为人,云终当乐死山水间。"袁中道和张志和、陶岘两位前贤,心有灵犀一点通,都是用放浪形骸、寄情山水来表达一种大志难酬的不满,同时,在寻求心灵的慰藉的同时,用行走江湖的形式读大自然这部奇书,又获得新的创作的灵感。这也是袁中道区别于一般旅游者的又一闪光点。

以上简述的袁中道形象,我都试图较好地在《袁中道传》中艺术地体现出来。

我是三袁故里孟家溪镇的人,我的出生地是离三袁出生地荷叶山只三四里路的高庙湾,工作的地方就是三袁诗文中多次提到的风光旖旎的车台湖。我经常给前来瞻仰三袁墓的学者游客当义务讲解员,甚至在孟溪镇立三袁塑像的那段日子,应邀在孟溪镇的电视节目中讲过一段时间的"三袁史话",应该说有得天独厚的条件,所以自己对三袁有了新的认识,萌生了写袁中道的强烈愿望,于是花了三年时间,完成了这部书稿。全书稿近 26 万字,想把袁中道这位公安派后期的集大成者、掌门人、擎旗手的一生用文学性、史料性、科学性的文字，以严肃的态度和较生动的文字展现出来。全稿主要材料来自于三袁著作，如《袁宏道集笺校》、《白素斋类集》、《珂雪斋集》等一系列著作，参阅了大量的三袁研究著作，如《三袁传》、《晚明风骨·袁宏道传》等几十种著作，加之我有多年创作发表小说、散文、诗词、辞赋、楹联的文字实践，在形式上让每章用一副楹联做小标题，以增添点“古味”。全稿有57章，寓意是袁中道享年五十七岁。从袁中道的出生到他的出游，从他的艰难的科考到终于中进士当官，从他追随二哥参与公安派的活动到他的卓越文学实践扬名海内，全稿以时间为经，以与二位兄长及各位文友交往、游历、科考、为官等为纬，以期发掘新的史实(我知道，三袁研究领域是一个光芒四射的矿藏，我即使不能采到像样的宝藏与大家共享，也决不可像一个不负责的小矿主那样乱采乱掘)，再现天才性灵之光，复活一代文星的鲜活形象，同时，让读者看到晚明的社会万相，悟出袁中道曲折而传奇的一生的舞台背景。特别是具有公安乡土气息的人和事的叙述，以及我特意使文稿有别于以往有些三袁故事的粗线条叙述，注意沉下去，从细处塑造人物，欲使得书稿具有较强的可读性，这可以说是袁中道在海内外第一部传记，也可以作为一部散文作品来阅读。至少读者看了，认为写的不是别人，是袁中道。对人们进一步了解三袁，弘扬三袁文化，我想做一次有益的尝试。

全文打印成书稿后，我两次到深圳将书稿交三袁研究专家李寿和先生审读，他在肯定我研究三袁热情的同时，发现我由于手头资料欠丰富、视野欠开阔等原因，文稿还需做一定的修改。于是在2013年炎热之夏，他就书稿存在的一些问题与我三次视频长谈，提出了若干的修改意见。我又花了几个月时间去较大的图书馆查阅新的研究资料，尽可能地到三袁足迹所及的地方踏访了解，再打印成书。在这过程中，我还参阅了不少名家新锐的有关研究成果，从中受到不少教益与启发，使得本书稿得到多次修改与补充。在此，我向这些著述者致敬！

在基本成书后，我将之交由县文联主席、三袁研究院常务院长李瑞平、三袁研究院副院长张遵明、县作协主席饶岱华、县一中高级讲师翁承新和县楹联学会副会长刘才万等先生审读。在2014年秋果飘香的时节，我又请国家一级作家、中国作家协会会员曾纪鑫先生对书稿进行审读，均获得了热情的鼓励并提出了中肯的意见与建议。如李寿和、曾纪鑫两位先生在创作或编辑的百忙中抽出时间对我的书稿耐心审读，大到写作的角度、思想、深度等方面的点拨，小到个别病句、标点符号的纠正，（当然我限于水平有些还没能完全调整到位）都热情赐教。特别是曾纪鑫先生还热情地将书稿向出版社推荐。对此，我深深感谢！

李寿和先生除了自己创作任务多外，似乎一般不大应承为人作序。可这次他大概看在三袁的份上，看在家乡孟溪这位热情有余、才力有限的后学的薄面上，为本书作了精彩的序言。荆州市作家协会副主席、公安县原作协主席、著名作家和诗人黄学农（雪垅）先生又欣然为本书撰写了评论。这前后双璧，都为本书增添了异样的光彩，使之获得了新的品位，这几乎使读者诸君有了买椟还珠的感觉。还承蒙三袁研究院副院长、县楹联学会会长张遵明先生欣然挥毫为本书封面题签。由县文联收藏的画家易正林先生绘制的三袁画像，首为本书所用。在此，我要予以深深地感谢！

人们常说文化工程，其实哪怕一本书的出版，也离不开跟文化结缘的人士的鼓励与支持。这里我要感谢公安县常委、县委办公室主任袁军先生和孟家溪镇党委委员、副镇长袁丹辉先生、公安县宗教局顾问司马遥先生的真诚鼓励与倾情支持！

说来也有因缘，三袁崇拜者李贽是福建人，本书的传主袁中道多次拜访李贽，并为之作传。这次，一本写袁中道的书稿又千里迢迢到福建的厦门大学出版社出版，这是令人感慨的。由此，我有缘承蒙厦门大学出版社总编陈福郎和资深编审文慧云老师认可与指导，非常感谢！

我知道，这本《袁中道传》还有不少的不足之处，但我像一个在三袁研究领域采撷花草的村童一样，东瞅瞅西看看，采撷到了那么一束，是那样的欣喜、激动，忙不迭地想展示或献给大家。希望专家学者或其他读者朋友在翻阅后予以赐教，以便本人有机会对书稿做进一步的修改与完善。

附录二

袁中道年谱

袁宗道，字伯修，一字无修，号石浦，一号玉蟠，公安人；（中道《石浦先生传》、《公安县志本传》、黄辉《明右春坊右庶子兼翰林院侍读袁公圹志》）

袁宏道，字中郎，别字孺修，号石公，一号六休，宗道同母弟；（《公安县志本传》、中道《游荷叶山居记》、《答宝庆李二府》）

袁中道，字小修，别字冲修，号柴紫居士，晚年曾号凫隐居士，宗道、宏道同母弟。（《公安县志本传》、中道《珂雪斋集自序》、《游荷叶山居记》）

宗道、宏道、中道，并有才名，时称“三袁”。（明史袁宏道传）

其先世江右（江西丰城县元坊村）人，本元姓，洪武初，徙湖广蕲、黄间。远祖本初公由廪贡出身，振铎黄之蕲水，后移荆。（袁遵源《袁氏重修宗谱序》）然此记载与宏道兄弟之说异。宏道云：“余先世自黄移南郡，盖武胄也。”中道云：“其上世世为武弁，自蕲黄徙荆，屯田于邑之长安里。”（宏道《余大家附葬墓石记》、中道《石浦先生传》）盖遭世乱离，谱牒莫详，已无从深考。曾祖暎，以任侠闻。祖大化，为人慷慨乐施。岁祲，捐数千金活人。父士瑜，为秀才，自称七泽渔人，以子贵，封翰林院编修。（中道《石浦先生传》、宏道《余大家附葬墓石记》）母龚氏，河南布政使龚大器女。

外祖父龚大器，嘉靖丙辰进士，官至河南左布政使。舅龚仲敏，字惟学，号吉亭，又号夹山，龚大器次子，万历癸酉举人，官嘉祥令，改太原岚县，有《嘉祥县志》。舅龚仲庆，字惟长，号寿亭，龚大器季子，万历庚辰进士，曾官御史，终兵部车驾司员外郎，有《遯庵集》。舅龚仲安，字惟静，号静亭，龚大器少子，万历癸卯举人，未仕。（中道《龚春所公传》、《静亭龚公墓志铭》）

嘉靖三十九年庚申（1560）

宗道一岁。

二月十六日，生于公安长安里桂花台。

隆庆二年戊辰（1568）

宗道九岁。宏道一岁。

十二月初六日生于桂花台荷叶山房。

隆庆四年庚午（1570）

宗道十一岁。宏道三岁。中道一岁。

五月初七，中道生于公安之长安里。（中道《游居杮录》）小字阿宾（宏道《又逢梅季豹》诗自注）

是年，“后七子”首领之一李攀龙卒，年五十六，李贽年四十七，焦竑年三十，冯琦年十二，汤显祖年二十一，王百谷年三十六，董其昌年十六，徐渭年五十，王世贞年四十五。

隆庆五年辛未（1571）

中道二岁。

是年，归有光卒。次年，穆宗死，子翊钧立，是为神宗，改元万历。张居正升任内阁首辅。

万历元年癸酉（1573）

中道四岁。

母龚太孺人卒。龚氏生三男一女。女长宏道四岁，后适毛太初，有子三。（宗道《祭龚鸿胪吉亭母舅文》、《祭外大母赵太夫人文》、中道《寿大姊五十序》）

按：龚氏之卒年，三袁所记各不相同，学界多以宗道之说为准，乃其年长也。宗道云：当不肖兄弟哭吾母时，宗道年十五，二弟才七岁，三弟年五岁。（《祭龚鸿胪吉亭母舅文》）而宏道则云：甫六岁，即失母，时中道弟方四岁。（宏道《詹大姑圹记》）中道亦云：不肖年六岁，失慈母。（中道《祭李母呙太孺人文》）然新近发现的宗道《圹志》则云：“（宗道）年十三，入乡校，……母龚氏……先生入乡校之二年而卒”。(黄辉《明右春坊右庶子兼翰林院侍读袁公圹志》)撰者黄辉乃三袁挚友,且成于公安,宏道、中道均当过目,故取黄说。

万历二年甲戌(1574)

中道五岁。

中道本年入喻家庄读书。(中道《寿大姊五十序》)

万历三年乙亥(1575)

中道六岁。

中道随兄宗道、宏道读书杜家庄。(宗道《小西天二》)

万历四年丙子(1576)

中道七岁。

宗道、宏道、中道读书杜家庄。

宗道长子应泰生,应泰小字曰曾。(黄辉《明右春坊右庶子兼翰林院侍读袁公圹志》、中道《曾、登二侄圹记》)

万历五年丁丑(1577)

宗道十八岁。宏道十岁。中道八岁。

是年,宗道、宏道、中道仍在杜家庄读书。

按:李谱、尚谱皆以上年袁氏兄弟已迁入县城读书,似误。宗道《小西天》云:予犹记少时,同两弟读书杜氏庄。偶检《游名山记》,至石经洞,相与骇叹,此灵境奇迹,何时得一瞻礼。今偶以编摩隟晷,裹粮浪游,此洞忽落我杖屦下。回想二十年前语,不觉忻喜过望,独恨两弟不在侧耳。丁酉四月初一日记。丁酉即万历二十五年,宗道三十八岁。二十年前,正十八岁。且明言“同两弟读书杜氏庄”,是知本年宗道等仍在长安里。

万历六年戊寅(1578)

中道九岁。

宗道于本年偕曹氏入县城斗湖堤读书。中道和二哥宏道、大姊皆依兄嫂,育于庶祖母詹姑。(中道《寿大姊五十序》)

万历七年己卯(1579)

中道十岁。

中道和宏道同居县城读书。

万历八年庚辰(1580)

中道十一岁。

中道和宏道在县城斗湖堤读书。

是年,三袁舅龚仲庆应礼部会试,及第。

是年,三袁舅龚仲敏于城南结社,宗道兄弟与之。此事宗道述之较详。其《送夹山母舅之任太原序》云:驾部公(惟长)得隽后,先生(惟学)诛茆城南,号曰阳春社。一时后进入社讲业者如林,不肖兄弟亦其人也。自有此社,人始知程墨之外,大有书帙;科名之外,大有学问。

中道作《黄山》、《雪》二赋,凡五千余言。时人称奇。(钱谦益《列朝诗集小传》)

万历九年辛巳(1581)

中道十二岁。

中道和宏道仍留县城斗湖堤读书。

万历十年壬午(1582)

中道十三岁。

中道和宏道在县城斗湖堤读书。

是年,张居正死,钱谦益生。

万历十一年癸未(1583)

中道十四岁。

宏道入乡校,结文社于城南,自为社长,社友三十以下者皆师之,时于举业之外,为声歌古文词,已有集成帙。(中道《中郎先生行状》)

中道读书县城,与李学元(后为宏道妻弟,公安人,万历庚子举人,晋州知州)等入社。(《公安县志李学元传》)

是年,追夺张居正官爵,申时行任首辅。汤显祖成进士。

万历十二年甲申(1584)

中道十五岁。

中道在县城继续读书。

是年四月,籍没张居正家,饿死十余人。申时行疏救,酌留田宅以养张母,子女戍边。

万历十三年乙酉(1585)

中道十六岁。

中道与宗道居长安里修业。中道以病由县城归长安村,留家塾。(中道《游荷叶山居记》)

中道本年举秀才。

万历十四年丙戌(1586)

中道十七岁。

宗道举会试第一,抡会元,殿试二甲第一,选庶吉士。

中道当时亦在县城斗湖堤。

万历十五年丁亥(1587)

中道十八岁。

中道和宏道在公安斗湖堤读书。

万历十六年戊子(1588)

中道十九岁。

中道本年与宏道共居长安里荷叶山旧第。(中道《上林苑鲁公心印墓志铭》)

本年冬,宗道在京参与禅悦之会,听憨山大师说法。与会者有董其昌、唐文献、瞿汝稷、吴应宾、萧云举等。(董其昌《画禅室随笔》)

万历十七年己丑(1589)

中道二十岁。

宗道在京通过焦竑、瞿汝稷及李贽弟子无念等接受心性之学,乃遍阅大慧、中峰诸录,得参求之诀,久之,稍有所豁,于是精研性命,不复谈长生事

矣。(中道《石浦先生传》)

宗道以奉命册封楚府,便道归省,与宏道一同返里。兄弟三人朝夕商证心性之学。(中道《中郎先生行状》)

是年,焦竑首制科,黄辉、陶望龄、董其昌成进士。(《明史》二一六、二八八)

万历十八年庚寅(1590)

中道二十一岁。

宗道予告家居,与宏道、中道商证学问,从张子韶(九成)与大慧论格物处受启发,乃知至宝原在家内,何必向外寻求,至是始复读孔孟之书。遂以禅释儒,宗道著《海蠡篇》,宏道著《金屑篇》。(中道《石浦先生传》、《中郎先生行状》)

是年,"后七子"首领王世贞卒,年六十五。三袁到公安县柘林潭拜访李贽。(中道《柞林记谭》)

万历十九年辛卯(1591)

中道二十二岁。

春,宏道往麻城龙湖,向李贽问学,居停丘坦之家。李贽与宏道大相契合,留三月余。

丘坦,本名坦之,后易为坦,字长孺,麻城人,万历三十四年举武乡试第一,官至海州参将,有《南北游稿》、《度辽集》等。(洪良品《湖北通志馀》)

夏,湖南友人龙襄、龙膺兄弟来访。龙襄字君超,龙膺字君善,一字君御,武陵人。君超万历十年举人,有《檀园集》。君善万历八年进士,官至副都善史,有《沦隐集》等。《武陵县志》、《湖南通志》有传。

宗道使期满,返京,过河南确山,便道访陈耀文。耀文字晦伯,号笔山,嘉靖二十九年进士,博极群书,著述盛多,颇负盛名。三袁舅龚仲庆司理汝南时,常遣善书吏数十人,往其家抄录古今书数百部。宗道往访,或与此有关。(中道《龚春所公传》)

秋,三袁外祖母赵太夫人逝世。(宗道《外大母赵太夫人行状》)

中道仍居长安里。本年曾往武昌应乡试,不第。

万历二十年壬辰(1592)

中道二十三岁。

春,宏道捷南宫,殿试取为三甲九十二名(《明清进士题名碑传录》),不仕,告假返乡。(中道《行状》)

夏,中道在武昌,曾访李贽。(中道《游居杮录》、容肇祖《李贽年谱》)

秋,宗道、宏道俱得请,先后离京,至河南郑州相及,同返公安。(中道《中郎先生行状》)

返里后,宗道于县城石浦河畔西市得一居,并分给中道一宅,比邻而居。宏道居河东,外祖父及诸舅分住河西东,朝夕聚首,以论学为乐。(中道《游居杮录》、《行状》)

宏道对文坛复古风气已有不满,其云:草昧推何李,闻知与见知。……当代无文字,闾巷有真诗。(宏道《答李子髯》)

万历二十一年癸巳(1593)

中道二十四岁。

三袁俱在公安。

春,中道因患水灾,移家长安里杜园。(中道《杜园记》)

夏四月,袁氏兄弟与王以明、龚散木等发公安,往麻城访李贽。以明名辂,宏道举业师,公安人,由监生除凤翔通判,半年即归,居公安平乐村小竹林,著书自娱。宏道曾序其《竹林集》。散木为三袁母舅,名不详,字寄庵。(宏道《将发黄,时同舟为王以明先生、龚散木、家伯修、小修,俱同访龙湖者》、中道《柞林纪谭》)

麻城途中,袁氏兄弟至嘉鱼访李沂。沂字景鲁,号太清,宗道同年,授吏科给事中,甫一月,因上疏劾东厂,廷杖归,斥为民,《明史》二三四有传。(宗道《嘉鱼记游》)

五月初,袁氏兄弟抵黄。与李贽聚谈十余日,甚欢。所论涉及历史、人物、佛学等,极为广泛。李贽对袁氏兄弟称赞有加,云:伯也稳实,仲也英特,皆天下名士也。并谓宏道识力、胆力皆迥绝于世,真英灵男子。(中道《柞林纪谭》、《中郎先生行状》及三袁诗文)

离黄后,宗道、宏道返公安。中道仍逗留武昌,会潘景升;后同友人王伊甫往麻城丘坦处,重阳前,与王、丘龙湖见李贽后再返武昌;十月初,与丘坦、僧无念等顺江东游金陵、苏州、由吴入越,勾留月余;其间曾在金陵会焦竑子焦尊生(尊生字茂直),并呈诗稿于冯开之太史。岁暮,因病返至武昌度岁。

（中道《别山风雨得丘长孺书》、《重九同丘长孺过李卓吾精舍》、《书王伊甫事》及东游诸诗）

徐渭卒。

万历二十二年甲午（1594）

中道二十五岁。

春，中道自武昌返公安。其《南游稿》撰就。（宏道《三弟回，志喜》、宗道《读小修南游稿志喜》）

宗道兄弟与外祖父及两舅结南平文社。（宗道《南平社六人各一首》）

秋，中道至武昌应乡试，不第。（中道《下第咏怀》）

冬，中道与赴京谒选的宏道一同启程。后数日，宗道亦往。（宏道《北行道中示弟》、宗道《过旧叶城有感》）

中道与宏道在京结识汤显祖、董其昌等人。（中道《游居柿录》）

万历二十三年乙未（1595）

中道二十六岁。

宗道在翰林院任上。公安派重要文论《论文》（上、下）或作于此时。

本年四月末，中道应大同巡抚梅国桢之邀游大同。国桢字客生，麻城人，万历十一年进士，能诗文，善骑射，累官至兵部右侍郎总督宣大山西军务。《明史》二二八有传。客生因得李贽推许，又获读《南游稿》，甚激赏，故数函相邀。八月，中道自大同回京，旋离京由水道赴吴县，九月至吴，随后即往游越、皖，遍览名胜。（中道《梅大中丞传》、《游居柿录》、《塞游记》，宏道《喜小修至》）

本年夏，三袁之父袁士瑜自公安来吴，住四月余，于中道至吴前返公安。（宏道《伯修》）

万历二十四年丙申（1596）

中道二十七岁。

中道请二哥宏道为其诗作序，宏道倡言“独抒性灵、不拘格套”，意气风发，隐然文坛领袖。（宏道《叙小修诗》及吏吴期间诸诗文尺牍）

宏道从董其昌处得半部《金瓶梅》，甚激赏，是为《金瓶梅》问世之最早消息。（宏道《董思白》）

中道越皖游后于本年三月回吴，不久，返公安。（宏道《龚惟学先生》）

外祖父龚大器卒。

万历二十五年丁酉（1597）

中道二十八岁。

本年八月，宗道升任右春坊右庶子，皇长子经筵讲官。

中道自去岁返公安后，居家读书，诗酒放浪，本年秋，往武昌应乡试，不第，由武昌至真州（仪征），依辞官后的宏道。（宗道《寄三弟》、宏道《喜小修至》）

秋，宏道、中道同丘坦、僧无念、潘景升、袁中夫等游金陵栖霞、广陵。（宏道《摄山纪游》、中道《闲游同中郎》）

中道次子海生。（中道《袁氏三生传》）

本年冬，宗道在京为宏道补得顺天府学教官。（宗道《答陶石篑》）

万历二十六年戊戌（1598）

中道二十九岁。

二月，中道、潘景升诸人与到广陵的宏道别，三月末至京，四月，任顺天府教授。（宏道《广陵别景升、小修》、《告病疏》）

本年春，中道仍居真州。李贽至京，二人晤面然同游秣陵未果。（中道《雨坐天宁寺时将同卓吾子游秣陵未果》、李贽《雨中塔寺和袁小修韵》）七月，中道自真州送宏道家眷入都，八月底至京，入国子监修业。（中道《中郎先生行状》及北上诸诗）

秋，中道随宗道、宏道在京城西之崇国寺结社，名曰蒲桃社。与之者为黄辉、潘士藻、陶望龄、顾天峻、李腾芳、吴用先诸人。（中道《石浦先生传》）

冬，中道著《导庄》，宏道著《广庄》。（宏道《答李元善》）

万历二十七年己亥（1599）

中道三十岁。

春，中道与宏道及诸友遍游京郊名胜。

因结社事，引起当政不满。（沈德符《万历野获编》之《紫柏祸本》）此时宏道已觉龙湖（李贽）等所见，尚欠稳实，故其学稍变，渐由禅趋净。（中道《中郎先生行状》）十月，宏道作《西方合论》，十二月始成。（宗道《西方合论

引》)

是年,临清民变,焚税使马堂官署;武昌民变,石击税使陈奉。

万历二十八年庚子(1600)

中道三十一岁。

宗道任东宫詹事府詹事,秋九月,偶有微恙,强起入直,风色甚厉,归而病始甚,明日,复力疾入讲,十一月初四日,竟以惫极而卒。宗道为人修洁,生平不妄取人钱。卒于官后,棺木皆门生敛金成之。及妻孥归,不能具装,尽卖平生书画几砚始得归。(中道《石浦先生传》、黄辉《明右春坊右庶子兼翰林院侍读袁公圹志》)

宗道卒时,其侧室胡已孕,后因早产,亦不育。故宗道一脉,实无继祧,后以中道子祈年为嗣。(中道《告伯修文》、《答陶石篑》)

宗道文集《白苏斋类集》,由宏道、中道整理付梓。小词若干、传奇数种,皆不传。(中道《石浦先生传》)

中道应顺天府乡试,不第,八月与宏道一同返公安,十一月二十六日,得宗道讣音。腊月初三,中道启程赴京料理丧事。(中道《书行路难》)

按一:宗道卒期,向无准确说法,仅中道"庚子秋"或"庚子九月"之述。黄辉《圹志》则明言卒于庚子十一月初四日。辉与宗道交最厚,宗道卒时正在京都,且宗道京中后事,全由其料理,故其说当可采信。

按二:中道《告伯修文》云:"万历庚子十一月初一日,弟中道谨修治斋茗,抚膺大叫,告于亡兄伯修先生之灵。"然其《书行路难》则云"十一月二十六日,得宗道讣音",二者明显抵牾。据黄辉《圹志》,十一月初一日,宗道尚在,故《告伯修文》中之"万历庚子十一月初一日",当为"十二月"之误。

十一月二十五日,三袁祖母余大姑去世。(宏道《余大姑祔葬墓石记》)

万历二十九年辛丑(1601)

中道三十二岁。

中道于四月运宗道灵柩回公安,水行,备极艰辛,七月初,抵真州与宏道会,同扶柩回返。其间,他曾往通州访李贽。(中道《书行路难》、李贽《书小修手卷后》)

中道仍居其石浦河旧居。宏道弃石浦河旧居,并市一新宅于斗湖堤上,亦时居柳浪湖(中道《游居杮录》)

万历三十年壬寅(1602)

中道三十三岁。

秋,黄辉自京返蜀,迂道公安,为宗道主葬。宏道至当阳玉泉相迎。十一月六日,归宗道之榇于先垅,葬长安里荷叶山。黄辉为之作墓志。事毕,黄辉溯江返蜀,中道送至夷陵而别,然后同夷陵友人刘元定游三游洞诸胜,后往当阳,作玉泉游。(中道《自柞林至西陵记》、《三游洞记》及游玉泉诸诗)

十二月,三袁舅龚仲庆卒。(宏道《兵部车驾司员外郎龚公安人陈氏合葬墓石铭》)

是年,李贽狱中自杀,年七十六。(《明实录》)

万历三十一年癸卯(1603)

中道三十四岁。

宏道家居,日读《宗镜录》数卷,摄其精髓,成《宗镜摄录》。(中道《宗镜摄录序》)

中道入京赴试,因无资斧,市去石浦河居,移眷属于乡,入都时过李贽墓,诗以吊之。(中道《游居杮录》、《入都过秃翁墓》)

秋,中道应顺天府乡试中举。(宏道《九月初五日得三弟京闱第三报志喜》)

是年,董其昌视学政,因诸生之请,祠宗道于学宫。(中道《石浦先生传》)

三袁叔父袁士玉卒。(宏道《少溪袁公墓石铭》)

万历三十二年甲辰(1604)

中道三十五岁。

春,中道在京应会试,不第,返公安。于油水河畔宏道宅后市一竹园,名之曰"筼筜谷"。(中道《游居杮录》、宏道《喜小修至自燕》)

五至八月,中道与兄宏道及诸禅友在故里孟溪荷叶山房消夏。(中道《荷叶山房消夏记》、宏道《游德山记》)

闰九月,武昌宗人作乱,击杀巡抚赵可怀。(《明史神宗本纪》)宏道作《闻省城急报》诗。中道有文记其事

中道夏秋至沙市小住,初冬,复至柳浪与宏道相聚。(宏道《小修久住沙

市，苏潜夫迟之十余日矣，雨中集刘绳之高斋，小修忽至，赋得十灰》）

万历三十三年乙巳(1605)

中道三十六岁。

五月，中道陪兄宏道往沙市，泛舟便河，午日，观龙舟竞渡。湖南友人龙膺兄弟来访。（宏道《午日沙市观竞渡感赋》诸诗）

江盈科本年秋卒于四川提学使任上，年五十二。宏道、中道诗以哭之。（宏道《哭江进之》、中道《哭江督学进之》）

万历三十四年丙午(1606)

中道三十七岁。

春，友人曾可前、雷思霈来公安柳浪湖筼筜谷访家居的宏道、中道。思霈字何思，夷陵人，万历二十九年进士，官翰林院检讨，有集多种，今存《莲池阁遗稿》，《列朝诗集小传》有传，与曾可前同为公安派重要诗人。（宏道《曾、雷二太史过柳浪，用杜韵》等诗）

秋，宏道为父所迫，入京补仪曹主事。中道亦一同入都，准备明春会试。（宏道《潘茂硕》、中道《中郎先生行状》）

万历三十五年丁未(1607)

中道三十八岁。

中道在京应会试，不第，应蓟辽总督蹇达之邀游密云，至三月始回京。是年，湖广大水。（中道《贞魂志》、《游居柿录》）

万历三十六年戊申(1608)

中道三十九岁。

春，中道自京师归至公安，住筼筜谷，途径德州，访刘元定。（中道南归途中诸诗）

十月，中道拟游吴越，乘舟至石首，往晤曾可前，游绣林。近巴陵，中道会寒甚返棹，发舟回公安度岁，得龙膺书，拟游桃源。（中道《游居柿录》）

万历三十七年己酉(1609)

中道四十岁。

本年秋，陶望龄卒。

中道于正月初一，自长安里发舟，作德山、桃源游。他先至澧州，经武陵，游德山，入桃源，再由洞庭、马湖返公安，历时月余。（中道《游居柿录》）

三月十七，中道乘“汎凫”舟自江陵郝穴入江，作东南游；四月，至南京客居，晤焦弱侯、凌濛初等，与江南名士钱谦益、韩求仲等聚会结社。

九月二十日，中道自扬州北上，十月抵京，居宏道寓中，除夕，与宏道守岁。（中道《游居柿录》）

万历三十八年庚戌（1610）

中道四十一岁。

去冬今春，中道与钱谦益等在京结社修业。（中道《徐田仲文集序》）

中道应会试，不第。

二月二十四日，中道与考功事竣、遂假南归的宏道一同出京，迂道再游百泉，闰三月十五，抵家。（中道《游居柿录》）

因公安大水，宏道移居沙市，市一宅，盖二楼于其中，滨江，名其居曰“砚北”、“卷雪”。

中道亦于沙市市一园，曰“金粟园”。（中道《游居柿录》）

八月初，宏道患火疾，时起时灭，渐至大小便皆血。医者不知其何病。

九月四日，宏道季子岳年生。岳年小字阿抚，庶出，母为扬州姬王氏。

九月六日，宏道逝于沙市。（中道《游居柿录》）

宏道共四男二女，长子开美、三子虎子早殇，存彭年、岳年。彭年崇祯甲戌进士，官礼科给事中，永历朝任御史，理事峻厉，有政声。岳年为诸生，曾入复社。儿女适苏惟霖、苏惟霈子。（中道《游居柿录》、《公安县志本传》《复社姓氏传略荆州传》）

中道为宏道筹办丧事后，回公安长安里荷叶山安慰老父，心力俱疲，亦患血疾，冬，走当阳玉泉疗养。（中道《游居柿录》）

利玛窦卒于北京。中道曾在北京邸舍中数见之。（中道《游居柿录》）

万历三十九年辛亥（1611）

中道四十二岁。

春，当阳玉泉寺养病，遍游青溪、紫盖、龙泉、鹿苑、鸣凤诸胜。（中道《游

居柿录》)

三月,闻父病,自玉泉归。

汉阳王章甫自燕来公安吊宏道,中道用船送之岳阳,陪之游洞庭、君山。别王章甫,中道自城陵矶买舟归。

八月初一,遣侍儿阿陈出阁,婢子二人亦遣去。

八月初七,移宏道灵柩入乡长安村。(中道《寄王章甫》)

居家侍父,父仍谆谆勉以作举业。

九月初三,中道闻雷思霈卒。

父久病不愈,庶母刘及二庶母弟安道、宁道惓惓以分异请,中道主持分家事宜。(中道《游居柿录》)

万历四十年壬子(1612)

中道四十三岁。

宏道子岳年已两岁,苏惟霖许以女姻,散木为媒妁。

三月初八,三袁父袁士瑜卒,年七十。中道在家料理丧事。

按:袁士瑜曾为诸生,然久困场屋,终身不得售,故乃寄望于诸子,课督极严,有《四书解义》行世。(《公安县志本传》)

五月,中道往玉泉,六月,回沙市。

六月二十七,江发大水,江陵、公安悉遭水害。

中道主持分异宏道沙市田产。彭年冶游。中道决意令其归公安。

中道在公安阅佛经,在宏道佛学著作基础上作《摄摄录》,上下二册。

重九后,中道游汉阳、武昌。

十月,中道发舟游湖南津市。

中道子过继宗道为嗣之祈年得长子。

中道嫁女,婿马姓,居沙市。

十二月初二,中道与彭年葬宏道夫妇于法华寺。

彭年娶妇,通政司参议李道宇自公安来为之主婚。道宇名守约,公安人,曾为安庆守。

观察蔡元履遣人吊宏道,并徵中道兄弟三人文集。(中道《游居柿录》)

是年,黄辉卒。辉乃三袁挚友。辉卒后,袁氏旧友中交密者已丧亡殆尽。

是年,东林党领袖顾宪成卒。

万历四十一年癸丑(1613)

中道四十四岁。

正月十六日,登舟南游。行经澧州、德山。晤杨嗣昌,诗酒盘桓。同游桃源,与江盈科子禹疏聚首。经岳阳返公安,历时两月。(中道《游居杮录》)

三月初八,往游太和(武当),至沙市勾留,二十一日,始成行。途中游襄中名胜。四月初九登山,至十五日下山。五月午日,抵沙市金粟园。自后,往来于沙市、公安、长安里之间。(中道《游居杮录》)

于金粟园中,建极乐堂成。

得汤显祖书,甚喜。

售沙市金粟园于友人苏惟霖。又于公安斗湖堤上市雷宅空地一区,将以终老。

十月十五日,往龙弯访苏惟霖,与之讨论顿、渐之学,云:“大约顿悟必须渐修,阳明所云吾人虽渐悟自心,若不随时用渐修工夫,浊骨凡胎,无由脱化,是真实语。卓吾诸公一笔抹杀,此等既是大病痛处。”是知此时对卓吾之学,已持别见。(中道《游居杮录》)

在沙市遇大西天僧利西泰。(中道《游居杮录》、沈德符《万历野获编》)

因父逝守制,本年中道未赴京应试。(中道《答秦中罗解元》)

万历四十二年甲寅(1614)

中道四十五岁。

居家与亲友游。

二月,火病发,入沙市就医。初夏,病复发。

四月初八,得汤显祖所寄《玉茗堂集》并书。

七月,中道舅龚仲安下世。龚仲安与宏道兄弟年相若,相处甚洽。(中道《游居杮录》)

吴中袁无涯来访,以其新刻李贽批点《水浒传》相赠。无涯名叔度,乃宏道旧友,曾刻宏道集多种。

九月一日至六日,中道葬亡父。

袁无涯作别,觅中道诗文入梓。因病未能料理,唯以宏道未刻诸书付之,并嘱其订正。

十月初,中道病渐痊,始经刻《珂雪斋近集》。(中道《游居杮录》)

万历四十三年乙卯(1615)

中道四十六岁。

中道家居，自春至秋，往来于沙市、公安、长安里、当阳玉泉之间，寄情山水与诗酒，其间曾至江陵近郊八岭山访张居正墓，其地去辽王墓不远。

七月初，同年景陵锺惺典试贵州，道途公安，以字相闻，致其所刻新诗并其师雷思霈诗。

得《中郎十集》，内有《狂言》、《续狂言》等，斥其为伧父刻画无盐，唐突西子，真可恨也。

闰八月二十六日，自沙市启程赴京应明年会试。经襄阳、南阳、叶县、襄城、邯郸、真定陆行，于十月初三至都。

往石蹬庵放生，得《柞林纪谭》。(中道《游居柿录》)

十二月初二日，改葬宏道于刀环里白鹤山。

万历四十四年丙辰(1616)

中道四十七岁。

中道在京应会试，二月二十七日，得中式捷音，觉始脱经生之债，甚快。

十五日廷试后，身体惫极而病。同年中病者甚多。

春，中道于书肆得宗道《白苏斋集》善本，谓其"亦自清新遒媚，可传也。"感叹宗道所作诗余及杂剧数出，无一字存于世者。

暑中避于西山，游西山诸景。

七月，锺惺以考选候旨，泊于通州潞河，中道至舟中相会。

八月中，晤黄辉之弟，得黄辉文集，并讯其病中事。

九月二十六日，从都门发，归兴颇浓。由真定迂道走晋州，晤李学元。

十一月十三日，归抵公安。腊月初，往沙市，至二十七日还公安度岁。(中道《游居柿录》)

是年，努尔哈赤在赫图阿拉称汗，建国后金。

是年，汤显祖卒，年六十六。(沈起纬《中国历史大事年表》)

万历四十五年丁巳(1617)

中道四十八岁。

春，中道取道江南，经松滋、枝江，至宜都，收宜都亡友刘玄度名芳节文集,并料理其家事。发宜都,过白洋驿,吊张商英及张居正祖唐旺之墓。过沧莽溪,访友人徐从善名吉民者,得刘玄度诗文凡十本,准备付梓。从徐家雨中走玉泉,游当阳,经合溶返回,三月二十五日抵沙市。

四月初六日,自沙市启程赴京候选,五月十二日抵都。同年周延儒、阮大铖携酒来谈,至子夜始归。

在京中与阮大铖、钱谦益、钱士升游。候选得新安府学教授。

十月十日,赴新安校,途中游济南、灵岩、泰山、曲阜、峄山诸胜,至采石矶度岁。(中道《游居杮录》)

万历四十六年戊午(1618)

中道四十九岁。

二月二十一日午,至徽州府。二十九日,赴府学受事,并移家眷入学斋居住。

官务清闲,中道日以看山听泉为娱。

三月中,宗道门生林茂槐遣人来迎。中道欲游秋浦,取道休宁,会大雨而返。

晤旧友秦京。京名镐,二十年前聚于京都。

五月十六日,再游休宁,登敬亭山。

六月,送诸生考校,至金陵,月余始返。

九月,《珂雪斋近集》刻成,凡二十四卷,刻工颇精。

十月,游黄山。有记。

主持应天武举乡试。作《乡试录》前后序文。(中道《游居杮录》)

是年,努尔哈赤以“七大恨”誓师反明,明加强辽东防务。

万历四十七年己未(1619)

中道五十岁。

中道徽州府学任上。

仲夏,中道在新安刻《袁中郎先生全集》成。(中道《中郎先生全集序》)

本年中道升北京国子监博士。(中道《户部郎中张公墓志铭》)

夏,中道离新安北上,行至南京,与自楚中来访之祈年偶遇。(中道《池阳宛陵参谒回,将北发,偶逢儿子祈年自楚来省,同日会于金陵长干里,喜而有作》)

时辽阳边报甚急，京师戒严。中道拟送眷属南归。（中道《舟次宿迁，闻辽左信，送眷属南归，示儿子祈年》）

万历四十八年庚申（泰昌元年）（1620）

中道五十一岁，国子监博士任上。

本年，神宗死，太子朱常洛继位，是为光宗。光宗继位不及一月而卒，其子朱由校继位，是为熹宗，改元天启。

因追录光宗讲官，赠宗道为礼部右侍郎。（《明史袁宏道传》）

本年中道改官南京礼部仪制司主事，八月，还楚。（中道《答谢青莲》）

按：中道改官年月史无明载。《明史袁宏道传》只说中道"由徽州教授，历国子博士、南京礼部主事。天启四年，进南京吏部郎中。"与中道相知甚深的钱谦益在《列朝诗集小传》中也说得十分含混："授徽州府教授，选国子博士，乞南，得礼部仪制，历官郎中，旋复乞休，以疾卒。"然中道《珂雪斋集选序》云："予诗文若干卷，外集若干卷，刻于新安。后官太学博士，携之而北。及改南仪曹，遂留京师。已付友人汪惟修南归舟中，不意行至河西务，偶有火变，板遂毁。又一年，汪惟修与友人刻余所选诗若干卷，且成，问序于予。……天启二年重九日，凫隐袁中道撰。"从序中可知，中道改南仪曹时付板于汪惟修，已是前一年的事，故系中道改官事于本年。

又，邹漪《启祯野乘》云："庚申，迁南京礼部主事"。可从。

魏忠贤被熹宗封秉笔太监。

熹宗天启元年辛酉（1621）

中道五十二岁。

南京礼部任上。

中道于去年八月还楚，今年正月二十一日，还至南京。

三月初九，生一子不育，子母偕亡。以一子出继宗道，即祈年也，本房尚无承祧。（中道《答谢青莲》、《寄顾开雍》）

天启二年壬戌（1622）

中道五十三岁。

南京礼部任上。

友人汪惟修刻其所选诗若干卷，且成，问序于中道。（中道《珂雪斋集选

序》)

天启三年癸亥(1623)

中道五十四岁。

南京礼部任上。

天启四年甲子(1624)

中道五十五岁。

本年中道升任南京吏部郎中。(钱谦益《列朝诗集小传》、《明史袁宏道传》、邹漪《启桢野乘》)

八月,长子祈年与侄彭年应顺天乡试,中举。(《袁氏族谱》、《公安县志袁中道传》)

魏忠贤始受朝臣弹劾。

天启五年乙丑(1625)

中道五十六岁。

本年中道辞吏部郎中,寓居南京芝麻营。(《袁氏族谱》)

天启六年丙寅(1626)

中道五十七岁。

中道寓居南京芝麻营。

二月,作《重修玉泉佛殿记》。(《当阳玉泉寺志》)

中道居南京,悟释典,建石头庵,为终老计,岁丙寅,端坐而逝,年五十七。(孙锡蕃《公安县志袁中道传》)

(是年袁崇焕败努尔哈赤于宁远,努尔哈赤受重伤而死,其子皇太极继位,是为清太宗。)

按:中道卒年,各家所记不一。《明史袁宏道传》云:"天启四年,进南京吏部郎中,卒于官。"钱谦益《列朝诗集小传》云:"乞南,得礼部仪制,历官郎中,旋复乞休,以疾卒,年五十四。"邹漪《启桢野乘袁文选传》云:"甲子,调吏部郎,卒。"以上三种说法,均谓中道卒于天启甲子。钱氏与中道交厚,其说应有一定信度。《小传》成于顺治六年,当为《明史》所本。

然另外两说则似更有信度。孙锡蕃《康熙公安县志袁中道传》云:"熹宗甲子，公子祈年、侄彭年同举乡闱，公曰：可以隐矣！遂请告，侨寓南京，悟释典，建石头庵，为终老计。岁丙寅，端坐而逝。”《袁氏族谱》云：“五世祖中道，士瑜公三子，……生隆庆庚午五月初七寅时，终南京芝麻营，于天启丙寅八月三十日午时，附葬伯修公墓右。”孙《志》修于康熙元年，时间仅比钱氏《小传》晚数年。且《志》修于公安，其说当有所本。而《袁氏族谱》为三袁之侄袁嵩年（异母弟安道子）于康熙十二年主修，其所记当不致误。佐以《当阳玉泉寺志》所载中道丙寅之文，则以中道卒于本年，当为有据。故本谱采信此说，系中道于本年卒。惟唐长泰先生《三袁文选》所附《袁中道生卒年小考》云：中道卒于天启丙寅八月三十日一说，尚难断定，似为句读之误。《谱》所云云，亦可解为中道“终南京芝麻营”，而以“于天启丙寅八月三十日午时”属下，为中道下葬之期。从文意推测，亦较唐说通贯。因存此疑问，故本谱虽系中道卒年于丙寅，却不取卒日为八月三十日之说。

又，袁书所附《三袁年表》天启六年丙寅云：农历八月三十日午时，中道病逝于南京芝麻营，终年五十七岁。次年春，长子祈年运灵柩回公安。清明节安葬于故里荷叶山，与长兄宗道同冢。此谱言明护柩之人与下葬之期，但未注明材料来源，故仍不敢采信。

中道有三男二女：长曰祈年，字未央，后字田祖，生万历十九年辛卯，卒崇祯十二年己卯，年四十九，中天启甲子举人，未仕；次子曰“海”，生万历二十五年丁酉，四岁而殇；官新安时复得一子，不育，子母皆亡。故中道一脉无嗣。（《袁氏族谱祈年公传》、中道《袁氏三生传》、《答谢青莲》）女一，适马姓；女一，适鲁姓。（中道《游居杮录》、《上林苑鲁公印山墓石铭》）

中道所著诗文及杂著多种，皆为其生前手定，中若干种曾单行，后始汇刻，名《珂雪斋集》。今存《珂雪斋近集》十卷本，《珂雪斋前集》二十四卷本，《珂雪斋集选》二十四卷本和《珂雪斋外集》、《游居杮录》十三卷本。（钱伯城《珂雪斋集版本及校点说明》）

（中道卒后两年，“附葬伯修公墓右”《袁氏族谱》；

卒后十年，伯修、小修同享“御赐祭葬”于公安县长安里长安村荷叶山）

（注：本年谱根据李寿和先生《三袁年谱简编》和孟祥荣教授《公安三袁合谱》辑录）

附录三

竹喧归小修

——《袁中道传》简评

黄学农

每当看到袁中道的大名，脑海便立即浮现“小修”二字。小修是袁中道之字，也形象地勾勒出他的风度。一袭青衫，修竹绿影，杨柳飘飞，诗文歌韵山水酒，在儒家的土地上吐纳释道的气息——归根到底是一方水土上人的性灵之气。

王书文先生的这本《袁中道传》，较成功地塑造或说复原了袁中道的形象。袁中道是明朝的人，是一位个性鲜明的文学家，而且是文学史上重要流派“公安派”的重要骨干及后期理论的集成者、维护者、发扬者。他是怎样在特殊的历史时期承受诸多压力，创作大量作品特别是优秀的散文作品，为“公安派”文学理论作出颇有建树的归纳和阐扬，这些内容以前要么是笼统地被“三袁”二字所替代，要么是被袁宏道的光芒所覆盖，而少为人知。

“诗文之道，昔之论气格者近于套，今之论性情者近于俚……”此为袁中道对文学之道与“公安派”创作及时而有价值的省悟。“吾尝自患决河放溜，发挥有余，淘炼无功。”、“百花开，而棘刺之花亦开……”作者写出了袁中道作为晚明“公安派”后期掌门人的重要贡献，让我们看到袁中道不仅维护了“公安派”作为一个文学流派的声誉，而且还能够大胆纠偏、适度调整，使“公安派”更加具有文学历史的生命力，这是难能可贵的。恐怕这也是王书文为袁中道单独作传的价值所在吧。

作者王书文先生，是“三袁”故里人，也有长年浸润于文学的经历。他笔调流畅而有情致，写出了袁中道在文学创作上的贡献，特别是写出了小修早期诗歌及中晚期散文方面之独特所在。袁中道诗文在美学上的意义，传记作者通过有取有舍的译述加以典型的展示，既不失袁中道诗文的原汁原味，又有当代文学切入的视角。古今两个公安县孟溪人的文字融合，应该有一种特殊的文学韵味。

作者充分重视袁中道《游居杮录》的史料价值，并且《袁中道传》不少篇章就取材于袁中道这部日记体著作《游居杮录》。虽然袁中道有时只是简洁的几句交代，但是就已经在《游居杮录》中为我们留下了晚明文坛乃至政坛生活难得的史料。而袁中道在佛学方面的成就，也是这本传记所述之重要一面。小修涉及佛学的独到著述，与他二哥袁宏道的佛学论述可说是相映生辉。

此书对袁中道的刻画是多方面的，第一次用这种叙述性的文字“披露”了袁中道不少鲜为人知的故事。譬如他和袁宏道一块写作同题文章，他的绘画、音乐、书法天赋，他的佛教修养及多篇著述，他对底层有特点的人物或有争议之人士特有的青睐，他对权势者的大胆褒贬或者批判，等等。《袁中道传》用通俗明白的文字，让更多的读者能够对传主有全方位的了解。

此外，王书文先生的《袁中道传》，还较为成功地挖掘和展示了袁中道成才的沃土与舞台，描述了袁中道和他两个兄长成为中国文坛熠熠生辉的三子星座之环境与条件。公安县孟家溪（长安里一带）是湘鄂交界之地，“三袁”自小受楚文化和湖湘文化的熏陶、受舅家龚氏一脉的影响、受民间名士的教育，后又与全国不少名家在思想上交流和碰撞。袁中道本就喜欢远游四方山水，广交硕儒大师，如当时一般人不待见的李贽就是他的良师益友。他曾如此回忆自己与李贽的对话：“昔晤龙湖老人（李贽）于通州，予问当如何作工夫。龙湖曰：‘参话头。’予曰：‘某子甲半生参话头，而了无消息者，何也？’龙湖曰：‘不解起疑也。夫疑为学道者之宝，疑大则悟亦大。’予近来尚有狐疑，可惜不遇大作家，痛与针札一番耳。”我们于之可见小修求悟道心切之一斑。至于袁中道多年的场屋奔波、落寞失意，那形成了他人生的一种反作用力，使之总体上愈挫愈奋。这些，在《袁中道传》里都得以清晰的呈现，对当今人才成长也是一种历史的观照。

《袁中道传》全书以时间为经，以故事为纬，每一章就像一帧条幅，不属长卷，却能从不同的侧面去展现袁中道丰富多彩的一生。传记材料的组织，没有按习见的逻辑顺序，也似与传主袁中道《游居杮录》里“杮录”一样，是由一些片段组成,但求形散而神聚。书中没有过多的议论,也不见生硬地借鉴或者拼贴专家学者的大量成果,更没有想当然的虚构,而是尽量客观地叙述,不滥添,不妄断,简洁勾描,传神就好。所以作者的创作态度是审慎的,力求作品经得起推敲。据了解,传记初稿曾融入不少有关三袁的民间传说,后都按照专家追求传记之严谨的意见予以删除了。

诚然,作者第一次为袁中道这种文学史上的作家写传,也难免有其局限性,如对袁中道这个人物整体把握与参悟时感不足,对传记文学这种较长篇幅作品的剪裁还可调整,对人物的点评还可适当增加,对明代人情风物的描写还需精准,对每章的小标题还可推敲,对叙述语言还可升华和整合,等等。这些,都有待于作者学养的不断加强、对三袁原著的进一步研读、对三袁研究的新成果及时汲取后,方能传人更生动、论文更独到、说史更透彻、叙事更别致,篇章精当,语言雅洁,使作品更添内蕴和韵味。

继公安籍作家李寿和的《三袁传》和曾纪鑫的《袁宏道传》之后,现在王书文的这本《袁中道传》又问世,实在可喜可贺。此一传记不仅成书了,而且可谓基本成功,对作者是一种慰藉,对读者是一件幸事。苍狗白云,大千四方,我们在紧张繁忙的工作或研究之余,翻一翻这本风格平实质朴的书,与一位优秀的古代文人照照面、对对话,是于身心有益的。

"三袁"往矣,于"公安派"亦师亦友的晚明一代哲人李贽大师、"三袁"当时在文学、戏剧、书画艺术方面结识的诸多名宿,俱隐于历史久远的烟云。从公安县长安里桂花台走出的小修,曾一度寄居于著名的佛教丛林——玉泉寺。他这样描述玉泉山"堆蓝晚翠"的景致:"朝自堆蓝去,暮自堆蓝还,堆蓝无所虑,只虑树遮山。"这真可谓妙人妙境妙笔。晨钟暮鼓,诗文与经卷,农舍和田野,古木森森间斑驳的阳光洒在黑瓦的庙檐上、洒在袁中道那一袭飘飞的青衫之上。松风时动时静,竹影轻喧,小修思绪飘至哪里?步履行归何方?他隐入了文学和历史多么深邃的处所呢?我们可以和王书文先生的《袁中道传》一书结伴,追寻和辨识小修性灵的踪迹……"返景入深林,复照青苔上"。

2014年11月15日于三袁故里

(黄学农,笔名雪垅,著名作家、诗人,荆州市作家协会副主席,公安县原作家协会主席)

主要参考著述

袁宗道《白素斋类集》
袁宏道《袁宏道集笺校》
袁中道《珂雪斋集》
李寿和《三袁传》
曾纪鑫《晚明风骨·袁宏道》
周群《袁宏道评传》
李李《袁小修小品文论集》
黄仁宇《万历十五年》
张汉平《袁中道研究》
孟祥荣《袁中道,公安派最后掌门人兼论其生命态度》
刘尊举《袁中道晚年审美旨趣与文学态度转变及成因探微》
何宗美《公安派结社考论》
范洁《袁中道传记文研究》
汪怡君《袁中道散文研究》
张万爽《袁中道文学思想研究》
戴红贤《袁宏道与晚明性灵文学思潮研究》
李寿和《袁小修小品》
李寿和主编《三袁笔下的公安》
湖北辞书出版社《日记四种》
山西古籍出版社《三袁集》

熊礼汇《袁中郎小品》
赵伯陶《袁伯修小品》
马学良编著《袁中郎年谱》
张国光、黄清泉主编《晚明文学革新派公安三袁研究》
清同治版《公安县志》
王阳明《传习录》
鹤阑珊《一生俯首拜阳明》
朱东润《张居正传》
熊礼汇选注《公安三袁》
戴仁贤《袁中道与钟惺断交时间和原因考论》
孟祥荣《公安三袁家世研究》
张遵明《古寺玉泉访乡贤》
李茂肃《三袁诗文选注》
唐昌泰《三袁文选》
易闻晓《公安派的文化阐释》

图书在版编目(CIP)数据

袁中道传/王书文著.—厦门:厦门大学出版社,2015.5
ISBN 978-7-5615-5438-8

Ⅰ.①袁…　Ⅱ.①王…　Ⅲ.①袁中道(1575~1630)-传记　Ⅳ.①K825.6

中国版本图书馆CIP数据核字(2015)第068262号

厦门大学出版社出版发行
(地址:厦门市软件园二期望海路39号　邮编:361008)
总编办电话:0592-2182177　传真:0592-2181253
营销中心电话:0592-2184458　传真:0592-2181365
网址:http://www.xmupress.com
邮箱:xmup@xmupress.com
厦门市明亮彩印有限公司印刷
2015年5月第1版　2015年5月第1次印刷
开本:720×970　1/16　印张:15.5　插页:3
字数:280千字
定价:45.00元